重塑写作

手把手教你打造爆款文章

辛岁寒 ◎ 著

中国纺织出版社有限公司

内 容 提 要

本书根据作者辛岁寒的多年写作、编辑经验,详细地讲解了从写作基础到多类型写作,让你从零开始学会写作。

本书不仅是一本可以重构你写作思维的书,也是一本让你重塑写作能力的实用之书。书中列举了上百个写作案例,手把手教你如何撰写、练习、走出误区,构建写作思维与逻辑,让你面临任何类型的写作时都可以做到提笔就出好稿。

本书适合工作上有写作需求或者想通过写作实现人生梦想的作者/读者。

图书在版编目(CIP)数据

重塑写作:手把手教你打造爆款文章/辛岁寒著. -- 北京:中国纺织出版社有限公司,2022.6
ISBN 978-7-5180-9288-8

Ⅰ.①重… Ⅱ.①辛… Ⅲ.①写作学 Ⅳ.①H05

中国版本图书馆CIP数据核字(2022)第005199号

责任编辑:张 宏　责任校对:高 涵　责任印制:储志伟

中国纺织出版社有限公司出版发行
地址:北京市朝阳区百子湾东里A407号楼　邮政编码:100124
销售电话:010—67004377　传真:010—87155801
http://www.c-textilep.com
中国纺织出版社天猫旗舰店
官方微博 http://weibo.com/2119887771
天津千鹤文化传播有限公司印刷　各地新华书店经销
2022年6月第1版第1次印刷
开本:710×1000　1/16　印张:17.25
字数:227千字　定价:58.00元

凡购本书,如有缺页、倒页、脱页,由本社图书营销中心调换

序

从写作小白到作家，我做对了哪些事？

嗨，我是辛岁寒，简单介绍一下自己：

关于写作，我已经入行十年了，从最初的新人作者到野生作家再到编剧，我完成了一个写作者的蜕变。

关于新媒体，我从千万粉丝公众号背后的主要负责人，到如今靠着写作自由生活和创业的自媒体人，我走过了许许多多的坎坷和波折。

这些年，我身边有很多作者来来去去，他们有的成为了家喻户晓的大神，有的被淹没在生活的琐碎里，将曾经的辉煌全部埋葬。而庆幸的是，我坚持写作十年，成为了一个可以拥有自由的人。

也许你会笑我，"自由"就可以让你满足？

是的，在成年人的世界里，这个词包含了太多的天方夜谭。一毕业，你要赚钱生活；一结婚，你要忙里忙外；一生娃，你就前胸贴后背；娃长大，你还要风吹日晒。

人这一生，其实属于自己的时间真的很少，少到除了学生时代，你可能直到退休都还停不下来。

如此看来，你觉得自由可贵吗？答案不言而喻。可自由真正的可贵之处，在于世上没有绝对的自由。它是相对的，要看你内心满足的点有多少。

例如，很多人认为能够有时间写作就是自由，有的人认为能够到处旅游就是自由，而有的人认为通过写作在家里能够赚钱就是自由。

人内心的满足是不同的，你只有看清自己的内心，才知道什么生活适合自己。

这些年，越来越多的人因扛不住生活的压力而抑郁。但也有越来越多的人，为了缓解压力去寻找其他赚钱方式，"副业"这个词就这样走入我们的视线。

可频繁加班已经占据了我们大量的时间，如何才能去通过副业赚钱？很多人把眼睛盯上了写作这块蛋糕。

没错，写作是一个让你花少量的时间，动动脑子就可以赚钱的方式。并且随着时代的发展，写作已经不仅仅是爱好或者兴趣那么简单，而是你的个人竞争力。当你学会了写作，你在职场会有话语权，你在人际交往上会有话语权，你在生活细节上也会拥有主导权。

但写作真的有网上说得那么简单吗？或者是仅在网上花钱学习课程，就可以走上写作赚钱的道路吗？事实上，我的经历可以告诉你，写作并没有你想象的那么简单，但也没有你想象的那么困难。

我正式接触写作是在2011年，那时写作签约网站刚兴起，我在根本不了解平台规则的情况之下随便发了一篇文章被某个编辑发现，签约到了当时非常权威的出版公司旗下，开启了我的写作生涯。

那时的写作全凭爱好，也没有想过赚钱的事情。偶尔接一些约稿也是出于感谢编辑的赏识。后来因为某些原因，我的写作停了几年，真正靠写作为生时，已经是2018年。

2018年，我辞职成了一名自由撰稿人。在这之前，长达半年时间我都处于精神高度紧张的状态。

那时我还在千万粉丝的公众号背后做主要负责人，每天早上坐一个小时的地铁到公司，直到晚上10点才能回家。新媒体的工作，高强度，细小又琐碎，白天眼前划过的是数篇文章，各种数据，选题，稿件……休息日的时候，还要在出租屋里按照公司规定上班。

由于我一个女孩子在外地，家里人十分担心，便不断催促我回去。于是，在这一眼就望到头的工作里，我做了一个很大的决定，任何类型的约稿我都要接，都要学。

因此，每当我晚上十点匆匆回到出租屋之后，我会把剩下所有的私人时间拿来写稿，几乎每天都写到深夜。在这些时间里，我学习到了各种稿件的写作方式，也合作了大大小小很多项目，认识了很多靠谱的合作方。

当这一切都准备充足之后，我才开心地辞职回到了重庆，开启了我的自由撰稿和创业之路。后来，我创办了自媒体矩阵"岁寒影色"和"辛岁寒"，给更多的新人作者实际上的指导，让他们能够在踏进写作领域时有一个可以引领的人。

我希望通过我的经历告诉你，如果你想要通过写作去变现，那么前提是你要学会写作，要什么都能写，并且能够积累人脉，之后才能让你的这个副业变成主业。没有做好准备之前，我不建议你全职写作。

如何才能成为一个什么都可以写的人呢？

这正是我撰写这本书的目的。我想要通过我十年的写作经验、多年的新媒体经验、数年的写作导师经验，帮你更正对写作的认识，引领你有技巧有格局地去写作，从而真正成为一个什么都可以写的人。

我走过的路，踩过的坑，希望可以给你指引，让你实现你想要通过写作实现的梦想。

本书共分成六个章节。

第一章是认知写作，帮你从思想上重塑对写作的认识，把那些毒害你的想法统统去掉。

第二章是提笔写作，手把手教你如何在写作之前全方位地去准备，从而让你在下笔的时候顺畅不卡壳。

第三章是技巧写作，带你从头到尾有技巧地打磨一篇文章。

第四章是类型写作，把我们所涉及的写作类型以及如何写作全方位地告诉你，让你无论面对什么稿子，都能够做到提笔就写。

第五章是练习写作，教会我们在日常生活中如何增强我们的写作功底、写作能力、成稿速度、变现等。

第六章是爱上写作，把我们思维里的误区拿出来诊断，把那些不要踩的坑统统告诉你，并手把手带你走出这些误区。

这样看来，这本书对于一个写作新人来说，已经足够了。它不仅可以帮你构建写作思维与逻辑，重塑你的写作能力，还可以让你什么类型的稿子都能写，做到提笔就出好稿。并且通过写作提高个人竞争力，实现你的梦想。

希望你读完这本书，能够真正地走进写作，也祝福你，逢稿必过。

辛岁寒

2021 年 7 月 12 日于重庆

目　　录

第一章　认知写作：文章为时而著为因结果 ⋯⋯⋯⋯⋯⋯⋯⋯1

1. 找到自己写作的意义 ⋯⋯⋯⋯⋯⋯⋯⋯⋯⋯⋯⋯⋯⋯⋯⋯2
2. 写作的底层逻辑是写什么 ⋯⋯⋯⋯⋯⋯⋯⋯⋯⋯⋯⋯⋯10
3. 你是一个文笔好的人吗？⋯⋯⋯⋯⋯⋯⋯⋯⋯⋯⋯⋯⋯17
4. 定位自己，用个人品牌创造价值 ⋯⋯⋯⋯⋯⋯⋯⋯⋯⋯24
5. 拥有这些写作习惯受益终身 ⋯⋯⋯⋯⋯⋯⋯⋯⋯⋯⋯⋯32
6. 这些写作必备工具让写作开花 ⋯⋯⋯⋯⋯⋯⋯⋯⋯⋯⋯39

第二章　提笔写作：这样的步骤让你信手拈来 ⋯⋯⋯⋯⋯⋯47

1. 第一步：明确目的，思路清晰 ⋯⋯⋯⋯⋯⋯⋯⋯⋯⋯⋯48
2. 第二步：定位需求，打动受众 ⋯⋯⋯⋯⋯⋯⋯⋯⋯⋯⋯53
3. 第三步：发散思维，引出灵感 ⋯⋯⋯⋯⋯⋯⋯⋯⋯⋯⋯58
4. 第四步：独特角度，提升层次 ⋯⋯⋯⋯⋯⋯⋯⋯⋯⋯⋯63
5. 第五步：精妙布局，环环相扣 ⋯⋯⋯⋯⋯⋯⋯⋯⋯⋯⋯70
6. 第六步：优质素材，触发共鸣 ⋯⋯⋯⋯⋯⋯⋯⋯⋯⋯⋯77

第三章　技巧写作：爆款文章是从头到尾的打磨 ⋯⋯⋯⋯⋯83

1. 百万爆文背后的标题套路和规律 ⋯⋯⋯⋯⋯⋯⋯⋯⋯⋯84
2. 五种开篇套路让你俘获人心 ⋯⋯⋯⋯⋯⋯⋯⋯⋯⋯⋯⋯93
3. 结尾拔高价值，增强悬念 ⋯⋯⋯⋯⋯⋯⋯⋯⋯⋯⋯⋯100
4. 适当引入金句，提升文章格调 ⋯⋯⋯⋯⋯⋯⋯⋯⋯⋯107
5. 好的文章都是改出来的 ⋯⋯⋯⋯⋯⋯⋯⋯⋯⋯⋯⋯⋯115

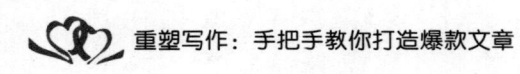

6. 爆款文章的核心在于接地气……………………………………122

第四章　类型写作：没什么是你写不了的……………………131

1. 常用文书类写作：成稿不再烦恼……………………………132
2. 社会生活类写作：方法决定能力……………………………138
3. 策划文案类写作：提笔就出好文……………………………144
4. 文学创作类写作：价值才能产生共鸣………………………152
5. 新媒体文章写作：抓住趋势风口……………………………160
6. 对话访谈类写作：简单即是精髓……………………………169
7. 演讲汇报类写作：朴实才是精彩……………………………174

第五章　练习写作：持续创作才能不落人后…………………181

1. 以书评进行输出型写作突破…………………………………182
2. 精细化拆解文章，学为己用…………………………………189
3. 干掉拖延症状，提高成稿速度………………………………197
4. 定期投稿，帮助日常写稿训练………………………………202
5. 随时记录灵感，发散思维深度………………………………209
6. 变现写作，获取个人财务自由………………………………216

第六章　爱上写作：写作是一场漫长的修行…………………223

1. 每个人都有成为作家的潜质…………………………………224
2. 灵感来源于日常的积累………………………………………232
3. 写作不是随波逐流或者特立独行……………………………239
4. 越是瓶颈越要充实自己………………………………………246
5. 没人欣赏，自己第一个鼓掌…………………………………252
6. 技巧比天赋更重要……………………………………………259

第一章

认知写作：文章为时而著为因结果

有一句名言，也许我们从小就开始听："思想决定行动，行动决定习惯，习惯决定性格，性格决定命运。"

它的意思是，只有人的思想认识跟上了，才能达到自己理想的结果。

写作也是如此。只有从思想上了解它是什么、它能干什么，从认知的角度去认识写作，明白自己为什么要写、为何而写、可以怎么写等，你才能真正明白写作其实是一生的事业。

本章带你从零开始，从思想上认知写作，为你构建写作的地基。

1. 找到自己写作的意义

"文章合为时而著"是一条古训，更是对于我们想要提笔写东西时的一种指引。无论你要写什么，你都要在写作之前明白，你为什么而写，这才是你写好任何一个文字的必备条件。

"你为什么选择写东西？"

这个问题曾经困扰了我很长一段时间。在长达十年的写作生涯里，我也曾因为这个问题迷茫，从而失去写作的动力。可就在我失去动力的这段时间里，那些曾和我并肩向着同一个作家梦奔去的朋友，无一不出书的出书上杂志的上杂志。等我醒悟的时候，已经和他们拉开了现实与灵魂的差距。

我懊悔不已，可提笔，文字却再也不能像过去那般天花乱坠地信手拈来。就这样，我轻易地又放弃了文字，选择去旅行，去流浪。在陌生与陌生的交界处，在那些富有灵魂却始终伫立于一处的山川河流间，我才慢慢领悟到：那些表达着晴雨愉愁的所有美好的词句，在没有目的面前，变得毫无意义。

就像雨会落下，是因为田野溪流需要它；太阳会出来，是因为花儿鸟兽离不开它；山川之所以永恒地孤独伫立，是因为它饲养着无数生灵……

而我的文字，看到的只是它们的或美或丑或独特的一瞬间，却从不知道，如果带着把它们的美好传扬给更多人的目的，那么它们的存在就会变得温暖而治愈。甚至运气好的时候，传播度广，不仅能带动当地旅游经济的发展，还能帮助这里贫困的人们找到活下去的方向。

你看，这才是文学的意义——传承。

正如白居易在《与元九书》里写的那样：文章合为时而著。也就是告诫人们，在写文章的时候，要反映时事，要为现实而作。

放大了看，就是指引写作的人，要带有目的地去写作。否则，你的文字就像是藏在泥土里的沙子，即使大浪淘沙，依旧孵化不出任何价值。

可并不是所有人的梦想都是成为作家。

那么我们普通人为什么要写呢？

面对这个问题，也许在我写作第1~第3年的时候，我会回答是为了抒发自己；写作第4~第6年的时候，我会回答是为了成为作家的梦想；写作第7、第8年的时候，我的回答是想唤醒内心的某些坚持；而如今，写作第9~第10年，我的回答是为了生存。

是的，你没看错，这个没有什么其他闪光技能的我，除了能提笔写点东西，可能一无是处。甚至，我也许没有很多人写得好，可我依旧把写作变成了我的饭碗，我赖以生存的技术。

也许你会觉得我玷污了写作、玷污了"作家"这个身份，觉得我谈不上是个"作家"。是的，我不是个"作家"，甚至在写作这一块儿，顶多算个撰稿人——写得很多，如今写出来的文字都是偏商业的。

这是很多人无法接受的写作，特别是接受了正规九年义务语文教育熏陶的人。他们一直觉得写作是个高尚得无法参与的东西，除非有很好的文笔、很好的想法、持续地输出高质量的内容，否则，就谈不上是在写作。

我承认，在我明白我能写什么之前，我和大部分人的想法一样。觉得写作神圣不可玷污，觉得真正的写作是沐浴，穿衣，焚香，凝气之后，才能提笔书写的，除此以外所有的不正式的书写，都不叫写作。

可放在21世纪互联网高速发展的今日，如果你还这样认为，那就是大错特错。

在网络如此迅速占满了所有人眼球的今日，写作已经不是一件不常见、小范围的事情了。从最初博客的萌芽，到如今自媒体的盛行，写作已经成为了很多人日常生活和工作中必不可少的一件事。

简单举个例子：过去过节时，我们只需要送一份礼、说一句祝福即可，可如今在物联网信息发达的时代，我们不得不在给别人送祝福的时候，说出一连串饶有诗意、满含祝福的话语。

其实这就是基础、小量、日常的写作。

再比如：职场上，我们要撰写文案、宣传稿、产品简介等；拍电影、宣传片，我们要撰写剧本、电影简介等；做自媒体，我们需要写内容稿、配音稿和整体的策划大纲等。这些都是属于职场中所需要的大量、常规、职业性的写作。

最后，才是我们常规思维里的那些小说、散文、诗歌、随笔等的创作型写作。

有人把以上各种写作，放在这个时代，总结成了一个新的概念，那就是"全民写作"。这个概念是怎么来的呢？自媒体时代，人们一打开电脑和手机，就会有各种各样的平台出现在面前。如公众号、朋友圈、微博、知乎、抖音、各种小说网站……

这就是全民写作时代——写作不再是一件有门槛的事情，而是所有人都在参与。

那么一个人到底会接触多少类型的写作呢？

从学生时代开始，写作文、画黑板报、准备演讲稿、给别人描述自己的所见所闻所感等；

到步入职场，写求职信、工作简报、工作总结、会议总结、自我介绍、辞职信等；

如果恰好你还有其他角色，那么简单的合同、与人对话的小作文、诉讼文书等，都需要我们亲自操刀。

因此，写作已经渐渐成为一种日常必备技能，甚至是你职业晋升的好帮手。

举一个我曾经学员的例子，相信会让你重新认识写作：

学员名叫小岚，报名我网课的时候，她刚入职一家公司的前台职位。前台，说好听点是迎接贵宾的到来，引导前来的客人完成他想做的事情。可事实上，大部分公司的前台等于打杂。就像小岚的工作，每天到岗后，打开饮水机的开关，准备好开会的饮用水，笑脸迎接每位同事的到来，守在打印机前扫描复印打印同事们需要的一切东西……

起初，她还对这种具有存在感的工作感到开心，因为她本身是专科毕业的，对自己的职业规划本就不抱太多的期待。但这种感受没多久，她就意识到，这些并不能带给她满足。于是，她一有空闲时间就去报各种网课来提升自己。而我的写作课，正是在这种情况下走入了她的视线。

一开始，她是奔着靠写作赚外快去的，可学到一半，有一件事情改变了她的生活。

那时小岚试写的一篇文章经过我的修改后，发表在了我的公众号上，恰好小岚又在朋友圈转载宣传了这篇文章，而这个动态又刚好被小岚的领导看见。

就这样，第二天上班，领导一进门就对小岚说："我有一篇演讲稿，一直没有时间写，这两天要，你帮我写吧！"

领导的语气很温和，但小岚很聪明地了解到，领导并不是在询问，而是潜在的命令，于是她哪怕心里没底，也接了下来，而刚好那天我的课程讲的就是如何写演讲稿。

小岚学了之后，顺势当晚就开始操刀领导的演讲稿，深夜和我一起反复修改，第二天便递交给了领导。

后来，虽然稿件并没有成熟到完美，但至少让领导看出了她的"写作"技能，于是越来越多的类似写的东西给了小岚，小岚也顺利地从一个前台晋升到了助理，专职给领导写各种类型的东西。

学完写作班一年后，小岚对我感慨：其实生活处处都有写作。

你看，这就是这个时代的写作。它在你的生活中，无形地存在，又无处不在。

因此，与其问写作是什么，不如问如今这个全民写作时代，我们写作的意义是什么？

要寻找意义，我们就得先从我们赖以生存的工作和职场出发。参考小岚的故事，我们会发现，写作在职场的地位就是：个人的竞争力。

◎ 提升竞争力

比如，你是一个程序员，除了敲代码，你还可以很好地通过个人朋友圈、知乎等个人属性比较强的平台营销自己的代码技术和网络知识，那么你拥有的就不仅是这份工作带给你的技术性职位竞争，而是多维度的个人能力的竞争。

简单来说，当你可能晋升的时候，公司发现你除了会写代码之外，还在网络上营销自己或者是做网络运营，那么你就比其他职员多了一份技能，你的优势就又增长了一分。再往深处说，假如你因为在网络上营销自己拥有了一批粉丝，连带着你的公司也被大家知晓，那么你不想成为管理层都难。

再比如，你是一个产品经理、设计师甚至一个物业的小员工，只要你会写作，这项技能就能够将你的个人能力迅速放大，从而让你在职场上多一份别人没有的竞争力。

总的来说，写作的第一个意义就是帮助我们在职场甚至其他方面放大我们的个人能力或者是美化我们的个人能力，让我们拥有多维度的竞争力。

◎ 沟通表达

人，生来就不是孤独的，这是人的属性。正是因为这种属性，让我们必须与人沟通、打交道。

试想一下，你是更喜欢和一个满嘴都是诗词歌赋或者富有表达力的人聊天，还是和一个只会说"太好了""很漂亮""可以"等单调词语的人在一起聊天？

毫无疑问，任何人都拒绝不了一个心中有诗书的人。

但诗书，不是你读过就能全部放进头脑里的。写才能让你读的那些东西和你自身融为一体。这就是为什么从小到大，我们都说读书和写字是分不开的。

学会写作，就学会了沟通和表达的底层能力。

举个例子：遇到小组讨论的时候，或者遇到朋友结婚你需要上台说几句的时候，如果你本身就在日常中通过写把自己的语言逻辑组织起来，那么你可以立刻即兴演讲，并且不会支支吾吾半天讲出一个大家听不懂的东西。

再比如，你给老板发微信请假，或者传递工作要求给下属，如果你不会组织语言，那沟通在你这里就变得困难，效果自然就大打折扣。

再假如你遇到一个无赖，你需要跟他辩论，如果你心中没有东西，或许出口成章就变成了出口成"脏"，最终以恶治不了恶，还将事情变得更加严峻，也是得不偿失。

总之，学会写作，你的基本沟通表达一定不是问题，哪怕临时遇到一些事情，你都能简单说上几句，不至于变成一个哑口无言的人。

◎ **理性思考**

人的思考很重要，它是我们反思自己、反思过去、考虑未来的重要途径。俗话说："只要思想不滑坡，办法总比困难多。"从这一句简单的话，我们就能明白思考的重要性。

仔细观察，我们会发现，这世上有很多人其实是缺乏思考的。特别是写得越少的人，越不会思考人生，只会着眼于当下，这造成了他们的生活满是麻烦，并且越麻烦越会牵扯出更多的麻烦，从而总是在节奏紧张的生活里，充满焦虑。

其实，写作的过程，是教化我们的脑子去思考的过程。

假设一个场景：你遇见了一件十分棘手又错综复杂的事情，你会怎么办？

我相信会有以下这种情况：一个不经常思考的人，肯定会立刻变得慌乱起来，并且像找不到方向的蚂蚁一样到处冲撞；但一个经常思考的人，会立刻拿出一支笔、一张纸，把所有的东西先写在纸上，然后慢慢地去厘清逻辑和分析。

而这个分析的过程，其实也是一种写作的过程。

看到没有，写作和思考其实是互相反馈的。

写作 ⟷ 思考	
当你会写作，你会在思考的时候，立刻拿出纸笔去边分析、边思考	当你突然遇到事情的时候，你也会十分理性地拿出纸笔，边写作、边分析，而不是一瞬间不知所措

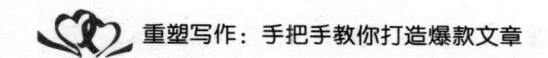

总之，学会写作，你的思想和条理一定不会差，遇到事情就会变得更加沉着坚定，人生也会变得顺畅和游刃有余起来。

◎ 创造情感

写作的最后一个意义，要回归到人的情感上来。

从古至今，作家之所以书写文章，都是因为心中有无法散去的情感需要宣泄出来，而写作就成为了很多人宣泄的唯一途径。

为什么称之为唯一？举个场景的例子你就明白了。比如你是一个独生子女，父母忙碌，每天只有你一个人在家，你找不到人说话聊天分享自己的喜怒哀乐，那么写下来就是你情感的唯一输出。

因此有句名言："作家，都是孤独的。经典名著都是孤独的产物。"

学会写作，当你的情感无处宣泄的时候，你就拥有了一个开关，可以让你迅速卸载掉所有的坏情绪，从而得到内心的安宁。

以上四种写作意义，如何才能找到适合自己的呢？我通过下面的这个表格简单总结了一下：

提升竞争力	沟通表达	理性思考	创造情感
需要提升自己竞争力的人	缺乏沟通表达能力的人	缺乏思考能力的人	心中有情感要宣泄的人
职场人；通过写作赚钱的自由撰稿人等	怕在公共场合说话或者一开口就唯唯诺诺的人	遇到事情十分慌张的人；总是不先把事情想清楚就去干的人	比如家庭主妇或者写小说、散文的作家们

意义并不是唯一的，而是组合的形式。

以我个人举例，现如今，写作成为我生活的全部。

创业路上，它给了我非常强的竞争力。从营销、策划到脚本、文案的撰写，我的合作方大部分都是看中了我的文字驾驭力，和我建立了长期的合作关系，让我成为了一个不需要奔波，仅坐在家里就有项目找我的创业者。

在和别人沟通和表达时，它也给了我非常大的帮助。因为我从小就不擅长与人主动沟通和交流，但多年的写作，慢慢让我变成了一个无惧谈话、无惧沟通的人。

同时，我闲暇的时间都在思考，这让我成为了一个清醒且自律的人。面对任何突如其来的问题，我第一时间是先找寻解决的办法，而不是自乱阵脚。而我情绪的宣泄点也是写作，它让我把自己的大量情绪，无论是欣喜还是负面，都通过文字的方式一一表达了出来，从而让我的生活更加理性和简单。

这就是写作的美好，一个多维度多方位的技能。学会它，是一件有利而无害的事情。它可以让别人看到你，让你拥有更强的个人竞争力，让你沟通、交流、表达、思考等各个方面都充满力量，让你的生活拥有更多的可能。

因此，学会基础写作应该是我们普通人拥有的基本技能。而想要学会写作，第一步就是去找到自己的写作意义，你才会对写作这件事情有更加具象的体会，从而拥有了学习和写出来的动力。

找到写作的意义，掌握写作技能，你的生活会有很大的变化。

2. 写作的底层逻辑是写什么

全民写作时代，摆在人们面前的问题已经被简化成了"写什么"。因此，我们在找到自己为什么写作之后最重要的一步就是"写什么"。这是我们写作的基本逻辑，只有明确我们写作的内容，把握好写作方向，才能写好文章。

我们应该写什么？

也许这是很多写作者想要涉足写作之前，最急迫解决的一个问题。

过去提到写作，我们会立刻联想到作家。一提到作家，我们会立刻联想到鲁迅、钱锺书、老舍等一代文豪；在自媒体时代来临之前，我们会立刻联想到村上春树、毕淑敏等作家；可全民写作时代，好像能让我们记住的人，却越来越少。

为什么？

因为写作已经不仅仅是关于作家的事情，而是变成了生活的一个常态。在这个时代，人人都是创作者，人人都可以通过文字焕发光彩，所以，当人群基数变大的时候，你被人看到的概率也会随之降低。如果此时你找不到属于自己的写作内容，看不到你可以放光芒的领域，那么你也会被湮没在时代的潮流里，找不到踪迹。

这就是全民写作时代——写作不再是一件有门槛的事情，而是面向所有人；写作不再是一件单一的事情，而是多元化的存在。

你有感悟发朋友圈的时候，是一种写作；看了新闻，你要发表自己观点的时候，是一种写作；碰上演讲，你要准备演讲稿的时候，是一种写作；甚至连每月公司的工作简报、通知等文书，也是一种写作……

生活里，我们可以写作的东西实在太多，因而"写什么"这个问题就变得十分重要。

知道自己要写什么,你才能有方向地去提升自己的写作技能,从而让自己在这个方向上达到精通,拥有更大的竞争力。那么如何才能找到自己写什么呢?我们必须先从了解写作群体开始。

综合文学史来看,我把写作者分成两种类型:一是文字从业者,二是非文字从业者。

◎文字从业者

文字从业者指的是文字就是他的工作,而他的生活来源就是稿费等劳务报酬类收入。它包含作家、自由撰稿人、新闻工作者、新媒体从业人员、编剧导演等。

◎非文字从业者

非文字从业者指的是他的生活来源并不依靠稿费,但是工作中经常会写策划、演讲稿、文案、通知、材料等系列文字,或者说生活中有写日记、博客、作文等习惯。

具体参考以下表格:

文字从业者	非文字从业者
作家、自由撰稿人、新闻工作者、新媒体从业人员、作词人、编剧等	经常写策划、演讲稿、文案、通知、材料、日记、博客、作文、论文等的人

根据这个表格,我们首先要明确自己是属于哪个类别,后面才能有针对性地学习。因为每种类型的人,文字对他们的意义是不一样。意义的不同,导致他们的目的不同,自然写作方式也呈现很大的不同。

如果你是文字从业者,你应该写什么?

这类型的人,他们以文字为生,以文字传达世界的信息,所以应该写有价值的东西。何为价值?那就是传达健康、积极的东西,引导人们真善美,向好的方向发展,这就是价值。

比如,你是一个作家,你不能浑浑噩噩地随便写一些无病呻吟的文字,而是应该向世人传达有价值、有信息、有深度的东西,在为世人解答困惑的同时，引领他们去思考世界思考未来，从而更加健康积极地去面对生活。

如果你是一个新闻从业者，你应该保持理性、客观的态度去挖掘有价值的新闻，向世人传达真实的世界，不冤枉一个好人，并且把还原真相作为自己奉行的准则。

如今这个时代，如果你是一个新媒体从业人员，你身上的责任感应该比任何人都要重。因为网络时代你是主流，你应该以正确的态度接收信息，然后转为有价值的文字，引导和治愈世人。

总之，文字从业者应该有一颗职业操守的心，切记不要为了流量、金钱、利益而去"吃人血馒头"或者做一些违背道德和自己意愿的事情。应该把"价值"这两个字谨记在心，不管写什么，都不能传达负面的东西。

如果你是非文字从业者，你应该写什么？

这类型的人，文字只是他们的辅助工具，所以应该写有逻辑、有条理的东西，让读了自己文字的人清晰自己写作的体裁是什么、表达的观点是什么或者写作的目的是什么等，如此写出来的文字才能被称为完成任务。

比如，你是一个策划，在写策划案或者在做策划 PPT 的时候，要先把自己的逻辑理清楚，让你呈现的文字是有框架结构、条理清晰的，这样即使做出来的策划也许没有多大的亮点，但必要的元素和布局清晰，你的上司和客户才能明白整个策划的方向。

比如你要去演讲，或者写什么材料交给上级，你得先花时间把稿件的内容整理清楚，然后把逻辑理顺，才能在用文字展现的时候，让别人也看明白你要表达的是什么。

当文字只是辅助工具的时候，那么我们写作的条理就非常重要。我们要追求的文字之间的逻辑和表达上的顺序，如此之后，不管我们写的是什么，都能够让别人一眼就知道你所表达的整体意思和目的。即使文笔不漂亮，也不会让人读起来一头雾水。

总之，不管你是文字从业者还是非文字从业者，都应该明白写作对于自己的意义和方向。

不知道你有没有发现，我在书中反复提到"逻辑"这两个字。为什么？因为它是我们写作的基础之一。

这些年，我在帮别人看文和批文的过程中，发现大部分写作者会有一个致命性的问题，那就是写出来的文章东拉西扯，凌乱得让人完全感受不到逻辑线，使读者读起来一头雾水，如入云里雾里一般。

举个例子，我曾经批改过一个作者的人物传记。文章一共几千字，一开始还是很正常地讲这个人的出生等，可讲着讲着，就讲到他成长过程中有一个有趣的人，然后这个人做了什么事，娶了一个什么样的老婆等之类的别人的故事，使得文章近1000字都与人物传记本人只有擦边的关系，重心完全偏移。

当我指出这个问题之后，这个作者才意识到作品的问题，可见"逻辑"这个问题是很多人平时都不注意的。

因此，我们在写作之前，一定要从思想上重视"逻辑"问题，然后才能在时代背景下正确地去写作。

那么在重视逻辑之后，关于写作的认知，以下三个方向，希望你从思想上牢记：

方向一：写作不是高尚的

这不是我在贬低它，而是我要告诉你，写作其实是一件非常接地气的事情。古往今来，大部分文学名著广为流传的原因之一，便是它们接地气。它们的接地气表现在：通俗易懂、贴近生活和贴近当时的时代背景。

◎ **通俗易懂**

通俗易懂指的是不管你是不是一个爱好读书的人，只要读了这篇文章，你就能看得懂它想要表达的是什么。从这儿出发，我们在写东西的时候就要牢记，不要总是用一些天花乱坠的词去修饰句子，或者本来是一维的写作，非要用二维的方式去写，这样反而会把一个很简单的东西复杂化，得不偿失。

◎ **贴近生活**

贴近生活指的是哪怕虚构的故事，也要写得像发生在世界的某个角落一样，真实存在。或者说它就在生活的方方面面，比如给喜欢的人一句表白的话，也是生活中常见的。从这儿出发，我们在写东西的时候就要尽量做到从生活入手。

文学作品可能很好理解，毕竟文学从生活中来。但日常工作生活中的那些微写作应该怎么理解呢？举个例子：我们要撰写一份简单的合同，前提条件是没有高薪聘请律师的情况下，我们需要对双方做一个简单的约束，但又不知道怎么写，怎么办呢？

这个时候，我们就要把生活中可能存在的矛盾点全部想好了之后，再按照规定的格式撰写。这就是贴近生活。

◎ 贴近时代背景

贴近时代背景指的是这个时代大家关注的焦点是什么、国家的政策是什么、生活的背景是什么等，这是我们应该关注的重点。当我们在撰写文学作品或者日常中写东西的时候，可以从这些点出发。同样以撰写合同为例：关于合同的类型，我们国家的法律怎么规定，其他同行是怎么做的……这些都是我们需要考虑的事情，而这些因素就源自生活。

以上三点，是我们在写作之前需要认识清楚的东西。从这几个方面入手，相信你写的文章将会有更多的意义以及被更多人接受。

方向二：写作是一种勤奋

几乎每一个向我讨教写作技巧的学员或者朋友，我给他们上的第一节思想课便是：先学会勤奋。

勤奋对于写作有多重要？就像鱼离开水无法生存一样。一个再有天赋的人，如果不持之以恒地去写东西，以及保持写东西的状态和灵感，那么久而久之就会像方仲永一样，最终什么都不剩。

这些年，我接触过很多形形色色的写手，有的三年如一日般勤勤奋奋地写着，有的吊儿郎当想起了才提笔写写。而写作对于这两种人的回报也十分明显。

勤奋的人，哪怕底子不好，最终都能够在写作圈找到自己存在的位置。

而那些想起了才写写的人，早就被抛弃在圈外，只能见身边的人越来越有成就，自己却越来越荒凉。

我这里所指的勤奋，并不是 24 小时，除了睡觉都在写作。而是一种写作的频率。用我的某个学员早期的一个写作时间规划表来做一个简单的举例。

星期一	星期二	星期三	星期四	星期五	星期六	星期日
4:00~6:00	4:00~6:00	4:00~6:00	4:00~6:00	4:00~6:00	4:00~10:00	4:00~10:00
20:00~23:00	20:00~23:00	20:00~23:00	20:00~23:00	20:00~23:00	14:00~22:00	14:00~22:00

这个表格所列举出来的时间安排，是一个完全不合理的状态。我们可以每天都在练习写作，但是真的没必要每天都在花大量时间写作。因为写作的环节不仅是写，还有寻找灵感、整理素材、保持阅读以保证自己的学习，等等。

所以只要你一周能够写 1~2 篇经过整个写作过程之后写出来的文章，便是保持了勤奋度。

那是不是说明我们一周只花 1~2 天时间写作就行了呢？并不是。

这里给出一个我自认为比较科学的时间计划表：

星期一	星期二	星期三	星期四	星期五	星期六	星期日
根据选题收集素材	列提纲和框架	写作第一篇文章	写作第二篇文章	修改两篇文章	学习写作技巧	阅读并记录选题

你看，周而复始，一个循环，我们就能够保持自己的写作频率。当然，如果某些作者在完成写作的准备工作时，速度很快，那么一周保证 4~5 篇稿子也是可以的。具体就得根据自己的实际情况来安排。

毕竟，在写作成为你吃饭的工具以前，你不能执拗地把时间全耗在写作上面。去工作去活着，才是我们的第一目标。

方向三：文笔对于写作，重要又不那么重要

谈到写作，我们不能不谈的一件事情便是，这个作者的文笔怎样。文笔的好坏判定，我下一节会详细说，这里我要谈到的是文笔其实并没有你想象中那么重要。

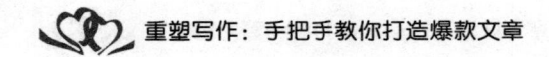

我有一个学员，她对文笔要求很执拗，甚至到了一种癫狂的地步。有一次，我跟她一起去书店，她不断地点评各种书籍，说道："这样的文笔也配出版？"嘲讽得多了，我便问她什么是文笔，她却支支吾吾说不出话来。

为什么文笔不好能够被出版？相信很多人都跟这个学员一样有过这样的疑问。这个问题的答案到底是什么？其实就是价值。

价值定律告诉我们，一个人、一个物体存在即表明它有意义和存在的价值。同理，文笔不好的作品却被出版了，也许它正治愈着千万孤独的人，它只是不符合你的审美而已。

因此，不要执拗地去强求自己一定要是一个文笔非凡的人，而是应该去追求自己是为了什么而写作。当你想明白了这个问题时，你写出来的文章就会有深度和价值。并且，此时文笔在这些面前已经变得不重要了。

那我们就一点儿文笔都不追求吗？也不是。至少咬文嚼字和遣词造句，最基本的东西你一定要会，否则我们写出来的东西别人都读不通，也不知道你在说什么，那还谈什么写东西。因此，基本的语文基础我们一定要打好。

总的来说，写作需要清楚自己为什么要写、能写什么。

全民写作时代，会写作是一件最基本的技能。掌握好写作这项技能，你的生活、职场定位将会有所改变。

以上关于写作的底层逻辑认知，一定要从思想上好好理解并记住。之后，我会慢慢教你，如何走向属于你自己的写作方向。

写作是一生的事业，别急。

3. 你是一个文笔好的人吗？

文笔的好坏和文章的好坏没有直接关联。一篇好的文章，它的文笔可以是朴实无华的，也可以是绚丽多彩的；一篇不好的文章，它的文笔未必就不是华丽夺目的。文笔，它只是文章的一个承载，我们更应该在乎的是，文章合为时而著。

"我文笔不好，怎么办？"

很多人写东西，最苦恼的一件事就是自己文笔不好怎么办、如何提升自己的文笔等之类的，围绕着文笔做一些毫无意义的事情。

其实，新手一开始关注这个，本身就是一个错误。

我有一个学员，叫他"乘风破浪"。他是从今日头条上找到我的，那时，他已经在头条上写了很多类型的短文了，但几乎没有什么阅读量。跟我学写作时，他第一句话就是："我觉得我文笔不差呀，为啥没人看？"

我看了看他写的文章，大致明白他写出来的东西往往没有一个核心观点去支撑。便反问他："你写的是什么？"

他很爽快地回答我："就是抒发一下自己的感悟。"

我继续问："那为什么不写日记、微头条、朋友圈、微博，偏偏要写长文章呢？这些依然可以写很多字，也不妨碍你抒发感情，还能一下子就让人看到它的主要内容，不是挺好的吗？而文章不仅仅只是写，它还需要标题、结构等来吸引人。你这些都有吗？"

经过我的再三提问，这位学员很快就改变自己的动向，写起了微头条。但隔了不久又问："是不是我文笔很差？为什么别人都可以 10 万$^+$甚至百万的曝光量，而我只有几千呢？"

我打开他写的微头条一看，连基本的开门见物都没有，更别提整个主心骨在哪儿了。指出他的问题后，他学得也很快，最终，现在微头条阅读上万、10万非常常见，他也成功靠自己的写作，每个月零花钱不用愁！

那他的文笔真的变好了吗？比起从前的文字，多的只是技巧罢了。

你看，其实文笔好坏，和你文字是否有吸引力或者你的文章好坏，没有直接的关联。好的文笔，对于好的文章是锦上添花，不出彩的文笔对于好的文章同样可以锦上添花。

很多时候，在你苦于自己的作品没有人看时，或者常常被编辑退稿时，不要总是把罪过加在你的文笔不好上，不妨想想，是不是自己的创意不够或者是写作技巧没对，还是说你投稿的方式不对，从而导致你的作品没人看或者被退稿。

拿我们公众号的上稿文章来举例：

我们过稿的很多文章中，大部分作者都是第一次写公众号文章，并且他们的文笔也并不是好到天花乱坠，为什么他们能这么"轻易"地过稿呢？

首先，他们把握住了我们需要的稿子的类型。这一点在很多投稿环节都是必要的。你得先看约稿函的要求，然后写出符合要求的稿子，编辑才会去看你写的东西，否则就是事倍功半。一味地投稿，还会被编辑打入黑名单。

就比如我们每天邮箱里有很多无效的稿子，都是因为不读约稿函，从而造成了编辑的重负担，以至于审核时间漫长或者是第一印象不太好。

其次，他们都懂得和编辑沟通。沟通为什么重要？因为也许你的稿子写完了，却和之前上稿文章选题是重复的；也许你写的根本就不是我们想要的稿件；也许你根本不知道该怎么下笔……这些问题，编辑都会给你解答，给你修改意见，给你耐心的指导。所以，跟编辑的沟通，也是你过稿成功的秘诀之一。

比如我曾经上过一个《知心姐姐》的稿件，就是在和编辑的沟通中，完全不考虑文笔的情况下写出来的一篇关于我写作时间管理的安排类文章。我甚至不把它叫作一篇完整的文章。但是它就是上了杂志。

你看，有时候编辑会针对特定的栏目和你沟通，然后安排你去写作。这类型的写作是不需要技巧或者文笔的，只要你和编辑沟通对了，也算是获得你走入写作圈的一大步。毕竟上稿杂志对于新手来说还是有一定挑战的。

当然，如果你连基本的遣词造句都还存在着语病或者是不通顺的问题，那还是先找一本讲语文字词的基础知识书籍好好学习一下，再去思考文笔的事情。

其实，早在我们上第一堂语文课开始，"文笔"这个词就跟写作形影不离了。起初，文笔体现在短短的几百字作文里，后来文笔体现在日常生活的各种场景里。若有幸成为了作家，那么文笔就化成了文风，成为了另一种不可或缺的存在。

不过，世间万物都有它的规则，我们也应该给文笔一个界限，分清楚什么是好的文笔，什么是一般的文笔，什么是烂的文笔。

那么我们首先应该清楚一个概念，那就是：什么是文笔？

文笔，字典里对它的解释是这样的：指文章的写作技巧、文章的风格文辞流畅。而现代大家不断谈论的"你文笔好""他文笔不好"这种话，经常指的是文字的表达能力。

比如，当你读莫言的小说的时候，你会觉得字里行间里流露出来了一种狂野；读余华的小说的时候，你会从风趣诙谐里读到沧桑心酸；读鲁迅的文字时，你会从行云流水的语言里去犀利地思考人生。

发现没？文笔的好坏是跟我们在字里行间有没有读到除了文字本身所拥有的情感和代入感，以及是否符合这个体裁类型的规定等相关的。

也许情感和代入感你还能理解，比如从小耳濡目染的古诗词"姑苏城外寒山寺，夜半钟声到客船"，它虽然用的全是朴实无华的字词，可它里面蕴含了丰富的情感以及能够把你迅速代入诗的意境中去，让你的情感和它的情感碰撞出一种难以言表的火花，从而让你不得不鼓掌为这样的文笔叫好，这也是十分高深的表达能力。

但是第三个"符合体裁类型的规定"其实往往大家都忽略掉了。我们就拿新闻类写作来举例。新闻是一种客观事实的陈述，它几乎不能带着作者的自我情感去写作，那么我们就要从它的题材规定出发。也就是我前面提到的，新闻是一种客观、冷静、详尽的体裁。如果一个记者在撰写新闻稿的时候，无法把这一件事情客观、周全地讲述完，那么这个人的文笔再有带入感和情感，都是不好的。

同时，文笔也决定着你是写手还是作家。

自古以来，写手千千万万，可真正能够被世人记住的作家或者说能有一本传世著作的作家寥寥可数。

对比后，我们会发现，写手和作家最大的区别在于文笔的运用。再次强调，这和辞藻的华丽程度没有任何的关联。文笔的运用，也是指的写作技巧、文章的风格、文笔流畅的运用。

到底什么才是好的文章？个人觉得可以通过以下三个层次去判定。

◎ 层次一：规范度

这里的规范指的是：

（1）文字符合基本的表达规范，没有很明显的病句或者文字辞藻读完不知道在表达什么的情况。

（2）体裁符合规范。也就是每一种体裁，其实都有它类型的风格所在。比如新闻就是很客观死板的，小说就是需要你天马行空想象的，散文就是需要融进形物从而获得情感上的释放的……

但如果你用写新闻的办法去写散文，这就是不符合体裁的规范了。或者用散文的方式去写演讲稿，也不符合体裁的规范的。

◎ 层次二：准确性

准确性指的是作者的中心思想在整篇文章里很清晰、准确地就可以见到，包括整篇文章下来的框架结构和串联线索都是清晰的，不会让人读完有一头雾水的感觉。

就拿鲁迅先生的文章来说，他笔下的人物转折点很多，他喷人的时候，口若悬河，但他不是漫无目的去喷，而是有层次、有结构、有线索，让你读完就知道他此起彼伏的情感状态，以及整个文章的走向。

这就是好文笔的准确度。它就像是前行的帆，让你躺在文字的海洋里的时候，还能知道自己的走向。

◎层次三：感染力

不管任何的文字，它的出现，都是有它的情感和内涵在里面的。如果文章读完，读者连脑子都不过一下，或者说连基本的共鸣都无法产生，那么这样的文字，也是不好的。

基于以上三个层次，我将文笔好坏的判断依据做成如下表格列示：

文笔坏	文笔朴实／一般	文笔好
无	规范度／准确性／感染力	规范度＋准确性＋感染力

想要判断自己的文笔到底如何，或者说还能从哪些方面去努力，对照上面这个表格即可清晰明朗。

如果你三个都没有，那么你就必须关注一下文笔这个东西，并从这三个方面去练习。如果你三个占了其中一个，我建议，你应该从写作技巧上面再努努力。如果你刚好三个都占了，那么你接下来努力的方向就是：创造出更多更有价值的东西。

毕竟写作的意义，在于你想去达到的目的。

因此，我们在写东西之前，要首先问自己，你是想仅仅成为一个可以随手就写的写手，还是信手拈来的作家。当然，如果你选的是写手，也不要觉得可惜，毕竟，世界上写文章的人那么多，而最终能称得上作家、被世人皆晓的人，自古以来就寥寥可数。

在这里我还要列一个简单的误区：那就是文笔的好坏跟让人想读下去的欲望没有必然的关系。

很多人在评判一个作品好坏的时候，经常会说：这个我都读不下去，怎么算是好的文章、好的文笔。

其实，那么多国外的文学名著，有多少人是真正读完的？可能十个人里有一个就已经不错了。但这些就妨碍它们成为文学名著吗？并不。每年依旧

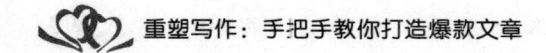

会有各种国外的文学名著登顶中国的畅销榜，依旧会有很多文章受大家追捧，但有些书，就是让人读不下去。

所以，不要再说什么读不下去的书就是烂书。

再举个简单的例子，你就会清晰很多：在网络时代，打开互联网就能看到各种各样的网文，但我们仔细观察会发现，很多网文非常受读者的追捧，可始终遮盖不了它们是一些没有任何文笔可言的文章。

比如说，当你看到一部非常受追捧的小说的时候，它一整篇下来全是对话，就像下面这样：

Xxx 说："……"

Xxx："……"

Zzz："……"

Yyy："……"

当你读完了一整本之后，你会发现，除了对话，你似乎记不住任何东西，甚至连小说前面在写什么都已经忘记，那这本书几乎没有任何文学性可言，即使它真的很受人追捧。

就像那句很有名的话说的那样："文学是一个复杂的东西。"

如果一篇文章除了对话没有任何其他有价值的东西，连基本的心理描写、环境描写或者简单的陈述都没有，那么即使这篇小说再吸引读者、再"看上去很好"，它在文学意义上来说，都不算是一部完整的小说。

同理，一本书如果充满了各种写作技巧，但你还是没法往下读，那么这本书依旧可以称得上是一部完整的小说。就像书店里那些琳琅满目的外国名著，真的能让人读完的寥寥可数。

因此，好的书不等于你喜欢，你不喜欢的不等于烂书。

哲学家亚里士多德在谈到文笔和写作时曾经这样说过："一个作家必须使他的艺术给人以自然的印象，而不是矫揉造作。自然是有说服力的，而矫揉则适得其反。"

你瞧，伟人对怎么写有清晰的思想定位，我们想要成为作家或者是想要通过写好文字创造自己价值的人，又为何不好好打磨自己呢。写作不一定是一件很严肃的事情，但是一定是得符合上面表格所列出来的基本的东西以及表达技巧和写作技巧的。

如果你是一个文字从业者，这方面是你需要去深挖的东西；如果你是非文字从业者，那么你对文笔的依赖程度就更少了，甚至可以说不必要在乎文笔，而仅仅注重文字功底，也就是文字的排列组合以及逻辑即可。

比如，你就是写一个很简单的工作简报，不需要你写太多其他的东西，工作内容是怎样的就怎样，也不用追求表达方式和表达技巧，只需要逻辑清晰，上级读得懂即可。不用特别追求文笔。

这就好比，一个专业演员和一个平面模特对表演的技能要求程度是不一样的。

总之，好的文笔不等于华丽，朴实的文字也能绽放出它的风采。

不要把自己的整个身心都放在追求成为中国文笔第一人上面。事实上，当你到了文笔好的层次时，文章已经不存在任何高低之分，而是取决于你文章中所反映出来的价值观和深度。

正所谓深度决定质量，质量决定高度，真正强者之间的PK，往往是在毫厘之间。

因而，你目前是一个什么样的高度，就去做那个高度应该着重做的事情。如果是写作小白或者写作新人，打造属于自己的写作风格和表达方式才是我们在完成文笔的基础认知之后最应该修炼的。

4. 定位自己，用个人品牌创造价值

当你了解清楚了写作意义、写作方向和文笔的重要性后，给自己一个明确的定位就是我们的下一步。在如今这个时代，随着写作成为一种重要的底层能力，自我定位的意义已经不仅仅存在于自我认知层面，而是个人竞争力的体现。

如今，写作的人那么多，怎么才能让自己更有竞争力？

当你意识到这个问题时，证明你开始思考自我价值的实现之路。前面已经提到，全民写作时代，人人都是写作的小能手，而现在已经发展到可以靠智能机器人写诗词、智能AI在线生成文案等代替人的写作机器，可以看出写作的竞争力同样很严峻。

因此，如何挖掘自身的特点，从而让自己无论是在写作这个行业或者是职场成为一个不可被替代的人，成了当下靠"写"生存的人亟须解决的问题。而这个问题的答案，就藏在我们对自己个人品牌定位里。

什么是个人品牌？定义为：一个人在某个领域被这个领域的大部分受众所知道、了解，且有一致的印象或者口碑。简单来说就是，你一听到这个人的名字或者这个企业、商家等的名字，你就立刻对它充满了信任。举个作家出书的例子，你就明白了。

当你听到一个知名作家出了一本新书时，你可以简介都不看，便会迅速购买；可当你看到一个从来没有听过的作者出了一本新书，你即使觉得书籍的简介很符合你的胃口，都不一定会为它埋单。

为什么会这样？

因为知名作家已经形成了他个人的品牌，有了他的口碑和基础，那么大

家都相信他无论出什么样的书，始终都会保持在同一个水平。但新作者没有自己的品牌定位，更别谈让读者去相信这个品牌了。

或许你会说："我只想安安静静写文章，至于文章会不会被人接纳，我不在乎，并且我也不在乎做什么公众人物，因此我不需要塑造个人品牌呀。"

如果你这样想，那么你对个人品牌的认识就是非常不清晰的。

在互联网时代，没有人是一个孤立于世界的存在。也许你的工作让你可以一直不出门，但是你免不了要和你的领导、同事、亲戚、父母、同学、朋友等打交道。而在这个打交道的过程中，你就已经在产生你个人品牌的标签了。

比如，你是一个开朗的人，你是一个懂设计的人，你是一个愿意帮助别人的人，你是一个冷漠的人……这些标签最终汇聚到一起，就形成了你这个人，而名字就是你这个人的个人品牌。

因此，很多写手都会在写作之前，先取好一个个人标签化的笔名来作为自己写作领域品牌的品牌名。比如鲁迅原名周树人，冰心原名谢婉莹，老舍原名舒庆春。当然，还有相当一部分人对自己的本名是很喜欢的，于是就用自己本名本姓作为笔名。

当你定好笔名之时，你的个人品牌就正式走上了获取标签的道路。而你品牌的形成，会经历非常多的事情。比如你文章的风格、社交平台的风格、在圈子里和人打交道的经历等。每当你做一件事情，就是在为你自己的品牌打标签。

因此，很多自媒体平台才如此注重创作者一定要有同一的写作领域。

同时，我们也会发现，在这个时代混得好的人，往往是那些能够清晰认识自己，并且熟练运用自己的标签为自己赚钱的人。

比如律师，当他通过各种各样的官司出了名，经营好自己的品牌时，找他打官司的人，就如同滔滔江水绵延不绝，不赚钱是不可能的。届时，只有他自己不想接的活儿。

比如一个设计师，当他经营好自己的个人品牌时，他身边的人就会在遇到类似项目时第一时间想到他，他自然也不用愁没项目做。

你看，即使你是一个愿意在幕后生活的人，你也摆脱不了个人品牌是始终活在你身边的事实。既然它存在，那为什么不用呢？况且，用好它不代表我们一定要成为一个在公众视野中的名人，哪怕只是在你身边的人眼里是权威的，对你的帮助也是极大的。

回归到写作这一块。简单来说，你的笔名等于你个人的品牌名，可你的个人品牌并不仅仅只有笔名。通过定义，我们会发现，个人品牌其实是有三个要素的。

◎ **领域清晰**

领域可以按照行业分，也可以按照兴趣分，这是我们塑造个人品牌中最最重要的一个板块，因为它能够让人快速锁定你的标签。比如，你是一个写小说的人、是一个写散文的人，或者是一个写动物、旅行、科技等的人，这些标签，可以让别人快速明白你的能力，才能迅速去锁定你。

◎ **在领域里有知名度**

也就是大家普遍都知道你这个人，比如一想到歌手，我们会想到周杰伦；一想到演员，我们会想到周星驰；一想到作家，我们会想到路遥……

这些人在各自的领域都有一定的名气，那么大家一接触到这个领域，就会立刻想到这些人，这就是知名度。当然，我们可能无法获得这么高的知名度，但是我们也可以拥有小的知名度，哪怕就仅仅只是几十几百个人知道你，你也算有了知名度。只要让人认识你之后，此后碰到这个领域就会想到你，你就算拥有了知名度。

◎ **受众信任你**

当你有了领域清晰的标签，有了知名度，形成个人品牌还需要最后一件事情，那就是信任度。

举个简单的例子：我们想看书，会立刻想到××作家的书，因为他的文字、他的才华值得你信赖；我们想听歌，可能会立刻想到周杰伦的歌，因为他的音乐、他的歌声已经广为流传，成为了一种经典；我们想看新闻，可能会立刻想到人民日报等类型的官媒，也是因为它们让我们信赖。

因此，如果你在某个领域拥有个人品牌，你的名字或者你的这个品牌名字就代表了领域清晰、知名度、信任度。

个人品牌三要素		
领域清晰	知名度	信任度

了解了个人品牌的含义以及为什么我们普通人要塑造个人品牌之后，接下来就是最重要的一个环节：如何在写作方面塑造个人品牌。

◎ 第一步：给自己一个准确的定位

这一步是个人品牌塑造极其关键的一个环节。就好像，船航行靠帆，人前进靠方向。人一旦失去了方向，就像船在大海中迷失，很容易被风吹浪打，沉入海底。

因此，不管是个人写作品牌塑造，还是其他方面的品牌塑造，我们第一步都是要给自己个人品牌做好定位。它决定着我们要走的方向，也让我们清晰地认知自己的优势、劣势，从而让我们可以把所有力气都使在同一个点上，更加快速地达到目的。

举个反例，或许你会有体会。比如，你因为一个公众号写的是运营干货而关注了它，可接下来的几天，它一会儿更新的是娱乐八卦，一会儿更新的是科技信息，一会儿更新的是英语学习办法，时间久了之后，你肯定会问："这个号到底在做什么？"带着这样的疑惑，你坚守了一段时间之后，终于忍受不了，便取消了关注。

但是假如你遇见的一个公众号它正好更新的是你喜欢的读书内容，并且每一次的更新都是这个方向，还都是你喜欢的内容，久而久之，你对这个公众号的好感度就会又近一步。那么接下来无论是它举办的读书会还是线下的粉丝见面会，你都会欣然接受。

这就是定位的重要性——集中力量办大事。

这一点上，我的学员阿科就是一个很好的例子。他的本职工作是运营美妆行业的公众号。起初，阿科更新的文章范围虽然都是美妆行业，但大都过于广泛，一会儿从传统的美容更新到新医美，一会儿又从护肤更新到化妆。久而久之，他们的粉丝黏性就变得极其低了。

后来，我问他在这个行业里最擅长什么。他想了想回答我："化妆。"

我便反问他："一个会化妆的男人，一个教女人化妆的男人。这样的人设不够吸引吗？"随后我又引导他，化妆还有很多更细小的方面，比如新手如何化妆、什么场合适合什么样的妆容等方向。他很快便找到了自己更精确的定位。

于是，在一个月里，他和团队集中力量更新一个方向上的文章，不仅成功获取了很多的粉丝，还把营销拓展到了各个平台。

你看，只要你有了更加细致化的定位，并且把所有力量往这个定位上去突破之后，你在这个领域就可以完全"横着走"了。

关于定位的步骤，我的建议是：

首先，做一次深度分析，明确自己的优势和劣势、兴趣爱好、个人可以持续输出内容的领域等；

其次，往这个方向精确化、更加细微地去定位；

最后，往自己身上贴一些比较有特色的标签。比如：多年从业经验、10万$^+$爆款、畅销书作家、"90后"CEO等。

◎ 第二步：确定一个永不再变的名字

一个不变的名字，对于品牌有多重要？我不以其他领域举例，就举一个文学界的例子。

著名作家安妮宝贝几乎家喻户晓，她的文字柔软而富有深度，每每让人读起来如沐春风。但是"庆山"这个名字熟悉的人有多少呢？或许连"安妮宝贝"的一半都没有。

因此，我们会发现，当她以"庆山"这个名字重新出书的时候，基本上每一本书的宣传都还是会提"安妮宝贝"。因为"安妮宝贝"已经是一个成熟且知名的品牌了，即使重新取了名字，它的影响力也是惊人的，很难被取代。

就像你30年来都用同一个名字，后面却因为某些原因改了名字，那些老相识依旧会叫你的旧名。

从这一点我们得出，品牌的知名度是积累起来的，而一个不变的名字，就像是装它的容器，一旦你换掉，里面的东西也不会像从前一样多了。

因此，选择好定位之后，就认真静下心来，找一个自己叫起来顺口的笔名，然后无论发生什么都不要换掉，坚持用下去。

如果恰好你是一个喜欢玩各种新媒体平台的人，比如微博、今日头条、抖音等，那么你就在这些平台把自己的笔名和头像确定好，不要轻易地改动。如果实在觉得头像不好，也可以换一下，但最好频率低一点儿，一年一两次即可。否则，最坏的情况可能就是你积累起来的品牌优势一下子全没了。

为什么我如此强调头像在网络上的重要性呢？假设一个场景，你和另一个人的笔名都叫"追风筝的人"。你隔三岔五就换头像，人家不换头像，你的粉丝可能会把他认成你，反倒给别人做了嫁衣。

因此，在新媒体平台上，关于这一点，我们要万分小心。另外，这里的社交媒体并不指微信和QQ等聊天软件！

◎第三步：持续输出固定方向的内容

准确定位和长期不变的名字在个人品牌塑造里，我将它称为准备过程，而这第三步，就是正式的实施过程，也就是持续地往你定好的方向上去写作、去输出内容、去刷自己品牌的曝光度，以此来慢慢形成自己的品牌标签，让别人知道你是写什么的。

如果你不明白这一点，可以对比一下知名品牌的广告。试想一下，连家喻户晓的百事可乐、华为等品牌都坚持每年以大量的资金去为自己的品牌制作宣传广告，以此来提升自己的知名度，那么在信息蓝海里的小小的你，不坚持出现在大众的视野，就只剩下被遗忘的命运了。

而且，你也是在给别人机会。

写作品牌三部曲		
准确定位	长期不变的名字	同一个方向持续输出

那么这是不是意味着可以没有下限地去通过各种手段来曝光自己呢？

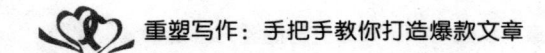

我承认，有些人确实走上了这样的道路，并且，他们也达到了形成他们品牌的目的。但你要明白一句古话："人在做，天在看。"

"吃人血馒头"或者以丑夺人眼球的人，最终都会狠狠地翻车。

因此，我希望你能把下面的注意事项牢记于心：

①写出品质。每一次的创作都要拿出最好的内容。正所谓："不鸣则已，一鸣惊人。"也许坚持自己的创作，短时间内不会让你有很大知名度的提升，但是你可以把每一篇的质量都把控到最好，也许某天突然火了，你品牌的美誉度就自然提升了。

并且，当别人去翻你历史内容的时候，会更被你打动，从而成为你的粉丝。品质创作，可以说是你品牌的基础。只有基础打牢，以后的路才能走得扎实。

②一条路走到黑。当你给自己做好定位之后，你写作内容的定位就十分清晰了。那么之后的所有创作都要跟随着你的写作定位来，而不是想到什么就写什么。不断地变化写作领域，从而让自己的品牌失去了专注度，让原本喜欢你的粉丝，也对你认知模糊。

比如你就是写历史的，那么你不能去更新儿童类的童话或者是财务知识。哪怕你对财务知识比对历史更加了解，你也不能在你品牌本身形成之后改写财务。如果你想写其他东西，那么你可以另外建立一个名字去专门写作。

切记：品牌定好之后，一直沿着这条路走下去。

③平台要专一。写作如今有很多种面世的方式，从传统书籍、杂志到互联网的自媒体平台，我们有很多种选择。但是这并不意味着我们可以今天在公众号上发文、明天在杂志上发文，不断地去换地方写作。

你可以将一篇文章在没有版权问题的情况下，去各个平台同步更新，但是绝不可以今天在这个地方，明天去那个地方。这就好比丢了西瓜捡芝麻，最终可能一事无成。

写作品牌注意事项		
注重品质	同一领域	专一平台

这是一个好的时代，因为它给了很多人机会；但这也算是一个残酷的时

代，因为它充满了竞争。

　　无论是在写作还是在职场，这个时代里最好的竞争力就是你的能力。而当你把你的能力用个人品牌的形式展现出来时，你会发现，你拥有的不仅仅是话语权，甚至是最好的赚钱工具。

　　从现在开始，按照步骤，给自己一个明确的定位，用个人品牌去创造自身价值吧。

5. 拥有这些写作习惯受益终身

培根说:"习惯是一种顽强而巨大的力量,它可以主宰人生。"同理,在写作中,良好的写作习惯也能够引领你的写作走向成功。这些写作习惯都是简单且好用的,学会它,养成它,你会发现你的写作变得轻松而愉快,让你受益终身。

一个好的写作习惯有多重要?

这是很多写作者都不注意的地方,总觉得自己可以写出来就已经不错了,或者说自己本身文笔很好十分自信,所以有没有养成写作习惯,或者写作习惯好不好,他们根本就不在乎。

可从传统媒体时代到现在的新媒体时代,越来越多的人进入写作这个行业,也有越来越多的人把写作变成了一种日常的生活和工作。每天需要我们处理的事情实在是太多了,没有好的写作习惯,你的效率事倍功半。

拿我自己来举例:休息的一天,我可能睡到中午才起来。等我吃了午饭,大概就到下午一点了。这时,我会开始做家务,把家里大大小小的角落收拾一遍,然后把脏衣服、被子分批放进洗衣机里后,才开始写稿子。等衣服洗好之后,又先去晾衣服……如此收拾完,等我再次坐下时,时间已快到下午四点了。

也许你有疑问,这样的我能否完成当天的工作?或者说我是不是要熬夜才能完成工作?我的回答是:不。

在这碎片化的时间里,我能把我该做的工作都做完。

对此,有很多朋友一度非常羡慕我这样的工作方式,觉得我很自由,可以安排自己的时间。其实我忙碌的时候,自己能拥有的时间是很少的,但是我会管理好我的时间，即使再忙，也依旧可以腾出一些时间去做其他事情。

对此，我在另一本已出版的关于时间管理的书里讲过。

而这里我要教给你们的，就是在写作上的时间管理办法——良好的写作习惯。它可以帮助你快速地去高效完成你的写作。

◎ 习惯一：随手记录你自己的想法

很早以前有作者问我，怎么形容灵感？我说过这样一句比较粗俗的话：灵感就像大姨妈，它高兴的时候就来，它不高兴的时候，你怎么盼，它都不会来。

因此，如果我仅仅只是靠等待灵感来的话，那么我很可能其他工作就没办法进行下去。特别是如果刚好碰到有两个剧本都需要短时间内创作出来，而我恰好又在跟组拍摄，那么我根本没有时间在白天去静下来思考我要写的东西。

这个时候，随手记录想法的习惯就成了好帮手。

我在空闲的碎片时间里，先记录下来我要写的主题是什么，然后在工作中，边工作边慢慢在脑海里打草稿。

如果突然之间来了灵感，我会立刻记录下此刻的想法。等到我真正提笔写的时候，备忘录早已密密麻麻记满了我的灵感，哪怕有些我根本用不上，我还是能够快速完成一篇文章。

如果不忙的时候，我会拿起手机或者打开电脑刷微博、头条、知乎等选题聚集的地方，并且随手在备忘录里记录下我看这些问题的想法或者说让我产生灵感的东西，以备不时之需。

灵感这种东西十分飘忽，你不知道它什么时候来，所以你必须做好时刻应对它的准备。它甚至有可能在你蹲茅厕的时候突然光临，一旦你抓不住，很可能转身就忘了。

随时记录你的想法，这个习惯能够帮助你快速把握住你要写的内容，然后把你的那些想法在你真正提笔的时候还原出来。如此，你才不会在真正要写稿的时候，突然脑袋空白。

当然，具体怎么去记录你的想法和灵感要依据个人的习惯。比如说你可能习惯在手机上去记录你的想法和灵感；习惯在电脑上去记录你的想法和灵感；你也可能习惯拿笔在本子上记录你的想法和灵感；甚至，你也许喜欢在和别人的互相探讨中产生灵感……

但无论是哪种方式，你的灵感笔记一定要随时带在身上，随时可以更新。记住一句话，能靠得住的，只有你自己。

灵感是最靠不住的东西，想要让自己的效率事半功倍，一定要有随时记录灵感这个习惯。

◎ 习惯二：列写作计划和清单

做事要有计划和清单，这是我多年养成的一个非常好的习惯。

不说生活、工作中的事情，拿写作本书来举例，你就会感同身受。

拿到这本写作书的选题之后，我大概花了三天时间，把整本书的所有题目和篇章列了出来，等书通过选题会、签完合同之后，我才开始真正着手整理我每一步的计划。

先把每一个小节的题目变成我计划表中的一个小计划，然后规定好小计划完成的写作时间，以及整个书稿完成的时间。比如：一稿、二稿、终稿大致多久完成。

在列好这些所有的计划表之后，我才开始进行正式的写作。我的计划不仅仅这么简单，我还做了一件事，就是做一个每日写作计划。

比如我大概是几天去完成一篇文章，而这几天里，我有哪些时间是在寻找素材，有哪些时间是在列提纲，又有哪些时间是在写作、改稿，等等。

而做这些，其实就是我们在针对每一个小事情上的一个小清单。这样我每天就会有目标、有计划地去完成每一篇文章。

试想一下，假如我没有去列一个计划，那么每天从外面工作回来之后，我也许早已把要写的稿子全忘了。当我有了这样一个计划之后，哪怕我每天回来都已是晚上 11 点多钟，我依旧会打开电脑，把我今天应该完成的事情按照计划表去做好。

这是列计划和清单的好处。它会让你清晰明朗地知道每天要做些什么东西，短期内要做什么，长期内要完成什么。这个过程其实也是为了让你养成一种"一定要完成清单"的强迫症。

以下就是我经常使用的写作计划和清单：

时间	文章名称	一稿	字数	二稿	三稿	备注

◎ 习惯三：坚持写

写作最重要的是什么？就是你能够写出来。不管你写得好还是不好，只要你能够完成，并且长期保持这种完成的状态，那么你今后无论写什么都能提得起笔。

那么如何才能够让自己把东西写出来呢？其实现在有很多方式都是很好的帮手。比如微博、QQ空间、朋友圈、公众号、知乎、头条等平台，它都给了你可以去写的机会。并且，它们对于写作是没有门槛的，你不需要非把自己的文笔锻炼到炉火纯青了才能发表东西。

也许你会问，在这些平台上去更新文章，没有人看，就没有坚持下去的动力，怎么办？

如果你是这样的人，可以参考我一个学员老艾的案例。老艾50多岁了，她从不玩社交平台，顶多平时用一下微信朋友圈。为了练习写作，她听了我的话，坚持在朋友圈里更新自己的生活日常。

什么儿子今天从某个地方回来了、她今天又买了什么样的菜、在路上遇到了什么样的人、又有了哪些想法和感悟，等等，事无巨细，每天坚持完成一篇长朋友圈，供大家互相交流。

有时我看了她写的东西之后，会给她指出哪些地方写作是有问题的，她下一次便会在这个方面注意。同时，跟她要好的一些学员也会和她在留言区交流写作技巧和写作心得，这使得老艾更加有写下去的动力。

这样记录了大概一个月之后，老艾明显感觉到自己进步非常大。以往拿到一个写作题目半天都无法动笔的她，竟然可以提笔就写出东西来。用她自己的话来说："管它写出来是人是鬼，先写完再说！"

你看，如果你觉得去公开平台写出来没人看，就无法获得成就感，从而没有写下去的动力，那你也可以换其他方式去写东西。你可以像老艾一样去朋友圈发表感悟，也可以仅仅和朋友之间交换看文章。总之，坚持写完，对于你来说是一件有利无害的事情。

但如果你是一个喜欢玩这些平台的人，那么你就可以经常去发表你的看法和意见。并且，当你可以有很多精力的时候，我更建议你去这些平台做一个属于自己的账号。参考个人品牌塑造的章节，去更新自己的内容。

当然，还有一部分是以上两种人群以外的人。仅仅只是想练习自己的文笔，不想被别人看到自己的生活，那么写日记的方式更适合你。

我曾经在学生时代写过两三年的日记。那时，我几乎每天都要抽半个小时把那些自认为很重要的经历记录下来，哪怕学习到深夜，也要完成日记。

印象最深刻的是初三的某个深夜，作业太多，赶到凌晨三点才写完，然后我立刻拿出抽屉里的日记本，写下我劳累一天的心境，之后才满足地睡去。

正是这样的坚持，让我深刻地感受到自己的文笔在潜移默化中前进了一大步。

总而言之，不管你写得如何，先强迫自己去坚持写。你可以写日记或者在个人社交平台每天更新一些自己的感悟，不出一年，你会看到自己的潜在进步。

◎ 习惯四：练习发散思维

写作是一种思维发散的过程。如果你想要成为一个很好的写作者，你就需要去锻炼自己发散思维的能力。

什么是发散思维？就是我给你讲一个东西，你可以联想延伸出很多东西来。这就是发散思维的过程。

更具体来说，就是我跟你讲我在吃面，那么你会同时想到我是怎么去吃面的，这个面是怎么做出来的，是谁做出来的，这个面的原材料又是什么，在原材料挖掘过程中人们又经历了多少磨难……

你看，仅仅只是"吃面"这两个字，我们就可以延伸出很多与其相关的东西，这就叫作发散思维。

发散思维，对于在文学创作方面的写作者是非常重要的一件事情。那么这是不是意味着我们写其他东西就不需要去锻炼发散思维呢？错。

写任何东西都需要你去发散思维，从而建立框架和结构。只是普通文章和文学创作的思维发散程度不同而已。

那么，我们如何才能锻炼自己的发散思维呢？

很简单，每周一次，放空思想。

比如一个阳光明媚的下午，你坐在自家阳台上，晒着太阳，让自己放松下来，去云里雾里地想一些你写作中的事情。

假如你接下来要写的是一篇小说，那么你可以想象一下小说中的男女主角是如何存在于真实世界的。或者说，你刚追完一部剧，你觉得这部电视剧带给了你一些什么感悟或者遗憾。又或者说，你看了一本书，就想象一下书中的人物是以怎样的方式生活着的。顺着这些思路去联想你可以想到的一切，慢慢地，你的思维就开始发散了。

这种锻炼的频率，可以大致控制在每周半个小时左右。可以是阳光明媚的下午或者是安静的夜晚。总之，先让自己静下来。

◎习惯五：先写完，再修改

正如习惯三所说，先写完是非常重要的一件事。但是很多人却常常是写不出来就半途而废。

关于这一点，我曾听很多作者说过。他们在提笔的过程中，遇到卡壳儿或者想不出来的地方，就不知道自己该怎么办，于是只能采取消极放弃的态度。面对这种情况，有些人会等一会儿再从头到尾读一遍，来让自己把整体理顺了继续写；而另一部分人呢，大多是直接弃稿。

其实，我们在写作过程中走进思维的死胡同是常有的事情，并且这种时候，我们一时半会儿是很难走出来的，即使放置了一两天，你依旧没有办法像疏通马桶一样，迅速让自己理顺思路写下去。

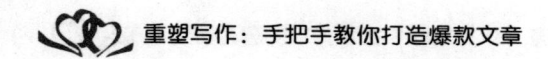

久而久之，你也许对自己的这篇文章就没有了继续写下去的信心。可如果这篇文章正是你出版书的第一篇怎么办？不可能等到要交稿的时候跟编辑说"对不住，写不出来"，那或许等着你的就是被封杀。

因此，我们遇到卡壳儿的时候，必须硬着头皮写下去。

以我的经历举例：因为提笔之前我已经把大体的框架打好了，所以我可以把卡壳儿的地方先空着，把其他地方写完了，完整地把文章走一遍后，让自己心中的成就感滋生，然后从头到尾去修改，在修改的过程中，去完善空白的部分。

比如这篇文章，假如我在习惯三那里不知道如何写了，那么我会先把习惯四、五以及结尾全部写完了之后，再回去边修改边填空。

这并不影响我的撰稿质量，因为框架早已为我保驾护航。

因此，无论怎样，要先完成初稿。千万不要一边修改一边写，否则最终会丢了西瓜，捡了芝麻，什么都得不到。

新手写作必备习惯				
随手记录自己的想法	列写作计划和清单	坚持写	练习发散思维	写完再修改

以上五个习惯，是我这么多年总结出来的经验，并且自己也持续地在用的。这些习惯让我的写作变得非常高效。你可以把这些习惯精华的部分取用，并推陈出新，把那些不适合自己的习惯结合自身再去修改一下，成为你自己的东西。

总之，好的习惯受益终身，让你的写作变得轻松起来。

6. 这些写作必备工具让写作开花

"工欲善其事，必先利其器。器欲尽其能，必先得其法。"这是亘古不变的真理。写作也是如此，在如今互联网时代，有太多的辅助我们写作的工具可以去使用。如果你有一套称手的工具，那么它们改变的不仅仅是你的写作效率，而是除了写作技巧和文笔以外的另一个加分项。

你在写作的时候最讨厌的情况是什么？

关于这个问题，我咨询了朋友圈里的几个知名作家好友。

有朋友说，最讨厌的是文章写了一半忽然被什么打个岔，就没灵感了；也有朋友说，写完文章再回过头去读一遍的时候，只想喷一句：这都是些什么鬼！然后就想手撕了文稿；还有朋友说是辛辛苦苦又洋洋洒洒地写了几千字的稿子，电脑一黑，所有的努力都付诸东流了。

还有很多讨厌的情况常常出现在写作者的身边，我有个文友就差点儿崩溃。

那时，我正在拼字小组里完成写作目标，有个文友的头像敲了敲我，给我留言："太崩溃了，我好不容易磕磕绊绊写完了一部短篇小说，电脑忽然蓝屏了，重启后稿子居然恢复不了……"

我几乎可以脑补出她现在坐在电脑前面的样子。

出于同情，我建议她："要不，按照大纲和现有的素材，加上对文章的记忆，咱重新写一篇？"

她立刻回了我几个大字："我都写在一个文稿里了，现在都丢了，集体玩儿失踪！"

"那……去历史记录里找找看，说不定有定时保存功能，哪怕寻回来一部分，后面续写起来也会容易很多啊。"这是我唯一还能想到的办法了，因为我以前也常常遭遇这种事情。

"好像没有设置过这个功能……"

这一刻，我感受到了文友心碎的声音，可她只能重新再写一篇了。对此，我十分庆幸我的写作习惯和我的写作工具，让我现在几乎没有这方面的烦恼，可以无忧无虑，在任何有灵感的地方都能做到随时写作。

在上面这短短的一段话中，我提到了很多个关键词：写作习惯、写作工具、随时写作。这些在我们的写作过程中起着非常重要的作用，可以给我们省下不少时间。

互联网高速发展的时代，几乎人人都靠电脑、iPad 等设备去写作，真正提笔书写的人，少之甚少。那既然是在这种时代，我们就要学会有力地去利用互联网工具，来帮助自己写作，而不是仅限于依靠脑子、一个键盘、一个 Office 去完成。

这一小节给大家推荐创作中那些不可或缺的辅助工具，来满足我们日常创作需求和解决创作过程中出现的问题。

首先，我们需要了解的是，我们写作过程中所用的工具，有哪些功能是必不可少的。

◎ 功能一：实时云保存

在所有的功能中，实时云保存首当其冲成为工具选择中的首选条件。

无论是在日常写作中，还是写论文、做代码、画设计图，只要是以电子产品为主要工具的事情，一定或多或少会遇到诸如停电、软件闪退，甚至是电脑蓝屏重启的时候。有时仅仅只是软件小小更新了一下，都会让坐在电脑前的你崩溃不已。

你的第一反应必然是：完了！我的东西！

如果你认为没关系，丢稿了我可以重写，反正都是我的文思。那这个功能对你来说可以不必考虑。

但如果是一部动辄几十万字的长篇小说或者是一篇重要的学术论文，或者是其他你认为害怕中途出现问题丢掉的稿件，你都要在写作之前把这个功能了解清楚。

不管你是用什么写作，Word，哪怕是Office和WPS都已经将"备份"这个功能设计得非常完善了。你可以打开百度或知乎，搜索一下你使用的软件是"如何开启自动保存的功能"这类问题的答案，然后按照步骤把自己使用的软件的这个功能确认一遍，这样才能安心地去开始写作。

实时保存这个功能，实际上依托的就是软件的云端技术，它能够避免的最大问题就是一些措手不及的稿件丢失。

对于写作者来说，文稿即生命。既如此，珍爱生命，实时保存。

◎功能二：多端云同步

写作中你有没有遇到这种情况：晚上写了一半的稿子，没灵感了，却在第二天上班的地铁上灵感翻涌而来。你迫不及待地想要立刻继续往下写，但是稿子却还在家里的电脑上，让你后悔为什么自己没能带在身上，随时能够继续。

此时，你可能会想着用U盘或者iPad随时带在身边就可以在灵感突发的时候拿出来写作。随着科技的进步和发展，越来越多的人慢慢地开始将文件从一台电子设备转移到另一台电子设备继续同步处理。

但这对我们的写作来说还是不够用。比如，我的学员大部分都是晚上写作，然后白天上班，利用空闲时间去创作。如果他晚上写完了之后，要先发到自己的U盘或者是微信里，然后第二天才能在登录公司电脑的时候继续写作，那么他下班之前还需要再把它导入U盘或者微信，才能保证自己回家可以继续写作。

这样的过程非常复杂，也很可能某天忘在公司电脑上，从而晚上写作的时间都浪费掉。

如果这个时候有能够多台设备都可用的软件，那么我们就可以非常简便的，晚上在家中写作，白天在公司写作，省去了把文件转过去转过来的步骤，从而让事情变得简单。

而多端云同步的功能，正有这样的妙处。它会使你的所有办公设备中的同一个文件保持一致，无论你在哪里更新、无论你什么时候更新，都能够无缝衔接。

◎功能三：素材云搜索

我遇到过好几个咨询案例都是问我："那些在日更的作者，他们哪来的那些源源不断的素材供应他们的创作灵感？"

这就是互联网的妙处。如今，它有很多提供素材或者灵感的平台，供我们翻阅，甚至已经为我们建立好了灵感库，让我们需要时可以随时翻阅。

如果说文稿是写作者的生命，那么素材就是文稿的灵魂。光靠对写作的热情和突如其来的灵感是远远不够支撑一条漫长的写作道路的，想要保持持续写作，素材库就显得尤为重要。

适合我们自己的素材库是由日常素材积累下来的。它可能是一个你喜欢的标题，也可能是一部你喜欢的电影的片段，甚至可能只是一句歌词，或者是一个梦境……

随着积累的增加，你的素材库会越来越充盈，但问题也会越来越多。例如，素材太多，想写的时候找不到了；又或者是，已经过期的素材不想要了，可是忘记在哪个文档，只记得其中的几个关键字。

此刻，你会发现，如果不好好整理素材，那么它始终不能帮助你找到灵感。你依旧会打开百度搜索去寻找。

你看，拥有一个像图书馆一样的搜索功能，是不是就能够完美解决找素材的问题？只要一个关键词，或者是一个灵感，就能自动搜索出相关素材，它能提供给你源源不断的新灵感，这才是云素材库存在的价值。

很显然，这几项功能似乎缺一不可，但在日常应用中，我们不会同时启用几个工具来匹配这项工作。所以，我在测试工具功能的时候，一定会首先要求满足以上三点要求。

经过多功能测试，以下这些工具确实能在写作中给予写作者如虎添翼的助力，最关键的是，它们的免费功能已经非常强大，足以满足我们的写作需求。

◎ **推荐工具一：橙瓜码字**

从创作的角度来讲，橙瓜码字最适合的是小说创作者，这点从它的诸多功能上就能一目了然。

除了在上文中提到的三种必备功能外，橙瓜码字尤其适合网络文学创作者，因为软件开发者贴心地为创作者引入了投稿功能，让无论是大神还是小白创作者，都可以把自己的小说在写完之后，立刻找到投稿地方。

同时，在创作界面，它还具有随机取名、大纲助手、一键检测敏感词、人物卡片等，几乎涵盖了网络上所有码字软件的功能，是一款为网络作家量身打造的码字神器。

如果你是小说、故事类创作型写手，这款软件对你来说值得拥有。

当然，我向我的学员推荐这款软件的时候，他们也问过我，如果我只是写新媒体文，不创作小说，也适用吗？

答案是肯定的。只是它不能插入表格和图片，需要你在同步到新媒体平台的时候，去找相应的东西来附带上。这大概是它唯一的弊端。

另一个值得推荐的原因，则是因为它的拼字功能。

从事写作多年，我十分清楚一个写作者的痛苦：不知道写什么，没东西可写，有主题了也不知道该如何下笔等。

《刻意练习》中说道，将对同一件事情感兴趣的所有人聚集起来，或者吸引他们加入一个现有的团体，并且将团体的同志情谊和共同的目标作为达到你自己目标的额外动机。

我想，这就是我对在线拼字这个功能的理解，它让写作者抱团取暖，也逼着写作者去刻意练习，完成每一天的写作任务，非常适合拖延症患者或者"懒癌"患者。

当然，除了这款软件之外，还有其他软件我们可以选择，只要能够有这些功能，都能够让我们的写作变得简单。

如果觉得橙瓜码字的功能太过烦琐，可以尝试用大神码字、壹写作，它们更适合编剧作者。

◎推荐工具二：印象笔记

印象笔记，俗称"管理你的第二大脑"，它除了前面提到的三个必备功能之外，最有用的功能就是随时让你记录自己的灵感。有什么想法，拿出来备注好，等需要的时候，随时翻出来看看。

此外，它还推出了剪藏功能，能够让我们收集的信息快速得到备份和处理，想用的时候，调出来也十分方便。并且它还能够快速保存包括微信公众号、微博、各种浏览器上的大量的第三方素材信息。

值得推崇的是印象笔记的深度搜索功能，它除了能够识别所存素材的文字外，还可以自动识别图片和PDF中所匹配的文字信息，让素材信息更全面地呈现在眼前。

所以，从个人应用经验来说，可以认为，印象笔记是作为建设素材库的不二选择。

◎推荐工具三：幕布

严格意义上说，幕布和XMind都属于思维导图的思维辅助工具，它能够使写作的条理更清楚。

没错，幕布是写作大纲的书写神器，能够完美地让思维和头脑风暴落地，从根本上锻炼我们的结构化思维方式。

比如我这本书最初交给编辑的选题，就是用幕布进行的整本书内容的设计。

同时，无论是读书笔记，还是文本大纲，到待办清单，它都能够提供清晰的结构化笔记，使写作者在写作过程中更直观地面对自己的思考方式，并且在架构中发现所存在的漏洞，及时修补完善。

从小说、剧本到商业媒体文，幕布几乎见证了我的写作成长历程，在未来的很长一段时间也将一直陪伴在我的写作生涯中，是一款硬核推荐工具。

当然，它也可以随时随地调用出来噢。想到什么就往上添加几笔，想不起什么时也可以拿出来再看看。几乎所有的写作，都可以用幕布做文章逻辑框架的整理。

◎**推荐工具四：石墨文档**

石墨文档在刚推进工具市场的时候，最引人注目的主打特点是高效协作，这其中包括文档在线编辑和文件的集中储存管理，以及重要文件的分权限管理。

因此，它在公司团队的合作中是常常会被用到的软件，我自己的团队也在用。同时，它的文档同步功能也被我用到了写作中。

比如，当我的一个稿子当下没有写完的时候，或者是我需要在路上修改稿件的时候，我会先把 Word 导入石墨文档里，即使是长途旅行，也可以轻松拿出手机或者 iPad，在深夜赶稿子，行李箱也不至于因带个重重的电脑而影响旅途体验。

总之，全民写作时代，这款工具已经被更广泛运用在新媒体团队和社群运营中，成功地避开了烦琐的文件传输和信息管理分散的劣态，使得数据收集和处理更便捷和高效。

◎**推荐工具五：搜狗语音输入**

当你面临大数量的稿件撰写工作时，你是坚持用键盘手打文字，还是采用别的办法？我的解决问题是：键盘＋语音输入。

如果你的稿件类型比较多，但大多数不是创作型的写作，那么我建议你可以先利用语音输入，把语音转为文字，然后导入你的 Word 里，从头到尾按照你的书写习惯去修改一遍，这样你的完稿速度会增快很多。

拿我自身来举例。有时候要参加演讲或者给学员讲微信群内的课程，但手中的工作积压太多，导致我根本没有时间坐下来去把一堂课的教案写完。这时，我会先用几分钟拟好大纲，之后用搜狗语音把自己的想法转成文字，快速记录下来，再从头到尾阅读修改一遍，就圆满完成了一篇稿子。

这种方式帮助我在几分钟之内写完一篇稿子。它的弊端就是：对于创作型写作，千万不要用这样的方式，它会限制你的发挥。普通的商业、生活类稿子采用即可。

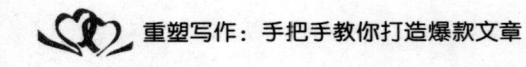

新手写作推荐工具				
橙瓜码字	印象笔记	幕布	石墨文档	搜狗语音输入

以上写作工具你可以根据自己的习惯灵活运用。

纵观整个软件市场，其实还有许多得心应手的工具，能够在不同程度上解决写作的问题。因此，你可以选择我推荐的工具，也可以选择自己用得顺手的工具。

总之，让这些工具带领你的写作走进2.0时代，体会快速而锦上添花的写作生活吧！

第二章

提笔写作：这样的步骤让你信手拈来

一个充足的准备，是事情成功的前提。

写作就是如此，如果你想要成为一个什么都能动笔写出来的人，那么掌握一些简单的准备方法，你将在面对任何题材时，都能迅速抓住灵感。新人写作，应该构建从思想到准备，再到提笔的过程，才能够保证我们撰写任何文章之时，信手即可拈来。

如何为写作做准备？准备的过程有哪些步骤？怎样的准备才是充足且高效的？针对这些问题，本章带你手把手去构建文章准备过程，让你做到无论面对什么样的文章都可以精准地把握成稿。

1. 第一步：明确目的，思路清晰

目的是你成稿的第一要诀。无论我们做任何事情，只有先明确自己的目的，才能让我们的行动精准而具有针对性。写作的第一步准备工作也应该先明确我们的写作目的，让我们能够目标清晰地去行动。这就如同指路的明灯，可以让你的灵感顺藤摸瓜，刷的一下就来了。

"想要写作，可完全不知道从哪里下笔，怎么办？"

做写作导师之前，我曾兼职初中生的作文老师，知道这个问题也是很多带孩子来专门学写作文的家长们共同的担忧。当我转身问孩子们作文题目要求是什么时，所有孩子都只会模棱两可地回答我。

后来，我发现，所有的"不知道"，是因为他们连基本的写作目标都不明确，导致他们提笔时脑海里一片空白。

例如，2021年重庆中考题给了一首泰戈尔的诗：

你那一刻的随意馈赠，

宛如秋夜的流星，

在我的生命深处点燃了烈焰。

——泰戈尔《流萤集》

上面的小诗，揭示了馈赠的意义。请以《你的馈赠，点燃了我》为题写一篇文章。除诗歌外，文体不限。

看到这个题目，你是不是不知道从何下笔或者说有太多想要写的，不知道选取哪些角度？其实简化成写作目的，它就是让你去构思是谁给了你什么样的馈赠，对你产生了什么样的作用。简化成这样，你就能清晰地知道自己该如何下笔了。

第二章 提笔写作：这样的步骤让你信手拈来

由此，我发现了"目标"对于写作的重要性。于是，此后我教写作都以"明确目标"为主。我带领他们分析学校老师给出的作文题目，逐字逐句地去挖掘字里行间的写作信息，为孩子们建立起写作的目标。

很快，效果十分显著。即使是再不会写作文的学生，只要清楚了解自己即将写作的目标，也能让他勇敢提笔写起来。

做写作导师之后，"明确目标"也成为我指导学员的第一课。因此，如果你也是一个总是不知道如何下笔或者不知道自己怎么写的作者，在每一次动笔之前去树立你的写作目标，对于你来说，非常有用。

目标有多重要？

比尔·科普兰说："没有目标的烦恼就是你在球场上来回奔跑着消耗你的时光，却永远也不会射进门得分。"

由此可见，目标是一种奋斗的方向，是前进的灯塔，是我们做事情的指引。

其实生活中有了目标再去做的事情不在少数。

比如：我们去上学，是为了更有知识、更有文化、更有未来；我们去参加高考，是为了读一个好的大学，找一份好的工作；我们去一个公司求职，是为了生存下去或者有更好的未来，等等。

或许你觉得这样的目标太大了，没有什么特别明显的体验到目标的意义，那么我们平时生活中经常接触到的：我们出门是带着目标；我们开车是带着目标；我们奋斗是为了一个目标……

往夸张了说，人的所有行动，其实都是受自己心中的目标所指引。那么我们为什么在面对写东西的时候，却把"目标明确"这个关键点给忘记了呢？

比如，你要给别人写贺词，要想一下你的目的是让别人收到你的祝福。

你要写辞职信是为了辞职；写求职信，是为了让他们能够把你录用；写策划文案是为了项目的整体策划；写营销文案是为了更好地去推进产品的销售。

49

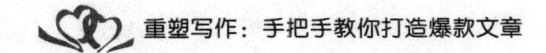

仔细分析，你会发现，我们所有的写作都是带着自己的目的的。

因此，写作的第一步应该是去思考你的写作目的是什么。它会指引你往哪个方面去写作，会让你更加明白自己的起点在哪里，过程是什么，终点是什么。

怎么确定自己的写作目标？

如果对于接下来要写作的文章有清晰的用处，那么我们的目标就十分准确。比如，你就是要辞职，那么你的目标就是写出一封合格的辞职信，让老板知道你的情况，从而同意你辞职。

再比如说，你是被编辑约稿从而要去写一篇符合他们要求的稿子，那么你的目标就是分析清楚编辑想要的是什么。例如，写作对象是什么？写作方向是什么？

对于新手写作者来说，被约稿的情况是很少的，这就需要我们能够主动去写稿，然后去投稿。但是没有任何人告诉你应该写什么，怎么办？此刻，你需要确定一个你即将供稿的平台，以便你找寻适合自己的目标。

这个供稿平台可以是自媒体平台、小说网站、杂志等，而选择这个平台就需要结合第一章第四节我曾经谈到过的，根据你自己的定位去思考。

比如，你是一个喜欢写诗歌的人，那么你需要明白现在网络平台很少有人再去看诗歌，如果你还是依旧在网络平台上更新你的诗词，可能几乎没有人看，就是哪怕你写个一年两年都不会有人发现你。

这个时候就需要你往杂志上投稿，或者参加诗歌的比赛，从而去找到一群志同道合的朋友，把自己的写作市场慢慢地打开。等确定了杂志这个平台之后，你需要去找到某些比较好上稿的杂志，然后分析他们对诗歌是怎么选取的。

比如，这个杂志比较爱好现代爱情诗，那么你的写作目标就可以定为以现代爱情诗上稿。

你看，这样的一个环节下来，你不仅结合了自身的长处去撰稿，还能明白自己的写作目标。

写作路上，目标是无穷无尽的，并且它会随着你的成长，慢慢变成一个长期的阶段性目标。目标是我们前进的核心，激励着我们奋斗和努力，因此在挖掘目标的步骤中，有以下几个注意事项一定要明确。

①不要停止挖掘自己的潜力。人的潜力是无穷无尽的，并且你的身上可能不止一种潜力。就好像你可以是一个写小说的人，同时你也可以因为对故事的掌控能力比较好，从而适合去做编剧。

如果这个时候，你挖掘了自己编剧的潜力，你会发现你又拥有了新的一片天空。这其实是写作属性决定的。它有很多种分类，并且这些分类并不都是独立存在，而是相辅相成。就像写小说的人转行做编剧比较容易，因为他有着对故事的把控力。而他只需要专业地去学习一段时间的编剧知识，就可以很简单地驾驭这个职业。这就是互通性。

那么普通的我们要如何去挖掘自己的潜力呢？你要分析自己在写作中有哪些优势，擅长什么类别，有哪些类别是可以尝试、哪些类别是绝不能触碰的。

②坚定自己的方向。新手写作有很大的一个误区，就是别人做什么我就跟着做什么。别人去写小说，我就跟着去写小说；别人去做漫画编剧，我也跟着去做漫画编剧；别人去写网络电影，我也跟着去写网络电影。可别人成功了，你不一定成功，因为也许那并不是我们的优势。

比如说让你一个写散文的人去写一篇长篇小说，那可能对你来说是一件非常费力气的事情。如果你这么去做了，那么你可能连散文的基本写作方式都忘记了。

因此一定要坚定适合自己的方向，千万不要别人说什么就去做什么，一定要再三确认自己是否适合这个方向。

当然，我支持一个作者可以有很多适合他的方向，但我不支持的是像丢了西瓜捡芝麻一样，最后什么都得不到。

如果你想要找到那些适合自己的方向，那么你可以不断地去尝试各种体裁的写作。

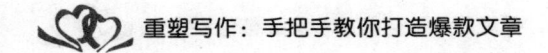

③心无旁骛地走。写作这一行,还有非常让人苦恼的一点,就是你突然看到你的同行或者是作家朋友已经走在了你前面,并且把你甩得很远。这个时候你就会产生一种焦虑,更加着急。

一旦你身边有这样的情况发生,你可以祝福对方,但千万不要被对方带着节奏。每个人都有他自己的道路要走,他可能早一点实现他的梦想,但不代表着你就实现不了梦想。不要着急,属于你的终究会来到你身边。

我们写作一定要是心无旁骛的、干净的,才能不走偏路,脚踏实地地得到我们想要的东西。

挖掘目标注意事项		
不要停止挖掘自己的潜力	坚定自己的方向	心无旁骛地走

树立了目标,你写作准备的第一步就迈出来了。但正如一句谚语说的:"如果你必须吃掉一只青蛙,那么即使你一直坐在那里盯着它,也无济于事。"它警醒着我们,一定要行动起来,不要做嘴上的矮人,而是行动上的巨人。这句话我感受特别深刻。

那时,我还是刚入行没几年的新人,身边大多也是写了几年的作者朋友们。大家作为新人都在一个群里写稿,也经常会讨论彼此的稿子,去指出对方写得好和不好的地方,取其精华,去其糟粕。

那个时候我们定的目标是我要写完这本书,或者是我要成为一个作家。

可时隔了一两年之后,我们再回头去看群里的小伙伴们,就会发现有的人已经走了很远了;有的人还在抱着目标原地踏步,终日沉沦于自己的幻想,没有任何写作的心思,最终,觉得没有脸面而默默退了群。

你看,行动上的矮子,总有一天会被别人抛在身后。

其实,生活中我们经常会遇到这种事情:当你在迷茫中终于给自己规划了清晰的目标之后,你的心就会松懈下来;等真正开始行动之时,可能那个目标已经变质。

因此,在你找到目标之后,立刻开始行动起来,千万不要让机会从你手边溜走。

2. 第二步：定位需求，打动受众

了解受众，并从心理和情感上去打动你的受众，是你在确定目标之后，需要关注的下一步。因为受众才是对你文稿的最终反馈者，他们反馈的态度，代表着你这篇文稿给了他们多少价值。我们需要根据受众去调整我们的写作重点，以求与结果贴近。

如何才能让读者喜欢自己的文章？

我想，这是很多写作者都想要得到的秘诀。

特别是看见别的作者不仅销量好，身后还有一群读者尾随追稿的时候，很多写作者都会羡慕不已，总是幻想着自己什么时候才能够有这一天。但幻想之后，他们也会从心底不断地发问："感觉他的书比我的还烂，为什么他的书会这么受欢迎？"

整个行业很多作者都有这种感受。其实它有很多种答案，但最重要的一点是，这类成功的作者把读者的心理吃得很准。他们知道他们的读者喜欢什么，讨厌什么；什么写出来能够让他们爽，什么写出来会让他们感到不爽。

而你连你背后的读者群体是哪些都没有分析清楚，读者想要的是什么更加不知道，又如何能够让读者喜欢你的文章？

比如你写出来的文章是给在职妈妈看的，结果看你文章的全是全职妈妈，这个时候你要对你的文章内容受众进行一个调整，调整到面向全职妈妈，这样你的读者才能够知道你是写给她们看的。

接收到你这个信息之后，特定的读者群就会对你产生良好的印象，那么至于其他人喜欢什么，你根本就不需要去考虑。你只需要服务好你所覆盖的这部分人群，了解他们的喜好和痛楚，从他们的心底去打动他们即可。

因此，我们有时候把写作者比喻成服务员，我们所需要服务的是来到我们这家餐厅里的人，至于其他人会不会来到餐厅，全凭他们的喜好。如果仅看到餐厅的装潢就打了退堂鼓，你难道还要去改变装修，去吸引这一小部分人吗？

显然并不是。吸引力法则告诉我们："什么样的人吸引什么样的人。"换到写作上来说就是，什么样的文章吸引什么样的人群。你不可能做到让所有人都喜欢你，只需要回馈当下喜欢你的人即可。

那么如何去打动你的受众呢？以下几点是关键。

◎第一印象

人是感官动物，会通过自己的感受来判断一个人、一件事、一个物品。你的文字想要打动别人，就需要在感官上满足他们的需求。也就是第一印象要好。

举一个例子，你就知道了：有两本书摆在你面前，一本全是错别字，连基本的标点符号都用错，并且像裹脚布一样又长又臭；另一本排版精美，完全没有错字。你会选择看哪本？

结果不用我多说，所有人都会选择第二本。

发现没？连基本的内容我们都还没有看，仅凭第一印象就让读者对我们的文章有了选择，这就是第一印象的重要性。它是你抓住读者心理，打动读者的第一步。

那么第一印象包含了哪些东西呢？

首先是作品的错别字，一般在文学上规定一本书的错误率应该低于万分之一；其次是作品的标点符号是否用对，逻辑是否有错误，有没有与文章毫不相关的补充性文字、作者的话、旁白及名言警句之类的东西；还有就是你的作品是否值得推敲，作品的情节是否合理，文章是否简洁，不拖沓；最后就是符不符合国家的基本要求，比如说一些血腥暴力的东西，一些违禁用词，千万不能有。

当你有了这几个基本功底之后，你留给别人的第一印象一定不会太差。

◎ **特定人群的痛点**

当做好这些基本功之后，我们要分析读者群体的爱好，他们喜欢什么以及不喜欢什么，你一定要清楚。这样他们才愿意花钱为你的文章埋单。

这个步骤用另一个词叫痛点分析。当了解清楚这类人群的痛点之后，你才能真正设身处地去打动他们。

如何分析痛点？你要思考这篇文章是传输给受众信息，还是需要受众反馈给你动作。

什么是信息呢？就是你在给他们写这篇文章之后，他们能够得到多少东西？比如说你写的是夫妻之间的关系要和谐，然后列出了如何才能和谐的几个要点。当他们读完之后，对这几个要点是否清楚和接受。如果他们接受了，就说明你的信息对他们来说是有用的。

什么是反馈给你动作呢？就是当他们看到你的这篇信息之后，他会有什么样的反应？比如说他是同意你的这个观点，还是觉得你这个观点是错误的，从而给你留言表示赞同还是反驳，或者购买还是抵制等。

用辞职信来举例，你就会更加明白。比如：我提交给领导一封辞职信，他收到的信息是我要辞职，而他的反应就是同意还是拒绝。同意的话我就可以走人了，拒绝的话，他可能还会找我私底下详谈为什么我会离职等问题。这就是他给我的反馈动作。

那么如今的社会情况是怎样呢？我们处在一个高速发展的快节奏的社会，人们普遍是存在着巨大压力的，并且他们的危机意识很强，也非常容易焦虑。所以他们可能喜欢看的文章是轻松诙谐，或者是能够解决他们焦虑的问题的文章，更或者是去满足他们生活上不足的精神幻想等。

比如说你在写一部小说，是给上班族看的。你可以写小说的主人公上班之后遭遇了非常不爽的事情，被老板狠狠地臭骂了一通，然后这个主角不依不饶，反过去把老板也骂了。这样的话，读者看了就很爽，你的文章自然有人埋单。

◎开门见山

对于我们既定的题材来说，如果你不能做到开门见山，那么对于读者来说代入感就非常少。比如说我曾经的一个学员对我说，你可不可以帮我看一下我的小说，为什么没有人喜欢。然后我就打开他的小说，一看，开篇几乎全部都是在介绍背景和故事为什么发生，主角一次都没有出来，并且男女主角之间的关系，或者是主角与其他角色的关系，根本就没有交代清楚。那你说这部小说如何才能让读者有代入感呢。

再比如说，你在写新媒体文章的时候，你根本就不知道你针对的人群到底是什么，你开篇就讲一些非常生硬的观点，还是那种老套到大家都听烦的观点，你的读者会为你喝彩吗？显然是天方夜谭。

所以无论什么体裁，一开始，就要开门见山地把应该交代的和吸引人的全部放出来。

◎更新时间

如果你是写网络小说或者是自媒体文章，那么更新时间和频率是非常关键的。因为你的读者一般都会在固定的时间玩手机，比如说在上班路上、在下班路上、在中午休息的时间。

如果你在下午3点他们非常忙碌的时候去更新你的文章，那么或许他们连你的文章更新消息都看不到，你的文章就已经被湮没了。因此我们更新的时候，一定要揣测读者的阅读时间去更新。

你无法把握每一个读者看手机的时间，也不可能把每一个读者的时间统一在某一个时间点上，此时，我们就可以去分析你的大部分读者是什么时间看书的，比如说他的看书时间是早上的9点~10点、下午的6点~7点、晚上的10点~11点。

那么这三个关键点的时间就是你内容更新的时间。我曾经大致对读者的爱好做了一个时间点的研究，结果如下：

星期一	星期二	星期三	星期四	星期五	星期六	星期日
7:00~8:00	8:00~8:30	8:00~8:30	8:00~8:30	9:00~10:00	10:00~11:00	10:00~11:00
12:40~13:20	12:40~13:20	12:40~13:20	12:40~13:20	12:40~13:20	12:40~13:20	12:40~13:20
20:00~21:00	20:30~21:30	20:30~21:30	21:30~22:30	22:40~23:40	23:00~24:00	22:40~23:40

确定好读者的阅读时间之后，我们还需要建立一个固定的时间点，否则你的读者也会流失。

比如说你今天 10 点更新，明天晚上 11 点更新，后天下午 4 点更新，那么你的读者根本就不知道你到底是什么时候更新，他们就没办法根据更新时间去看你的文章。

在这个互联网信息大量产生的时代，你如果不通过固定的时间点去给你的读者养成一种阅读习惯的话，那么你的文章就很可能被其他文章所埋没，你的读者也是这样流失掉的。

因此，你必须给自己一个固定的时间段。比如说我的公众号一般都是在晚上 8 点去更新，这个时间点读者刚好闲下来，我也刚好闲下来，那么我就有时间去跟我的读者产生互动。

长此以往，你的读者就会被你的文章培养出一种习惯。当习惯养成之后，某天他突然不去看你的文章了，他就会觉得心痒痒，这就是抓住读者心理的一个小窍门。

好的作者会让读者慢慢养成一种看他文章的生物钟。

以上四个打动受众的方法，必须熟记于心，你才能更好地根据自己的受众去规划你文章的内容。你要懂得满足读者的阅读爱好、阅读习惯，要抓住读者的痛点，以及他们的第一印象。

做好了这些，你的读者很大程度上将转变成你的粉丝，从而成为你的底气。

3. 第三步：发散思维，引出灵感

你是否总是找不到好的方向或者好的选题？又或者你是否写出来的文章观点总是与别人相同？如果这种情况经常出现，说明你在写作之前没有经历过思维发散的阶段就直接跳到了选题确定，从而让你短时间内写出来的稿子没有任何价值。写作需要发散思维，来让你的文章变得与众不同。

我们在前面的两步中已经明确我们的目的和受众，接下来的第三步就是要去发散我们的思维，从而让我们的灵感自然而来。

什么叫发散思维呢？其实它又称作辐射思维或者扩散思维，它是指我们的大脑在思维时呈现的一种扩散的思维状态。换句话来说，就是让你的思维从一点往四面八方去发散，跳出现有的框架，去重新思考新的角度或者是新的答案，从而让你更加有创意。

发散思维的特点有四个：快速、多种、新颖、可行。

快速：能够迅速生成多个观点，或者是解决问题的方式。

多种：能够同时设想多种解决问题的途径。

新颖：能够想到大多数人想不到的方式。

可行：想出来的创意不只是想想，而是能够去实践的。

总而言之，它能够帮助你在现有的思维模式下，根据不寻常的方向去寻找新颖而独特的方法。

为什么我们需要发散思维？

因为我们的思维总是会走入一种定向，也就是很容易被圈在一个地方，从而不敢去思考。但作为一个写手，特别是文学类创作型写手，如果没有发散性思维，也就失去了创意，那么你的文章可能只是模仿和一团糟。

还是拿辞职信来举例：我的目的就是要辞职，我的受众就是我的老板，那么接下来我就要写我的内容。但是这篇内容如果仅仅只是很短的几句"老板我要辞职"，那么它或许效果也是很平淡的。

为了让我们看起来与众不同，这个时候我们就要去发散我们的思维，把一个整体的事情变成多个创意结合在一起。

比如，我今天想要写一篇关于春天的文章，那么我的目的就是要歌颂春天的美好，我的受众就是喜欢春天的人。接下来我就需要去发散思维试想一下写作内容。

此时我的内容里如果只是写：草长莺飞、春暖花开、嫩叶出新芽、白雪退去……你会发现这些好像已经被人写得太多了，无法满足你内心对于这篇文章的要求，需要用其他新鲜的东西来填充你的内容，才能使你这篇稿子变得与众不同。

此刻，我们就需要再想一想有哪些特殊的描写能够去表达春天美好的现象。这一步就是把你的普通变成特殊的环节。

记住一句话，你看到一个事物所联想到的第一个东西，这样的灵感是我们不能要的。因为你能想到的同时，别人也能想到，没有任何新意。但不是说你就这样不要它了，而是要把它记录下来，作为一种摆放和对比，然后去发散思维，想一些与众不同的事情。

比如接上一个例子，我从春天想到了草，那么我们不能只写草，而是要去发散思维想一想跟草有关的一些东西，比如说草从土里慢慢地生根发芽，或者是蜜蜂飞在它身边去采蜜，更或者是鸟儿回到了草间去闻春天的味道。

如此写作，就会比我们光写草发芽了、花开了、鱼儿戏水好很多。这一步对于想要写好一篇优质稿子的人来说是非常重要的。这个例子我感触很深。

2015年的时候，参加全国大学生网文比赛，我意外获得了二等奖。得奖的征文写的是一篇关于抗战题材的文章。当时比赛的题目是写一篇特别的稿子，我思考了很久都没有思路，于是，我开始发散思维。

我的思维发散过程是这样子的：这些年我们一直都在歌颂红色精神，那

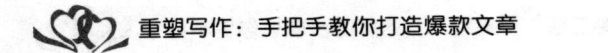

么这些精神载体就是那些抗战大英雄。我列举了很多英雄人物，可是一想到大部分人也可以引用这些英雄事迹，全国那么多大学生参加比赛，我如何能够得奖呢？

于是我继续想抗战中那些其他特别的人物。直到我接触了一个关于慰安妇的报道，才发现，这个群体的人数越来越少，并且关于她们的报道或者有影响力的资料只剩下几部纪录片。当她们有一天全部都不在了，我们又该拿什么去记住当年受的欺负？

于是我就开始着手调查这类人群的事例，最终创作出了这篇短篇小说。很幸运的是，这篇文章被各方报道，深受读者喜爱。

你看，发散思维有时候就是会让我们的文章变得与别人不同，也让我们选择的方向更加富有意义。

我们如何才能培养自己的发散性思维呢？简单地说是让你的思维飞起来，从各个角度去思考问题，从而获得不同的答案。落到行动上的做法就是以下几种：

◎ 头脑风暴

发散思维最主要的一个工具就是头脑风暴。它就是通过一个观点萌生出另一个观点，然后不断去扩充，就会得到一系列非常有创意的、没有经过组织的观点。然后把整个观点进行归纳和总结，就可以得出对于你来说有用的创造性观点。

不过，在做头脑风暴的时候，我们一定要记住：不能去判断任何一个观点的正确还是错误，只负责记录下这些观点，最后再进行总结它是有用的还是没用的。

这样的方式能够帮你快速发散思维，是很多人在工作上经常用到的办法。

◎ 规定情境写作

规定情境一般是用在戏剧表演中，是指作家在剧本中为人物活动所规定的具体环境和实际情况，以及艺术家们在二度创作中对剧本和演出所做的大量内容补充。事实上，我们在创作中也可以给自己规定一个情境后再写作。

这种规定情境的写作一般是以写书为基础的写作方式，要求我们能够准确地描述出规定情境下所发生事件的整个经过、接下来故事的走向，以及故事人物内心的复杂情感等，这样的写作方式不仅能提高我们的写作水平，还能锻炼我们的洞察力和理解力。

例如：人来人往的机场里，一对恋人深情相拥。

这时候我们就会感到疑惑，这对相拥的恋人到底是即将离别，还是别后重逢？这时候，我们可以从他们眼睛里所呈现出的是激动还是不舍来判断当下的状况。如果是别后重逢，那他们为何会分别，分别后各自的生活又是怎样的？如果他们准备离别，那他们离别的原因是什么？

再例如：一位老人从新闻中得知打捞队已经打捞起了一艘轮船，而那艘轮船正是自己年轻时乘坐过的大名鼎鼎的"泰坦尼克号"。

如果没有看过这部电影的话，大家又会为这个故事进行怎样的续写呢？这位老人和这艘船有着怎样的故事呢？沉船时，她又是如何获救的呢？

在规定情境下写作的好处就是在对内容进行填充描写时，可以将自己丰富的想象力和生活中的经历紧密联系起来，这样不仅可以提升写作能力，还能让读者快速进入情境，和我们一样感同身受，对于我们突破写作瓶颈有帮助。

◎ 逆向思维

逆向思维就是按照正常思维方式的反方向去想。它能够让你在与常人的思维逻辑完全不同的方向上去思考，从而让你能够轻易地找到全新的创意。

要想利用好逆向思维，我们首先就要明白目前市场上流行的正向思维是怎样的。比如说现有的素材和现有的写作方式大概的现状是如何，然后针对你有兴趣的题材去收集资料，做好基本的功课后，再逆着这个潮流去思考，就可以得出新鲜的东西。

同时，在这个方面我们还可以思考未来趋势是如何，通过想象力先脑补未来可以实现的情况，然后去逆向思考。注意，这个时候如果未来趋势还没有人写过，那么我们先选择未来趋势，如果未来趋势已经被撰写了，那么我们就逆向来写。

总之，其实万物皆可逆向思考，就看你如何去准备。

发散思维方式		
头脑风暴	规定情境写作	逆向思维

以上三种发散思维方式你可以同时用，也可以单独用。

我最喜欢的是逆向思维结合头脑风暴，然后用思维导图的模式将所有结果记录下来，慢慢去摸索一个全新的道路。而规定情境写作，我会在头脑风暴结束之后，选择几个还将就的方式，进行规定情境写作，从而让我的思维能够注入新鲜的血液。

逆向思维
　　＋　　　→思维导图→挑选几个观点→规定情境写作→确定观点
头脑风暴

俗话说得好："脑子越用越灵光。"经常发散思维不仅可以帮助你拥有很多创意，还能够让你的思维处于活跃的状态，从而生活也变得顺利！

4. 第四步：独特角度，提升层次

万千文章中，我们常常会发现，一些观点选题角度独特的文章，往往更能够让文章亮眼起来。爆款文章更是如此。当你发散了思维之后，你会有很多有用的选题，如何选择好的角度，则取决于我们对选题的把握能力。好的角度来源于生活，它就像掩埋在沙里的金子，等着你去发现。

◎选题是什么

不常写出版文的作者或许对"选题"这两个字十分陌生，但是只要我们在写作之前有规划写作目的、写作技巧、写作框架等的动作，其实我们就是在完善选题的过程。

没错，选题就是我们对即将要写作的这篇文章的规划。它包含了题目、内容、写作技巧、写作目的、写作意义等。它是我们文章的风向舵，决定着我们的文章是否能够成为爆款。如果方向不对，不管你内容写得再天花乱坠，始终都只是白费。

如何策划选题，让文章脱颖而出呢？

◎热点

我们现在的经济是一种市场经济，决定着我们写作的方向。因此，我们在写作的时候，一定要紧跟市场，那么怎么才能去紧跟市场呢？那就是市场热点是什么，我们就去关注什么。

热点不用我解释，很简单。打开头条、微博等，我们都能看到最近大家都在关注些什么。

不管是新媒体写作，还是日常的其他写作，还是我们单纯的出版书，其实90%的爆款文都是在追热点。因为它新，因为它热，因为人人都能知道，所以从中产生的经济效益对于很多人来说就是比较好的。

那么写作中如何去追热点呢？就是在短时间内找到大家注意力集中的地方，然后去分析这个热点话题，能从哪些角度去分析。就像我们在学校期间老师教我们去分析的那样，从不同的角度去解析热点。

同时我们知道，写作都是围绕着人来的，所以我们在分析热点的时候，一定要结合我们这个热点针对的目标人群，他们有什么样的特点，或者是有什么样的痛点。从这些角度去切入你就能既满足我们之前讲到的个性化的东西就是情感上的东西又能满足在热度中去寻求爆点。

比如有爆点的剧都很好，从剧本身角度去分析，它结合了市场上比较热点又比较争议性的话题，从话题的角度去切入，从而再一次引发一个人群的讨论，就成了一个成功的选题。

当然，如果你从这个角度去策划选题的话，就需要时刻去关注网上发生的那些新闻事件，平时也需要多刷一下微博、网站热门排行，以及一些追热点比较快的平台账号。

◎ **用户需求**

好的文章永远都在解决别人的问题。你有可能帮助别人解决时间管理的问题，你有可能帮别人解决社交能力的问题，你也有可能帮别人解决孤独的问题。

而这些解决问题的过程，其实也是一种满足需求的过程，也就是满足用户的渴望。

简单来说，这类型的选题就是大家喜欢看什么我们就写什么。比如我的用户喜欢看在职场上是如何和上司打交道的内容，那么我就专写职场类的东西。比如我的用户喜欢看的是如何存钱、如何理财，那么我就专门针对这些东西去给他一种解答。

切记，千万不要自嗨！也就是说，不是你想写什么你就去写什么，而是你要站在读者的角度。站在粉丝的角度去写你的粉丝、读者喜欢看的东西。

但其实需求是比较难以把控的，有几个小技巧。

首先，你这篇文章是写给谁的。也就是前面小节讲到的，你的目标读者是谁？然后就是你的类型是什么？比如：教育、职场、年轻人、妈妈、婚姻、家庭。

举个例子：如你面对的是二十几岁刚入职场的人，那么这类人群喜欢看什么呢？比起钱和感情，他们可能更愿意看到：如何尽快实现月薪3万、5万，年薪50万、100万？如何在公司里快速晋升？如何选择一家高成长型的公司？哪些能力可以帮助他们更快地获得职场成功？

如果我们能从这些角度去为这些人群思考问题，就会总结出很多有用的信息。赚钱、晋升、成长、成功，从这几点出发，我们的选题将会更加打动这类人群。

其次，是这类人群的痛点。

什么是痛点，就是把那些藏起东西的遮羞布，全部扯下来。比如一个很努力却没有成功的人，他们为什么没有成功？比如能力很好，却始终无法晋升，为什么？比如明明结了婚，可夫妻两人却越感孤独是为什么……

太多太多的痛点等待着我们去挖掘。可痛点也有大小之分。

什么是大痛点呢？就是大部分人都有的。相反，少部分人有的，也就是小痛点。比如职场的升职加薪是大部分人需要面对的，但如果只是同事之间相处有矛盾，不能说所有人都会遇见，这取决于人的不同和公司的企业文化的不同等。

因此，我们还可以从大痛点和小痛点出发去思考选题，这样你的选题将会发散得更多。

◎ **人性**

自古以来，人性都是一门大学问。但随着心理学的推进，我们也对人性有了些许掌控。你会发现，那些学了心理学的人，往往会活得很好，因为他们懂得掌控人性。而那些把文章写得十分独到的人，也是因为他们有一支发掘人性的笔杆子。

保持对人性的洞察，你的选题和文章将会深入到更高层次。

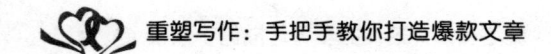

比如：在《都挺好》这部剧出来之后，我们对人性的探索一直没有停过。什么原生家庭、中国式男人的冷漠等一直处于高热状态。

这么多年，其实这些话题是一直存在的，这说明，人性这个话题其实是受大众关注的，就像我们很喜欢测星座、测血型一样。

因此，想要从这个方面去策划选题，我们就需要知道人性有哪些弱点：贪财、好色、好吃懒做、仇富、嫉妒、自私自利、自我自恋、贪小便宜、严以律人宽以待己，等等，太多了。

你平时应该多琢磨这样的词，然后把这些词放在各种各样的人、事、物中去理解。

比如，我最近在知乎被一篇写"绿茶"的文章给吸引了。她就是很简单地写"我"的老公碰到高级"绿茶"，"我"是如何手撕"绿茶"的。其阅读和点赞都十分高。

原因是，"绿茶"一直是热度比较大的话题之一，从这个角度去策划选题，本身就可以引起读者的兴趣，但是同时，"绿茶"也代表了一种人性。

换句话说："绿茶"的人性点比热度多更多，因此，才有了如此大的吸引力。

因此，即使我们不写作的时候，也应该多关注和收集一些大家都感兴趣的人性的点。

比如：我是如何治好我20年的拖延症的；有时候朋友不一定是真心……

策划选题的角度		
热点	用户需求	人性

当我们策划好选题角度的时候，就要进入选题的整体内容策划流程。

◎ 第一步：选择主人公

从亲人、爱人、朋友，以及你平时看到的电视剧啊，电影啊，哪怕是路人都可，但是我们一定要选择一个特殊的人，这个人是会颠覆我们的常规认知的。注意：哪怕他不是特别颠覆，我们也要在他身上给他附加上一些东西，让他一定要颠覆起来。

比如朱自清《背影》中的父亲，乍一看，好像跟普通父亲没啥两样，但是，他是我们的主人公，不能这么普通，于是我们在对这个人物进行元素添加的时候，可以加上他的眼神、他的唠叨、他的微笑等，只要他在你笔下变得柔情和稍微有那么一点儿不同，我们的第一步就成功了。

◎ 第二步：角度

这里的角度，不仅仅是指我们策划选题时的那三个角度，而是结合三个角度，进行情感和态度上的表达。比如我对于本文的观点是赞同的、反对的，或是愧疚的。

你需要给你的读者一个确定的态度，他们才能站在你的这个态度上面去体会你写的这个情感，这样才能让我们的文章有代入感。

一个没有明确观点的文章，让人读到最后是云里雾里的。

◎ 第三步：以小见大

以小见大，是我们创作中经常会用到的一种写作手法。但是我们在写作角度的选题中，也依旧可以把这样的手法运用过来。

意思就是从一个非常小的切入点或者是非常小的观点、态度，把它变成大的东西。

鲁迅在他的文章中经常用到这样子的手法。比如几个书生坐在一起吃饭，他能从他们的话语当中反映出当时社会的迂腐。

简单来说，就是从一个很小很小的东西体会出一些其他不一样的东西。

那么以上这三步我们具体要怎么做呢？举个例子。

我现在要去写一篇文章，首先要找选题。我该怎么想呢？

首先主人公：写朋友吧。

然后想角度：是热点，还是痛点，还是人性？

我选痛点吧。

那么朋友的一些痛点是什么呢？社交冷漠，表面上的朋友？那我是赞同还是反对？肯定是反对。

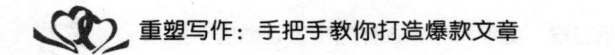

最后一步：以小见大。怎么做？微信不是有一个朋友圈三天可见的功能吗，这个功能不就是戳中了很多人的痛点吗？

选好了之后，我的选题基本上就出来了。

题目就可以这样写：《不常联系，等着朋友圈三天可见吧你》。

当然，我们在选取写作角度的时候，也要注意以下两个事项：

一是一定要抓住人们感受最深的那个点去确定角度。

比如同样的丧偶婚姻，有的人是因为丈夫是"妈宝男"，只会听婆婆的；有的人是因为一个人带孩子，而家里的任何事情丈夫都不管，如同丧偶。那么这两者哪种感受最深呢？很显然就需要我们根据读者的喜好程度和文章的选题热度进行确定。

如果你是写给有丧偶式婚姻的女性，那么后者会更适合你；如果你是写给丈夫是"巨婴"的女性，那么很显然前者更加适合你。

我们在选取角度的时候，一定要根据我们的写作受众来确定。

二是中心观点一定要突出。

一篇文章的中心观点决定着文章的走向。如果一篇文章没有确切观点，那么这篇文章就白写了。

但我们的观点也不要太多，可以选择大观点中套小观点的模式确定，但一定是只有一个整体的大观点。千万不要一篇文章写完，你发现观点与观点之间没有任何衔接，也没有任何逻辑，那么整个文章读完之后，读者根本不知道你在说什么。

以上讲了那么多选题策划的角度和方法去提升文章的质量，但是如何才能把这些选题收集起来呢？

通过以下方法相信你会有所收获。

微博热搜：微博高赞评论＋微博热搜，微博热搜就是当下大家最关心、最愿意聊的点，针对大家关心的点发表看法才能吸引读者。

公众号评论：前几条全网最火文章排名，前几条留言都是非常好的选题，爆款相伴而生，爆款旁边必有爆款。

网易云热门评论。

抖音热搜：抖音热搜榜单。

知乎：收集了很多热门的信息。

豆瓣/天涯：这两个聚集地必不可少。

冰心曾经说过，她的文章写作角度是反复酝酿了很久之后才下笔的。由此可见，即使是优秀的作家，在深思熟虑之后，依旧可能找不到一个理想的写作角度。

因此，我们在选择写作角度的时候，一定要让自己静下来，慢下来。完成写作目标的确认、受众人群的喜好、思维的发散、选题策划等步骤之后，才能够在写作内容的时候一笔到底。

记住：一篇成功的文章，一定会有一个让人意想不到的角度或者是意想不到的价值感，抓住好的写作角度，我们才能够真正地掌握写好爆款文章的窍门。

5. 第五步：精妙布局，环环相扣

当我们做好了写作目的的确定、受众群体喜好的确定、思维的发散以及选题角度的策划之后，接下来最重要的一件事就是根据这些得到的信息，整理文章的整体框架。此时，尽量细化你的每一个小部分，才能让你在撰写过程中不卡壳儿。

写稿要不要写大纲？

我可以明确地告诉你，这是必须做的一件事情，也是我们写作中很重要的一个环节。它就像是我们建房子的地基，如果你没有一个好的设计图去把整个房子进行简单的梳理，那么当你在砌瓦建墙的时候，你的整个思路都是非常凌乱的。

关于这一点，我很有感触。

我给新学员改文章都是从文章的整体框架和逻辑线去诊断。因此，我发现有很多学员还没有等到我真正地去改内容的时候，已经被我退回去重写。这是由于框架不对，内容白费。

比如：一些学员的文章还没有看内容，就明白它的整体是不知所云。一会儿写这个观点，一会儿就跳到了另一个观点，导致他的整篇文章从头到尾都看不到一个环环相扣的感觉。只能感受到每一部分单独存在，又极其分散。

这对于写作来说是非常不好的现象。

但其实解决这个问题的办法很简单，就是去写大纲。大纲就是我们文章的整体框架和布局，它能够让你对整个局面有一个综合的把控，包括让你知道哪个部分应该多写，哪个部分应该少写，哪个部分应该省略，哪个部分应该详细。

这样，落笔之后，你写出来的东西才会有逻辑，流畅而又环环相扣，紧扣你的主题。

什么是布局？

简单说，布局就是文章的结构、文章的组织形式以及段落安排，即文章的骨架。它的特点是：

我们给文章布局也有很多步骤，首先第一步就是按照我们的观点去选取框架结构。这一步也有很多种办法，如果按照特点来分析，以下三种可以让你的文章更出彩。

◎ **由浅入深**

从浅到深是很多读者最接受的一种方式，因为他们可以慢慢地消化一些难度比较大、难以理解的东西，这非常符合人们的认识规律——从现象到本质。

这种类别常常用于教科书及一些知识类型的书籍。写作方式经常从定义、属性出发，再到更深层次的东西。

◎ **前后照应**

前后照应的布局，比较适用于小说等故事型体裁，它能够让文章首尾呼应、结构完整，从而使整篇文章看起来非常圆满。

一般前后照应可以用于文章多处地方。有大的照应，如主题照应、章节照应；也有小的照应，如行文前后照应、章节前后照应等。

◎ **环环相扣**

这种类型在新媒体文章中是非常常见的。它能够让文章衔接紧密，一步一步勾住读者的视线，使他们将整篇文章读到末尾。但这需要我们在撰写的时候拥有很强的逻辑性和条理性，因此我们在梳理这种布局的时候，经常要反复去推敲逻辑线是否合理。

以上三种方法可以单独使用，也可以同时结合起来使用。一般文章篇幅比较长，这三种就会循环使用。如果文章篇幅短，单独使用即可。

当然，如果你还想让自己的框架结构更加明确，或者新手能够快速上手、

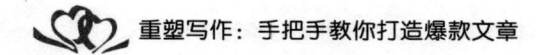

百试不爽的新媒体文章布局，以下这两个小框架推荐给你，它们会让你的写作事半功倍。

◎ 总观点—分论点—总结

这样的布局一般在分论点上有所不同。比如采用对比、并列、层层递进三种形式，可以让你的整个文章结构变得丰富起来。

对比就是有反差的两个事情，拿出来正反阐述。

并列就是具有相同属性的两个事情，拿出来并列呈现。

层层递进就如同之前说的由浅入深，让整个观点具有递进式思维。

◎ 是什么—为什么—怎么办

这样的布局类似于解决问题。它比较适用于你的文章是要为读者去解决某些问题的时候使用。

是什么，就是这个问题的定义是什么。比如我们要写焦虑，那么就要写焦虑的定义是什么。这个部分大概占文章的10%。

为什么，就是这个问题是怎么发生的、是何原因。还是用焦虑举例子，那么我们就要写焦虑产生的原因。它可能是生活压力，也可以来自朋友的压力，更可能是父母、伴侣的压力等。这个部分占文章的20%~30%。

怎么办，是整篇文章的重点，需要我们花大量的笔墨去写如何解决问题的办法。一般在这个部分我们会和第一个小框架结合着来写，把总的问题进行概括，然后再分别写如何办，最后再做一个总结。

分论点的时候，一般会采取并列的格式来让整个框架逻辑更加清晰。

小说等故事类型，一般要用大纲去做整体的规划，大纲的示例我放在了本文的末尾。你只需要按照每一个要求去填充你的小说大纲即可。

选取好框架之后，我们的下一步就是检查整个布局是否清晰明朗、是否要点清晰、是否能够达到文章想要达到的效果。

你可以从这几个方面入手：

◎ 突出主题

主题作为文章的核心要点，它决定了我们整个框架的调性。如果调性和我们之前的那几个步骤对不上,那么我们的布局就是错的,需要重新推翻了思考。

◎ **结构建立**

结构能够挺立,很大程度上是取决于我们在布局的时候逻辑关系是否正确。包括时间逻辑、空间逻辑、事情发展的逻辑;整体与局部的逻辑、概括与分析的逻辑、本质与现象的逻辑。

◎ **展开思路**

一般布局完了,我们还要回头去思考思维发散时得出的结论是否可以有更好的展开,也就是再次拓宽思路。

◎ **明确内容主次**

很多作者在列纲之后,对文章内容的主次是没有明确的界限的。换句话说,他们可能根本就忘记了还要布局文章的主次,使文章详略得当,节奏感强。

◎ **明确目的**

不管什么样的文章,什么样的结构,都是为目的和核心服务的。如果你的布局最后偏离了你的目的,或者是偏离了你的主旨,那么你的文章写得再华丽,始终都是本末倒置。

谋划布局是我们写好文章的关键,写作者一定要有这样的意识。

也许你会说,为什么我认识的很多大神他们不需要在写作之前去列大纲,去规划布局呢?并且他们都是想到什么就着手去写,根本不用思考这么多?

问这个问题的你,是否考虑过大神们写作有多久,你写作有多久。别人写作五年、十年,而你可能一年不到。怎么能要求一个写作多年的人和你用的办法是一样的。

记住,作为一个新手来说,方法永远比你漫无目的地提笔就写重要得多。在你看不到的大神的背后,是他们曾经日以夜继地学习、练习,是他们如今烂熟于心,随时都可以在心中去布局。

总之,养成布局的习惯,让你的文章形成环环相扣的紧密感,能让你的文章更加吸引人。如果你并不是一个自觉的人，需要一些约束才能养成习惯，那么以下几个方法提供给你。

◎ 没有框架不动笔

我们拿到任何的文章，哪怕再急、再简单，都要静下心来仔细为接下来的写作列好框架。这就好比盖房子，你需要提供设计图纸才好正确地施工。如果你等到写完了才回头去看你文章的结构，那么后期修改的时候可能花费的时间比你想象的还要多。

这一点，我对自己的学员要求就很严。在上完课后，我会第一时间告诉学员先拟好稿件的大纲给我过目，可行之后再动笔写。这样会节约我很多修改的时间。因为我本可以两个小时撰写好一篇文章，可改别人的文章却要花上四五个小时。

◎ 加强思维和逻辑训练

不可否认，很多作者逻辑性是不强的。可写作，写的就是你的思维，也就是你脑海中反映出来的那些思考问题的维度和条理。它是有规律和逻辑可言的，如果你没有思维上的条理和逻辑，那么你的写作很可能一直都无法写到令人满意的程度。

什么是写作的逻辑和条理？简单说就是这一步做什么，下一步做什么，下下步又做什么。

如何去锻炼你的思维能力？建议多阅读思维方面的书籍和做一些逻辑训练题。比如我曾经考研是考的199管理类联考，其中就包含了一项逻辑考试。里面讲解了很多类别的逻辑，以及如何去解逻辑。如果你是一个逻辑很差的人，虽然你不考研，也建议看一下这门课程。

总之，要养成系统的思维模式，用逻辑的方式去思考问题，才能够让我们在布局的时候更加有条理性、周密性、系统性。

如果你不知道如何写框架，不知道如何布局，我建议先阅读你即将写的同类型的优秀文章，先去提炼它们的框架，然后演变成你自己的框架。具体的方法我在第五章第二节用了一整节的篇幅去讲如何拆解。

千万不要觉得模仿可耻。事实上，对于新人来说，模仿是最好的学习方法。时间长了自然就能够找到属于你自己的布局方式。

总之，建房子都得出设计图再施工，写稿子可别忘了先写框架再下笔。

推荐一个我常用的小说大纲模板：

小说大纲

　　【题目】

　　【题材】

　　【风格】

　　【全文字数】

　　【主题】：成长、蜕变、梦想、追寻、守候……

　　【背景】

　　【故事梗概】

　　【文案】

　　【人物简介】

　　【重要故事情节】

　　【详细故事梗概】

内容梗概：

　　1. 起因

　　2. 发展

　　3. 转折

　　4. 高潮

　　5. 结束

主线情节设定：

　　1. 主线

　　2. 辅线

　　3. 事件线

4. 感情线（高潮、起伏、低谷）

5. 注意前后逻辑

【结局】

其他文体大纲

【题目】

【类型】

【观点】

【全文字数】

【关键词】：成长、蜕变、梦想、追寻、守候……

【文案】

【详细故事梗概】

内容梗概：

1. 开篇

方式：

2. 中间

小观点一：

素材：

小观点二：

素材：

小观点三：

素材：

3. 结尾

方式：

6.第六步：优质素材，触发共鸣

好的框架需要好的素材去填充，才能够动笔完成初稿。好的素材需要我们去积累和挖掘，才能够在需要用的时候，信手拈来。但庆幸的是，这个时代能够帮助你的，不仅仅是给了你大量可以长期积累的信息，还有一些提高效率的办法。

如何才能做到在写稿的时候快速厘清素材，形成初稿雏形？

我想，这个问题很多写作者都思考过。因为我们文章的核心就是我们的内容素材够不够好，特别是针对一些观点、知识等文章。如果没有一个好的素材去填充框架，即使框架结构再牢实，也无法支撑起整篇文章。

如何积累素材？其实我们的生活中处处都是素材。

你有没有发现那些文笔很好或者是写出来的东西很感人的人，往往生活经历是非常丰富的。因为他把生活中那些经历过的人和事儿、那些感情，全部都融进了他的文章里，他的素材往往是取于生活、高于生活，又能触发共鸣。

这一点我非常佩服一个专门写婚姻关系的朋友。她把两性关系之间的秘密、禁区、情感的建立和失散写得特别透彻，往往让人一看，犹如醍醐灌顶。这要源于她两段婚姻带给她的经历。

如果你是这样的一个人，那么很高兴，你比别人多了很多素材。但如果你不是这样的人，应该怎么办呢？

还是一样的，从我们自己生活中去发现素材，积累素材。

有一句话大家应该听过："写作源于生活，更加高于生活。"换句话说，就是生活是我们写作的源泉，我们应该像电影导演那样去捕捉生活中的一些镜头，让生活中那些丰富多彩的、具有典型意义的场景、人物和事件，在我们的素材库里建立起来。

你要仔细观察这些人物、事件、场景，它们是怎么发生变化的？它们发生变化的核心是什么？当你引导自己这样去观察并思考时，你所看见的、听见的、经历过的，才能成为你真正的素材。

比如有时候我去店里吃炸鸡，会在等待的过程中去观察众生百态，去观察他们脸上表达出来的喜怒哀乐。去分析他们此刻在想什么，他们看起来是高兴还是不高兴，他们背后又发生了什么样的事情，他们为何要来到这里……

经过这些天马行空的思考，你会发现你笔下的词句变得鲜活起来，因为它们都是你的真情实感。

第二种方法也是我们常常会用到的，并且这是从小到大老师都会让你去做的，那就是在阅读中寻找素材。

如果你要用这种方法，首先你要学会边读边养成做读书笔记的习惯，它是你建立素材库的一个方向。在阅读过程中，我们经常会读到一些优美的句子、名人名言。此时如果你把它摘抄下来，并且专门放到一个本子上面，在读完整本书之后去写下你的感悟，你就会发现你不仅可以在写作中去运用你摘抄下来的这些东西，还同时锻炼了你的写作水平。

我随便给出我的某个读书笔记供你参考：

《因为懂得，所以慈悲》(张爱玲的倾城往事) 作者：白落梅

好句：

也许，爱情一定要将你伤到无以复加，才可以看得清醒透明。

也许，我们都应该保持一颗善良的心，把今生当作最后一世，守候在缘分必经的路口，尊重每一段来之不易的感情。

感：

从前，张先生在我这里只是一个名字和羡慕，只知她是那民国临水照花人，只知她来自苦海，一直未出过。如今含泪阅完她的一生，才知

道她身为一个女子，有多么的让人心疼和不甘心。她知世懂世却避世，又是有多么大的伤害，才能让这样一个女子说出自己是"一座孤岛，是无处漂流的浮萍"的话。

我开始恨那个叫胡兰成的男人，怪张先生眼睛不雪亮。可那个年代的女子又有多少可以像现代的女子一样洒脱。那个时候的爱情像风一样，爱了就爱了，不爱了就不爱了，我来时如何去时如何，都无关紧要。

再列一个自我感觉感悟写得最好的读书笔记供你参考：

《我在世界的尽头等你》 作者：马好

好句：

只有见不到了，才知道有多想念。

这个城市那么大，大到永远也不会有人懂得我的孤独，懂得我的想念和爱，那我就这样怀揣着旁人见到的我，永远不能了解的孤独和爱，变成一个愈漂亮开朗的姑娘。

我们对于人生总是后知后觉，常常是把生活囫囵吞枣地咽下去，于是后来只有怀念。

感：

走进一本书，如烟的升腾便狂野起来，细如流水的文字，柔情在岁月里的心思，三千落尽，岁月的批判被作者写在文字里，淋漓尽致地展现开来，而时光，宛如一杯未凉的茶，所有悲喜与共都化成水雾，升腾在这充满神性的世界。所谓的世界，你未懂，我未懂，而懂它的人又是否出现了呢？

总之，通过摘抄好词好句、名人名言，再把自己的感悟用优美的语言总结下来，这个过程之后，我们就可以很好地把这些素材运用到我们的写作中去，同时还增强了我们的文字功底，锻炼了我们的文笔。

这是积累素材非常好的一个方法。如果你空闲时间多，我建议你去建立自己的素材库。你可以把自己的读书笔记放到网上，或者是某些你自己喜欢玩的平台，从而让你的素材网络化，你寻找起来也更加方便。

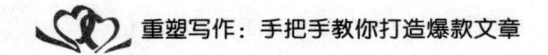

那除了这两种方法，还有没有快速积累素材的方法？

当然是有的，在如今这个快节奏的时代，网络就是我们最好的利用工具。正如第一章第五节曾经谈到过的素材云搜索等方法。我们在需要素材的时候，可以直接通过网络去搜索关键词，就会有大量的写作素材呈现在我们的眼前。

如果你觉得这样的呈现有些漫无目的，找不到你想要的，那么如今还有一些专门的素材网站可以供你寻找灵感。这些网站大多数都是把素材分类好了，可以供你随时按照类别取用。不过需要注意的是，如果这些素材没有标注来处，最好自己再去搜索一下来处。否则一旦涉及版权问题，就会很麻烦。

如何把素材完美地融合到你的文章中？

这是文章写作最核心的一个环节，好的素材不仅能够填充文章的内容，还能让读者产生共鸣，深化我们的主旨，加强文章的表现力和说服力。那么如何才能够很好地运用这些素材呢？

它的核心在于我们能否把握素材与文章之间的契合度，让它在语言、内容、思想等各个方面去更好地匹配文章。

如何才能准确选材呢？我们首先要根据写作的内容和框架，以及主体思想和目的去选取相应的素材。注意，不要选那种已经被反复用过的素材，或者是那种哗众取宠的素材，一定要选取与文章观点一致的素材。

举个例子，你的素材可能想要证明的是作家都是孤独的，然后你选取的素材是海明威是如何成为作家的，这个素材选取得对不对？一半对一半不对。因为我们的核心内容是证明作家是孤独的，但是你却把作家如何去成长的整个过程全部写出来，那么素材所对应的观点就非常广泛，无法形成一对一的高度一致，从而导致我们的素材和观点并不契合。

你选择这类型的素材，一眼看上去好像是对的，但深究其中的内容，就会发现它里面逻辑相差特别大。

这也间接证明了一个素材它可能反映出来的东西有很多，也就是它的内涵是丰富多彩的。我们要想真正把素材用好，不是说要找到一个特别精准的素材后再取用，而是去对这个素材进行解读和改造，从中提炼出它吻合观点的逻辑来。

解读和改造，也就是我们对素材进行详略的整合。

还是拿海明威来举例，我们要证明作家是孤独的，可海明威的一生有很多种经历，那么我们就要选取他非常孤独的一段经历来告诉大家，正是因为他的孤独，所以让他成为了一个作家。

你看，如此之后，我们就很好地把一个素材经过裁剪和转化，变成了一个符合我们上下文逻辑的适用素材。

接下来的一步就是我们需要把这个材料和文章进行一个自然的融合。也就是用我们自己的语言习惯巧妙地对其进行剪裁，通过适当的改动，从而让它符合我们整体的语言逻辑和上下文信息，形成自然的衔接。

当完成这些步骤之后，你的素材就和你的文章完美契合了。

素材选取提炼过程：

积累素材→选取素材→改编素材→融合素材，四步素材整合之路，让你更加轻松地完成素材的选取。

优质素材源于积累，更源于你的改编。高效地积累素材、完美地改编素材，是一个写作者必备的能力。

你可以从你自己的生活和工作中去寻找素材，也可以从阅读中去寻找素材，还可以从网络上去寻找素材，总之找到合适的素材才是我们重点关注的一步，然后再结合自己的语言特点和上下文观点逻辑，去完美地改编成适合文章以及语言风格的素材，你的写作自然可以水到渠成。

第三章

技巧写作：爆款文章是从头到尾的打磨

当你从思想上认知写作、从行动上准备写作，接下来最关键的一步就是了解如何才能更有技巧地去撰写一篇文章。

其实，写好一篇文章的技巧有很多，但适合自己的才是最好的。

想要找到适合自己的技巧，首先我们要知道技巧到底有哪些。我将它们精细化分成标题、开篇、结尾、内容、修改和文章基调六个部分，每个部分按照不同的写作套路和规律，带你从头到尾去完整打磨一篇文章。

本章手把手教你将写作技巧落实到实际写作上，让你随手一写即是爆款。

1. 百万爆文背后的标题套路和规律

这是一个充满着大量信息的时代。打开微信、微博、公众号、朋友圈……无时无刻不充斥着各种各样、花花绿绿的文章和视频。可有多少人能够将这些平台的文章——读完？答案是：零。

这意味着，我们大部分人都是通过文章标题去判断是否要读这篇文章。因此，毫不夸张地说：标题决定着一篇文章的生死。

那么，什么样的标题能够增加读者的喜爱度？什么样的标题能够吸引读者的眼球呢？取标题的技巧又是什么呢？本小节带你揭露百万爆文背后的标题是怎样形成的，以及如何正确撰写吸引人的标题。

想要掌握取标题的技巧，我要先纠正一个概念——爆文。

"爆文"这个词，随着新媒体时代的到来，被人反复提及。但到底什么叫作爆文，其实很多人对它的定义是狭隘的。比如，大部分人觉得好像文章上了 10 万$^+$ 的阅读量，就可以称为爆文。

其实不是。

我曾经的老东家，是全国公众号前五强之一。我当时的工作之一便是几乎从早到晚都在筛选文章。每天有数万篇文章从不同的公众号上产生，但其实爆文并不是每天都会有。大多时候，我们都是苦恼的。因为既想找到符合平台调性的文章，又想找到真正可以被称为爆文的文章，可鱼和熊掌往往很少能兼得，所以总是会被领导追着发牢骚。

原因是，源于新媒体这个行业对爆文的定义是站在读者和平台的综合角度去考虑的，而不仅仅是像大部分人说的那样，上了 10 万$^+$ 即可。

那么到底该怎么去定义爆文呢？

其实爆文是基于平台本身的平均阅读量，如果某篇文章在短时间内获得比以往文章水平线高几倍甚至几十倍的阅读量和分享量、评论量的时候，这篇文章才能被真正称为爆文。

举个小例子你就明白了：当我还在老东家工作的时候，我们的公众号因为粉丝基数本身就上千万，所以几乎篇篇百万+的阅读量，当你点开任何一篇文章的时候，全是显示十万+。那么每篇都可以叫爆文吗？

很显然，不可以。

通过后台的数据具体分析就会告诉我们：爆文是某一次突然的高峰。

比如当我们每篇文章都是一百零几或者一百一十几的阅读量的时候，突然有一天某篇文章竟有了200多万或者300多万甚至更多阅读量的时候，这篇文章就会被全网同行当作爆文转载；但是，如果某一天我们头条文章突然只有几十万的阅读量时，它依旧在前台显示10万+的阅读量，可这篇文章对于我们就是一个失败的文章。

所以，一定要纠正我们的看法：爆文≠10万+。这是新媒体行业的定义，但其他行业也雷同。比如，一个作家出了十本书，只有一本书的销量高于他平时销量几倍或者几十倍，那么这本书就达到了他的爆文点。

因此，横向来看，当某篇文章突然受欢迎程度高于作者平时的其他文章至少一倍的时候，就可以被称为爆文。

画一个简单的图，或许你就能更清晰地理解了：

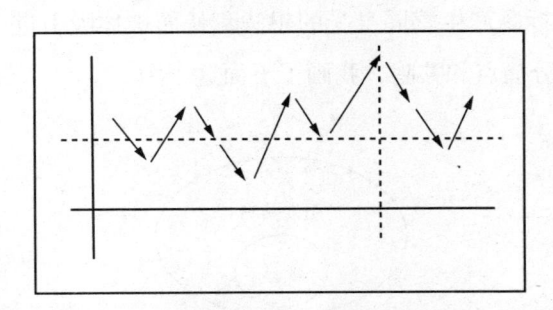

了解了什么是爆文之后，我们需要了解爆文的一个共同特性：那就是一篇成功的爆文，离不开一个能抓人眼球的标题。

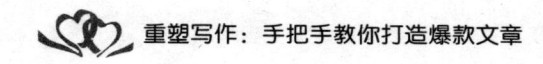

因此，想要掌握取标题的技巧，就得先学会打磨标题。

◎ **四大技巧，让你的标题瞬间破局**

纵观大部分市场上的图书、新媒体爆文等作品，我总结了一条成功的标题所拥有的四大属性：痛点、实用、争议、效应。

技巧一：痛点

回想一下，在漫长的岁月中，我们的记忆是否在痛点的时候是最清晰的？比如你曾经被谁伤害过、被谁骗过，拥有一段刻骨铭心的感情等。

人的很多特性都是相同的，这一点也是。当我们的痛点被揭开的时候，就会感到扎心和痛苦，从而印象深刻。很多优质的标题都是从痛点出发，迅速抓住读者的视线，突破重围的。

比如作家刘同的那本《你的孤独，虽败犹荣》。书名从人们"孤独"的痛点出发，引发人们内心深处的共鸣，即使没有看过这本书的内容，你也会把这个名字记得牢牢的。这就是痛点的力量。

再列举几个我印象深刻的标题：《你那么穷，凭什么还心安理得？》《你的死工资才是你真正的穷》《你可能一辈子都遇不到合适的人》《婚姻最残酷的真相：不成长就抛弃》。

这些都是从读者的生活出发，用他们能感同身受的角度去进行标题的革新。因此，从这个技巧我们还可以引申出差不多的技巧——引发共鸣。就是站在读者的角度，替读者说出他最想说的心里话或者他最想表达出来的观点和态度，让他和你的标题产生感同身受的想法，从而被你吸引进去继续阅读。

那么如何区分痛点和共鸣，我画了下面这个图。

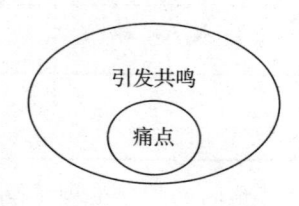

技巧二：实用

现代的人几乎都在快节奏生活，这也影响着我们的需求。在信息海量的时代，内容远远供大于求，所以现在的读者是需要什么，才会去关注什么。因此，你会发现，近几年市场上社科类的书、偏向文艺风格的作品越来越少了，取而代之的是那些具有实用性的书。

这类型的书可以让人一眼就看到跟自己有关、对自己有用，或者是说有价值的内容。

比如常居当当网榜首的那些书：《非暴力沟通》《断舍离》等。当你看到书名时，就知道它要讲的是贴近我们生活的东西，同时，你也明白它到底能怎么用。当这些明确性的东西摆在我们面前的时候，我们自然会对它产生好感。

再用我的另一本书来举例。我有一本书叫《精准提升：别让不懂时间管理害了你》，可事实上最初的名字是非常文艺类型的，几乎从书名看不出这本书到底想讲什么。后来经过编辑们的商量，改用了这个名字。上市时，读者一眼就明白我书里讲的是时间管理和规划，于是想在这方面有精进的读者就会很快锁定我的书籍。

这就是实用型书名，让人看一眼就知道是做什么用的。

技巧三：争议

人天生对具有争议性的东西会产生好奇甚至是猎奇的兴趣，从而加大对其的关注度。这在心理学上叫作面对未知时，必要去寻找答案的好奇心。从此出发，就产生了一个新的取标题技巧——争议。

什么叫争议？区别于常规解释，其实可以分成三种。

①某些事物是一个空白或者说具有某片空白的时候，我们可以从空白出发进行探索。

比如：《男生什么时候会嫌弃你烦？》《你以为他不喜欢你其实他还嫌弃你》。

②一些反常识、反直觉、反生活经验的事物，也可以激发人们探索"为

什么"的兴趣，它从某种程度上也算是一种争议性的东西。

比如：《走得太近是场灾难》《你一个送外卖的，凭什么干掉北大学霸》。

③还有一些事物，是典型的露胳膊不露大腿，露了大腿又穿了底裤的感觉，让人忍不住想要看。但是又必须得进去读全文才能明白。

比如：《远离这几种人，你的生活会更加的顺心》。

其实，每个人的内心，都是有着自己的需要的。特别是在面对未知时所产生的好奇心，可能下意识就会被吸引。用好"争议"这个技巧，你的标题不会出大错。

技巧四：效应

你有没有发现，我们对知名度高的人或者东西会莫名产生信任，对知名度低的人或者东西会不自觉地抱有怀疑的态度。从这一点出发，我们就可以引申出另一个技巧叫作名气效应。

简单说，就是找一些知名度比较高、受欢迎程度更大的东西去吸引看你标题的读者。建议从以下几个角度着手：

①有名气的人。如果你的文章中包含了一些知名的人物，同时他在里面所占的篇幅稍微多一些，那么你最好把这个知名的人物标示在标题中，从而可以非常直观地吸引读者去阅读。

比如：《朱自清读过的十本好书，每一本都不要错过》《木心：人生在世，需要一点高于柴米油盐的品相》。

②比较权威的机构。仔细观察你会发现，我们更信任一个标题里带有"央视新闻""丁香医生""人民日报""协和"等这些广为人知的企业或者机构。因为它们自带权威性和官方性，使人信服，并让人产生阅读的欲望。

值得注意的是，这种名称不要乱用，一定要确保自己的文章内容是真的与此有关联，否则就是文不对题。

③比较权威的头衔。既然权威的机构可以使人信服，那么权威的头衔也会使人信服。比如金融界大牛、知名企业高管、政府官员等，具有认同度比较高的权威头衔，也是比较有吸引力的。

④热点事件。新媒体有一个很大的特点，就是追热点。因为有热点的地方就有话题，有话题的地方就有争议，有争议的地方自然就会有流量。这是行业性质决定的。因此用好热点事件这个技巧，也会让你的标题自带流量，从而拥有更多的读者。

⑤热门影视剧或里面的人物。热门影视剧一般家喻户晓，采用它们作为标题，可以很快将大家的视线聚焦。

比如：《我是谢小秋，但不会嫁给王沥川》《我的前半生：你敢抢我老公，我就敢拱手相让！》。

以上四大类标题技巧是写爆文最常用的套路。虽然做了分类，但这并不意味着这四个大类是独立存在的。事实上，当你用两个以上进行组合的时候，会让你的标题拥有更多的属性和精彩度。

我把以上四大类总结成了下面这个表格，方便我们之后在取标题的时候对比和参考。

	痛点	实用	争议	效应
痛点				
实用				
争议				
效应				

◎ **培养敏感性，让你一秒构思高质量标题**

人生没有一蹴而就的事情。同理，想要流畅自若地取标题，也需要长时间地对此进行培养和练习。

谨记：为文章取个成功的标题，就像"台上一分钟，台下十年功"一样，并不太容易。

正常情况下，有的人写完了文章，想一两个小时都无法决定一个好标题，更别说可能刚步入写作领域的人了。

这个时候，不要怀疑自己，耐心一点儿，然后慢慢去靠拢我给出的技巧。如果这篇文章对你很重要，我建议你给自己留出足够多的时间去打磨标题，用不同的组合方式让你的标题一下就能抓住读者的眼球。

如果你刚入门，我建议你平时养成如下习惯：

（1）建立自己的标题库

这是一件看似微小却十分重要的事情。良好的标题库会在给你灵感的同时，给予你标题的一些常规模板，当我们遇到紧急情况又没办法立刻想出好标题的时候，套路类似的模板，可以让你快速生产出符合要求的标题。

同时，日常的积累是潜移默化进入你思想的过程。当你有类似要写的东西时，很多碎片就会自动在脑海里进行拼凑，让你快速构思出高质量标题。

（2）模仿爆款标题

一篇文章能够成为大家都愿意看的，这多少跟标题有一定的关系。优秀的文章，一定会有一个意味深长的标题。如果我们暂时不知道该如何下手，那么你在撰写相同类型的文章之前，先去熟悉一下这个领域的爆款文章标题是如何取的。然后按照你自己的想法，模仿成为自己的标题。

本小节的结尾我给出了一些爆款标题的参考，建议拿出一定的时间去做练习。

◎ 远离标题党，让优秀成为一种习惯

可能在那么多写作书中，能提到不做标题党的书寥寥可数，因为大部分人都只教你办法，没有人告诉你有哪些坑不要走。

要想远离这些"坑"，我们首先要了解一下标题党是怎么形成的。这得从成语"物极必反"讲起。任何事物都有一个平衡点。当你超出这个点的时候，再好的东西，它的弊端也会出来。

自媒体时代，竞争非常激烈，越来越多的人在流量这个"金矿"面前都丢弃了自己的风骨，成为一个靠标题赚取流量收益的机械写手。这些标题往往也套用了我给出的这些技巧，但却很大程度上过头了。

有时候，你明明因为被标题吸引进去看一篇文章，结果整篇读完了，发现这篇文章没提一句或者说完全是胡编乱造的夸张言论，仿佛把眼睛污染了一般。

标题党虽然能在短时间内聚集大量的流量，从而赚更多的钱，但却有可能让你从此被染上污名或者说被利益熏心，最终走上一条不归路。

我不要求认真阅读我书籍的你是一个高风亮节的人，但至少三观正、行正道、做正事，维护一个堂堂正正的账号，远离标题党，让优秀成为你的习惯。

文学的纯净，靠的是每一个热爱它的人用心维持。

想要产出百万爆文，一个让人眼前一亮的标题必不可少，熟练运用这四个技巧，耐心去打磨和雕琢，无论世界如何，你都要保持初心和正义。成功，就是留机会给这样的你。

◎标题训练营

（1）借热词

《什么是压垮你的最后一根稻草》

《陈奕迅〈我们〉：我最大的遗憾是，你的人生再与我无关》

（2）模仿畅销书、热文

《你嘴里的人生就是你的人生》

《所谓的高情商就是懂得好好说话》

（3）逆向思维

《有趣的灵魂三千一晚，好看的皮囊要车要房》

《对不起，我劝你别来北京了》

《你和头等舱的距离差的不只是钱》

（4）肯定某个理论

《有人的地方是社会，有约的地方才是江湖》

（5）炮制悬念

《离婚那天，她把猫切一半带走》

（6）提问式

《我可以看看你的微信吗》

《女儿，我为什么一定要彩礼》

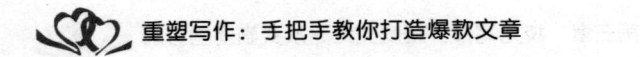

（7）问答式

《男朋友帮换姨妈巾？单身限制了我的想象》

《有钱很人性？不穷人才任性》

（8）煽情式

《爸，你早就不爱我妈了吧》

《我差一点就离婚了》

（9）数据式

《73岁的他耗费数十年打造了这款干净的洗衣神器，颠覆了4000年》

《我有10个职场经验，价值100万，今天分享给你》

第三章 技巧写作：爆款文章是从头到尾的打磨

2. 五种开篇套路让你俘获人心

柏拉图说："良好的开端是你成功的一半。"同理，我们想要写出优秀的文章，一个好的开头，也决定着我们文章是否有一半的成稿概率。特别是在全民写作时代，大部分读者都依靠网络来阅读。

在如今千千万万的文章里，读者很多时候都是看文章开头是否足够精彩，来决定要不要继续往下读。精彩的开头可以给你的文章增添色彩，也可以让你的文章拥有极大的关注度。

如何才能去撰写读者喜爱的开头呢？本小节为你总结了五种百试不爽的开篇套路。

怎么开篇才吸引读者？

这是你文章有没有人愿意读下去的第一步。但是很多新人作者对于开篇的重要性认知并不高，总觉得只要自己能够写出来一篇文章，把立意和内容撰写好了，即使开篇随便写写，也能够被读者喜欢。

有这种想法的你，如果了解现在读者的喜好，也许你就不会这样说了。全民写作时代，太多人在社交平台上写稿子，因此，读者拥有绝对的选择权。题目不好，他们不看；开头不好，他们不看；立意不好，他们不看……总之，要想写成一篇爆文，每个部分都要认真对待。

关于文章的开头，不知道你有没有听说过"凤头"这样的称呼。之所以这样取名，是因为古人觉得开头要美丽精巧、新颖贴切，要有创造力、震撼力、吸引力，让人一见就产生一种必欲读之而后快的感觉。因为这样才能够吸引读者继续往下看，否则别人可能读了第一句就丢掉了，即使你后面写得再好，也没有人光顾。这不仅会让你觉得浪费了心血，还会让你对自己的写作意义产生质疑。

其实写作有时候像是在卖东西。如果你一开始就不吸引人，那么你的东西就会卖不出去。紧接着放久了后，它就不香了。

举个例子，你会有深刻感受：

匪我思存的《海上繁花》是精品之作，但拍摄完之后一直因为种种原因没能立即上映，经过了许多年才在2021年与观众见面。无数读者带着期待去打开电视机，却看了开头狗血的改编而打了退堂鼓，还有一些人看了开头就开始吐槽这部剧。

就这样，曾经一度被期待的作品，如今落得如此局面，让人唏嘘不已。

造成这个结果的原因很大程度上是题材已经过时了。如果放在当年拍完之后就上映，那个时候观众的胃口都还是倾向于这类型作品的，再加上男女主角的人气程度，这部电视剧肯定会大火。

可数年过去了，人都是在成长的，口味也在不断地变化。那么当你东西放久了，再拿出来，就如同变质的食物，连消遣的作用都没有了，又何谈继续往下看。

因此，我们尽量不要让我们的作品从一开头就被雪藏，而是先声夺人，一开始就抓住读者的胃口。

毕竟"凤头"做好了，你才能有一个良好的开端。

那么"凤头"有哪些属性呢？简单来说，它有三个属性。

①激发好奇。很多文章的开头都是有这样子的一个属性，因为人都有好奇心，都想要去探索未知的东西，从而来获得心理上的满足，如果我们能够掌握激发读者好奇心的密码，就能引导读者读下去。

比如我公众号里曾经更新了一篇电视剧《以家人之名》的剧评，它的开头写的就是：

知乎上有一个很火的话题，你会让儿子娶单亲家庭的女孩儿吗？

文章一开始就给出了一个极具争议的话题，并且是另辟蹊径的一种话题，它会让读者瞬间对这个话题感兴趣，并且想要回答这个问题，或者说看这个问题的答案到底是什么。

如此激发了他们的好奇心之后，你的开头就获得了很大的成功。

②找到痛点。痛点这个问题，我们在本书中常常提到，是把握读者内心需求的一个重要途径。因为人性就是，你把他弄扎心了，他才会记忆深刻。

比如我们公众号之前有一篇爆文，写的是一个女孩儿被前男友当街打死了这件事：

近日，一条视频震怒全网。

河南嵩县一男子持续3分钟当街对前女友施暴致其死亡。

事件本身就是一件非常令人愤怒的事情，再加上我们开头一上来就告诉大家：故事发生在某个地方，故事的主人公是前男友，持续3分钟对前女友进行施暴，并且还是在大街上……

通过对这些关键词和关键点的布局，这个开头就立刻戳中了很多人的内心。不仅男女老少都在关注这件事，还引发了大量的评论。

这就是我们对痛点的很好运用。

如何抓住痛点？如果你这篇文章是写给职场人的，那么他们的痛点是什么？是不是升职加薪？又或者作为一个即将要做妈妈的人，职场是如何对待她的？又或者是一个做了妈妈的的人，返回职场之后又有哪些难点？

通过这种分析，我们就会更加深刻地去了解当下人群的痛点，从而写出更适合他们胃口的文章。

每种类型的人群都会有其各自的痛点，而痛点又包括大痛点和小痛点。一般我们在文章中会把这两类痛点结合在一起，从而让文章更丰富。

③用户关联度。怎么来理解这个属性呢？就是大部分人看这篇文章，很可能想看的是：这篇文章是不是跟我有关系，是不是涉及了我的利益，是不是能够解决我的问题。

从这几个方面去入手，你将会获得更多的关注。

这就好比你要给别人推销一个东西，你要首先了解别人的兴趣爱好是什么，你才能够更加有针对性地去推荐。

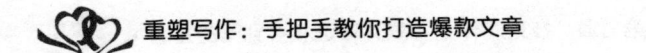

举个例子，你可能就明白了。我最近非常想要买房，于是快手、抖音就疯狂给我推送一些关于房产的信息。然后我一看，欸，它就是跟我有关系的，并且这个信息告诉我该怎么去买房，对我来说太有用处了。那么我在看到它的开头之后，就会继续往下看。

比如，文章开头就告诉我：以下这种房产，你千万不能买……我就会十分地有兴趣。这就是与用户建立关联度。

因此我们常常说，你文章也许写得好，但是可能获取的阅读量不高，这是因为你没有把它推送到对它感兴趣的这类人面前，与你文章关联度低的读者才不会想看你的这篇文章。

文章开头的属性		
激发好奇	找到痛点	用户关联度

以上这三点是我们在撰写开头时一定要考虑到的问题。当然，这三点可以同时存在，也可以只存在其中一种。只要你精准地把握其中的准确性，让这些属性更好地被你掌控，你就可以吸引到适合你的人群。

当然这些年我也总结了一些开头的套路，基本上覆盖了90%的开头，希望你可以用得上。

（1）简单的故事或者事实开头

这类型的开头应该是我们常常能够接触到的开头。比如新媒体文章，常常就会用到这样的手法。

这种类型的写作需要一上来就告诉读者最近发生了什么样的事情，这个事情引发了怎样的思考。

就像我公众号里面更新的那篇文章，它一开始就告诉你，这个前男友当街打死了他的前女友。它把这样具有争议性的故事一下子摆到了读者面前，就会让人产生一种"这到底是一个什么样的人，我一定要去看一下到底发生了一个什么样的故事"的想法。

这样的用法，能够快速地吸引读者的注意，引发他们情感上的共鸣，从而吸引他们看下去。

因此用故事或者事实开头是一个非常稳的技巧。

当你想不出来开头，又觉得你这篇文章本身没有什么可以拿来开头的时候，你就采用故事的形式去开始。

这个故事不一定非要真实发生，它可以是你根据事实改编虚构的，也可以是你在某个故事书上看到的一个故事，通过你自己的话讲述出来。它还可以是一个名人的故事，或者是神话故事。只要它和你的主题相关，无论它从哪里来，它只要是个故事即可使用。

（2）名人名句开头

人都是有一种权威效应的。只要是专家说的话，名人说的话，专家做的事儿，名人做的事儿，一开始就可以在人们的心里种下一种信任感。

因此我们也可以利用人的这种心理，把名人名言作为开头。但要注意，我们选取的名人名言一定是跟我们的文章相关的，或者是可以引出我们接下来要讲的观点。切不可你前面在讲其他的名人名言，而后面得出的观点却跟这个名人名言毫不相关。如果连递进的逻辑都没有，那么你这个引用就是非常失败的。

总之，用名人名言作为开头，可以让文章产生一种非常好的震慑力，可以让你的观点被人信服。因此这个方法也是我们百试不爽的。

（3）给出问题开头

不知道你有没有发现，我的整本书里经常以一个问句开头，它是写作者心中常常会产生的问题，我直接将这个问题列出来，可以很好地让读者明白，我接下来要讲的一件事。

它最大的一个特点就是能够抓住读者的痛点，然后去设问。如此，就可以在读者的脑海当中瞬间构成一个画面，而这个画面就会明确地建立读者对这篇文章的立场。同时也抓住了读者的好奇心，让他们明白，我接下来要讲的东西是跟他们相关的，或者是他们感兴趣的。这个办法是文章开头三个属性的结合，能够让你很好地抓住读者。

（4）直接给出观点

另外一种强有力的开头就是我什么都不说，一上来就告诉你我的观点是什么。

比如我的公众号在更新纯观点文章的时候，一般会让作者一开头就告诉大家，这篇文章的观点是什么。

拿那篇《人到低谷，学会独处》来举例。

> 常言道：山有高低起伏，海有潮起潮落。
>
> 短短数十字，道尽浮世辛酸。
>
> 行走人世间，际遇不定，时有风光，时有低谷，都在所难免。
>
> 风光时，不忘来时路；
>
> 低谷时，请学会独处。

你看，把观点一开始就摆在别人面前，别人就可以明白我这篇文章的观点是什么。如果他感兴趣，那么他就会继续往下读。如果他不感兴趣，那么也就帮他节省了时间。

这种类型的开头一般用于纯观点性的文章，或者是说知识类型的文章。这类型的文章，读者读到之后会有两种操作，一种是转发，另一种是收藏。也许他不会当下立刻读完，但是他会在空闲的时候再回头去看。

因此这类型的开头需要我们选取文章主题的时候从独特的角度入手。千万不要选择一个老生常谈的观点，因为大家都已经看过这个观点了，对他们来说没有任何新意，也给不了他们任何帮助，那么他们再去看这篇文章也是浪费时间。

但如果你给出一个独特的角度，他们会豁然开朗，感谢你给他们指引方向。

因此，这类型的文章也是富有一种禅意在里面的。

（5）顾左右而言他

最后一种技巧也是我常常会用到的。我一般在这篇文章没有一个好的开头的时候，就会朝这个方向去想。

简单来说，就是我们把别人的话、别人说的事儿引用到我们这里来。举个例子，你就明白多了。

比如知乎、微博等平台，每天都在更新很多热点事件，然后也会有很多网友在那些热点事件上去做观点性的评论，有时候这些评论是一针见血的。它不仅可以包含开头的三种属性，还能让人读完之后如醍醐灌顶。

因此我们把这类型的评论直接引用过来，放到我们的文章当中，也会带来非常高的关注度。就像我们公众号的那篇文章开头：

知乎上有一个的话题："你会让儿子娶单亲家庭的女孩吗？"

有人回答：不会。

这类型开头一般都有一个固定的模板：

知乎上有人问过一个高赞的问题；

我曾经在微博上看到一个××的故事；

我曾经在××上看到一个××的观点，我觉得这个观点是××。

我们在开头的时候，要结合这个平台用户的操作去串词。例如知乎就是一个问答平台，微博就是一个分享平台，我们在撰写这两种平台需要的文章时，就要分开。知乎就是别人问过、别人回答过等，微博就是曾经看到过、发布过等。

总之，把别人说的话或者某些讨论较多的问题，以平台名称的形式引出来，再放到你的文章开头，就会让人对它产生更多的兴趣，继而引发有效的讨论。

这种技巧可以说是前四种技巧的一种整体混合，但是它又比前四种技巧要独立很多。因此当你用完前四种技巧之后，觉得自己这篇文章开头还是不好，那你可以试着用这种方式开头。

以上就是我们在做"凤头"的时候可以采用的五种技巧。作为新手写作者，下笔之前一定要精心构思、反复琢磨，要想办法将"凤头"做好，以先声夺人的优势去吸引读者，不浪费我们的每一次辛苦写作。

3. 结尾拔高价值，增强悬念

在快节奏时代，你的文章标题决定着它的点击率，而你的文章结尾决定着它的传播率。如果读者打开你的文章之后，不能在结尾处获得他们想要的东西，那么最终你的文章也难以成为爆款。

如何写文章的结尾？

这是很多作者苦恼的一件事。包括我自己在内，有时候一篇文章开好了头，写好了中间部分，临到结尾的时候，却突然不知道该如何收笔。

这个时候，有很多作者会选择忽视结局，让原本可以变成一篇经典的文章，因为烂尾而变得无人问津。

俗话说得好："织衣织裤，贵在开头，编筐编篓，重在收口。"一篇优秀的文章，它的内容是一气呵成的，它的开头和结尾是一脉相承的。一个精彩的结尾，可以把你的主题揭示出来，把文章的结构凸显出来。因此，精彩的结局往往是意味深远的。就好像是在欣赏一段美妙的音乐一样，即使乐曲终了，仍余音绕梁。

一篇好的文章，如果能有一个耐人寻味的结尾，可以为文章增添更多有益的效果。

这就是"豹尾"这个名称的来源。它和"凤头"是对应的，指的是我们在写文章结尾的时候要简洁、明快、干净利落，就好像是豹子的尾巴在使劲儿地摇摆一样，能够给读者有回味的余地。简单概括成三个词语，就是简练、生动和传神。

就好像它能让文章从本身的一维层面转变到二维、三维层面，同时能够让读者更加清晰地去了解你这篇文章的中心观点，以及你所有画龙点睛的地方。

特别是在写小说结尾的时候，它会把之前埋的所有伏笔都挖出来，从而让小说变得更加精彩。

同时，我们常常说人的情绪或者是文章的情绪，只有读到末尾的时候，它才会有一个从平淡上升到最终爆发的过程。而这个爆发的过程，就是引导你的读者去触发感情的过程。

我把文章结尾的作用总结了一下，大概以三个词来概括：总结、提炼、升华。

①总结。总结就是把你这篇文章的观点和情感做一个最终的陈词梳理，从而让读者知道你最终要表达的东西是什么。

总结一般伴随着的是首尾呼应，让文章结构完整，形成一个整体，唤起读者心灵上的美感。

例如我们在写追梦的时候，开篇陈述梦想是什么，我们为什么要去追寻它。结尾的时候，我们就要总结梦想是什么，追寻梦想的意义是什么。

这样进行首尾呼应，才能够将文章"追梦"的主旨凸显出来。

②提炼。提炼就是把你这篇文章最核心观点拿出来，再做一次强调，从而让你的读者记住文章的观点。这就好比重要的事情说三遍，开头给你说一遍，中间给你说一遍，临到结尾了，还要再嘱咐你一遍。

③升华。升华主题，它其实就是让你的文章从一维层面转变到二维、三维的层面。简单来说，就是我们在文章主题的基础上去延伸出更多的思考和遐想，去透过现象看本质，从而丰富我们文章的观点。

用一句诗来做例子，你就会明白很多。

"谁言寸草心，报得三春晖。"

这是我们从小耳熟能详的诗句。整首诗歌颂的本来是作者母亲无私奉献的伟大形象，但文章在结尾的时候，又升华主题，从而变成歌颂千千万万的母亲。这让诗歌的主题思想瞬间拔高了一个层次，变得更有思想、有价值，立意深远。

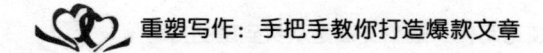

文章结尾的作用		
总结	提炼	升华

以上三个结尾的作用,有时候我们会一起用,有时候也会单独地使用某一个。具体如何使用,要根据我们当下的文章是如何立意来判断。

了解了结尾的定义和作用,那么接下来我们就要了解结尾大概有哪些套路,从而让我们更有技巧地去应对每一种文体的结局。

(1) 直接总结观点

直接总结观点,又叫自然结尾。是指我们把文章的内容表达完之后,直接就可以自然地总结一下我们文章的观点,不需要去设计一些含有哲理的句子,或者是提出一些令人深思的问题。

可以说,这是一种不需要有任何技巧的结尾,干净利落,没有任何的拖沓。

就好像我对你说:"我要去吃饭了,今天和你一起聊天很开心。"

这就是一个非常自然的结尾。自然发展是我要去吃饭了,而观点就是很开心和你一起聊天。

自然结尾,是一个没有任何深远观点的一种类型技巧,它也只有一个总结观点的作用。

(2) 启发

如果你想要你的文章更有意义,那么我们就要让我们的读者在读完这篇文章之后,有一定的启发。我们可以引导他去思考中心观点所延伸出来的问题,也可以启发他按照我现在留下的这个东西去获得感悟。总之,这个技巧是让读者有想象的空间。

这个技巧在寓言故事里用得很多,它往往都会有一个引发读者思考的问题。

比如《一件小事》的结尾:

这件事过去很长时间了,但我却铭记不忘。事情虽然小,但它给我的启发却很大，因为它让我明白了一个道理，那就是：人不论做错了什么事，只要认识到错了，而且敢于承认，勇于改正，那就一定有新的开始，一定会进步的。

读者一读到此处，就会思考自己是否是一个勇于面对错误、改正错误的人。

（3）反问

和开头反问一样，结尾反问也会给人留下悬念，并且引导大家进行一个深度的思考。在结尾反问，有着非常强的感染力以及强调作用，可以让你说的话意味无穷。

比如在结尾写上：

> 这样的结果何乐而不为？
>
> 朋友，难道您不这样认为吗？

（4）名人名句

名人名句是我们在新媒体写作当中最经常用到的结尾。它的出现，意味着这篇文章已经走向了完结。它依旧是一种总结的方式，可以让文章观点变得鲜明。同时如果名人名句用得到位的话，也揭示着真谛，呈现出一些耐人寻味的内容，使这个句子和观点长长久久地印在读者的心中。

例如，我在公众号的一篇文章《每一个成年人的生活，都是劫后余生的"苟且"》结尾的引用：

> 海德格尔说：人要学会诗意地栖居。

（5）戛然而止

结尾戛然而止是在小说当中用得最多的。它不仅让人的思绪停在原地，还能引起人们的一种钓鱼式心理。

这种结尾通常不是按照故事情节的正常逻辑去思考的，而是用意想不到的结局突然就终止了。让人在目瞪口呆的时候，不禁去感叹作者的格局很大，文章的意味深远。

就好像我刚看到这里，很想继续往下看，但下面已经没有了，那么自然

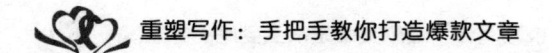

就会心里痒痒的。

比如《紫藤萝瀑布》的结尾：

在这浅紫色的光辉和浅紫色的芳香中，我不觉加快了脚步。

这样的戛然而止，不禁会让我们联想接下来会发生什么事情。

（6）口号

口号有时候也是一种抒情，以前经常用在我们的作文当中。它能够在结尾的时候直观地去表达作者心中的情绪，从而与读者的情感产生共鸣，给人情感上的真挚和充实感。

可能你没有听过口号结尾这种方式，但是你绝对用过。

比如：

让我们今天一起×××。

愿我们××××。

（7）出乎意外

有一种结尾，它的整个布局都在等待着结尾的出现。当读者以为情节是照着他们既定的方向发展的时候，结尾可能给他们当头一棒。这就是出乎意外的结尾。

这种类型的结尾打破了情节惯用的结构，给人一种新奇感，在升华主题的同时，又能够引人思考。

这种结尾欧·亨利用得特别多，因此我们又把它叫作欧·亨利式结尾。如：

《麦琪的礼物》：

一对穷困夫妻为在节日时互送礼物而煞费苦心，最后礼物拿出来却没用。一个卖掉金表为妻子买了梳子，一个剪掉长发为丈夫买了根表链。

《窗》：

靠窗的病人每天为角落病人描述窗外美景，为苍白的生活增光添彩。但是角落病人却见死不救，图谋到了靠窗的好位置，抬头望见窗外只是一堵高墙。

这种结尾一般用在短篇小说中比较多。

（8）情景渲染

最后要说的一种结尾方式比较特殊。它常常是在结尾处再进行一些情景的描写，烘托气氛，增加渲染，增强情绪，从而更好地把主题给引申出来。

比如鲁迅的小说《祝福》就使用了这样的结尾：

> 我给那些因为在近旁而极响的爆竹惊醒，看见豆一般大的黄色的灯火光，接着又听得毕毕剥剥的鞭炮，是四叔家正在"祝福"了，知道已是五更将近时候。我在朦胧中，又隐约听到远处的爆竹声联绵不断，似乎合成一天音响的浓云，夹着团团飞舞的雪花，拥抱了全市镇。我在这繁响的拥抱中，也懒散而且舒适，从白天以至初夜的疑虑，全给祝福的空气一扫而空了，只觉得天地圣众歆享了牲醴和香烟，都醉醺醺的在空中蹒跚，预备给鲁镇以无限的祝福。

你看，这样的情景渲染不仅表现了当时社会的现状，还能够把人带入这种环境当中，从而去更加深刻地体会主题思想。不仅升华了主旨，还将文章内容进行了一个人物上的升华。

这八种结尾方式都是我们经常会用到的，你可以多去参考一些同等结尾类型的文章，去把它消化。但是在写文章结尾的时候，要注意以下几个问题，这是新手写作常犯的。

①不写结尾。很多人觉得自然结尾就是我想完这件事情之后，就没有东西了，从而导致文章的结尾完全没有，不仅让文章的结构不完整，主题也变得非常模糊。因此，我们在学习写自然结尾的时候，一定记住它有一个总结在里面，不是说完了就完了。

②给结尾画蛇添足。有的作者觉得文章写完了，中心也表达清楚了，事情也叙述完了，但是总觉得好像还可以再加上一些什么来让文章更加完整。因此就开始各种方式去给文章结尾，画蛇添足，自以为让文章整体鲜明、突出，阐明了事情的全部，实则拖泥带水，反而把文章的主题给冲散了。

③和中心思想不同。还有一些作者在写到文章结尾的时候，突然就改变

了观点，忽视了结尾与主旨的统一性。从而损害了文章中心思想的表达，还美其名曰，"我这是升华了主题"。其实升华不代表说我们脱离文章的观点去另起一个观点，而是在现有的观点上面去做维度上的升华。

总之，结尾就像是大戏的压轴部分，你不仅要开头唱得好，中间唱得好，结尾也要精彩，且让人回味无穷。同时，让我们的戏份能够给观众带来一种荡气回肠、寓意深远的感觉。这样的结尾，才能真正地拔高文章的价值，增强悬念。

4. 适当引入金句，提升文章格调

一篇优秀的文章，离不开里面的金句。它就像是文章的首饰，短小精美，又让你读起来饶有诗意。它又像是电视剧里的片头片尾，也许你看完了电视剧，你不会记得它的剧情，但那首经典的歌曲，你却永远都记得。

如何才能让你的文章更加有格调？

首先我们要分析文章有哪些要素。一篇优秀的新媒体文章往往会包含几个关键因素：一个让人印象深刻的故事，一个让读者过目不忘的观点，无数个短小精悍又饶有诗意的金句。

前两者很好理解，那么什么是金句呢？它其实最早是出自王实甫的《西厢记》，叫金玉良言，指的就是富有哲理，并能对人有所裨益的句子。

但其实现代对于金句的含义被简化了不少，只要是让你有想要摘抄想法的句子，都可以被称为金句。

总的来说，金句的属性有三点：辞藻优美，短小精悍，并且带有一定的深意。它在文章中的作用是承上启下，画龙点睛，重点强调。

例如：

李娟在《在平淡生活中寻找诗意》里写道：真正的文字是谋心，而不是谋生。

北岛在《波兰来客》里写道：那时候我们有梦，关于文学，关于爱情，关于穿越世界的旅行。如今我们深夜饮酒，杯子碰到一起，都是梦破碎的声音。

三毛在《亲爱的三毛》里写道：一个没有长夜痛哭的人，不配讲悲伤。

你看，好的金句不会随着时间而流逝，而是让你无论隔了多久，只要想起，就能随口说出来，或者在文章写作中，只要有相关的引用，你就会不经意间放上去。

例如，我在公众号更新的《每一个成年人的生活，都是劫后余生的"苟且"》里提到：世上也没有一步登天的事情。

它承上启下，让我的文章更加流畅；作为观点的强调让我的论证更加有力；作为情感上的共鸣，让读者的情绪瞬间集中。

因此，我们在写文章的时候，也要学会适当地引入金句，使我们的文章节奏紧凑、格调高级。

总之，一篇优秀的文章，金句的占幅应在10%左右。

如何才能让金句和你的文章更契合呢？

我们可以从上面提到的金句的作用出发，先找到有观点的句子，大概知道观点表达的是什么，紧随其后给出一个精悍而有力量的总结句，以此来增加文章的气势。

分成步骤就是：提炼你的观点，总结成一句强有力的句子。

知道了金句的引用，我们最重要的一个步骤就是设计金句。

网上把它的设计标准定为这四个方向：

①短小精练，一般都是一两句话。

②朗朗上口，读起来节奏感比较好。

③多为观点型句子，启发感强。

④一般和文章核心立意相关。

金句的重要性前面已经说过，它的作用丝毫不亚于鲁迅说、孔子说、牛顿说……而我创造它的秘诀就是多看、多总结、多练。

（1）多看

平时我们在阅读中能够看到很多文章，也学会去把这些文章中写得好的句子记录到我们的读书笔记中。可有时候你仅仅是看过了，记录了，有印象了，隔了不久就完全忘记了。

这对于金句来说，你根本就没有过你的脑子，更谈不上去吸收这些句子的精华，从而为你所用。

如果你没有特别多的时间来整理这些金句，那么你可以选择每天背一句。

我的做法就是，每天会在微博上去更新一句金句，在外面工作的时候，我会经常打开微博去阅读这条金句，从而让自己在一天之内记下这个句子。

这给了我很好的缓冲期，让我在一天仅仅是去背一句话。长此以往，我的脑海里多了很多可以立刻就写出来的金句。

（2）多总结

光看书，我们有时候可能并没有特别多的时间去找到一条喜欢的金句，这时我们就要利用网络。

如今有很多专门收集金句的地方，比如说句子迷，日签，新媒体排版等网站。它们会有大量的金句汇集，也会清晰地标明出处和来源。并且它们还会分类收藏金句。

你只需要去按照关键词搜索金句，然后把金句的观点和类型总结下来，拆解成一个个小的部分，即可让你的行动变得高效。

这种方法适合时间比较多的作者，或者是上班时间空闲的时候可以上网冲浪的作者。 如果你的时间比较少，那么你可以直接按照上面的那个步骤去做。

（3）多练

任何阅读如果不转化成行动，那么始终只能是别人的东西，而不是你的。正如我本书也在强调，我们的阅读一定要和写作结合起来，才能使我们的阅读变得高效，我们的写作能有所进步。

金句也是如此，当你通过各种方法阅读并收集了金句之后，接下来的一步就是要练习金句。

如何练习，我的方法是仿写。

别人口中的金句，一定是被读者检验过的，才能够被传唱。如果你能够把它改编好，那么你的金句基本属性是满足的。找到了合适的切入点，在名言金句上下功夫，是非常好的一种方式。但是一定要注意，模仿的时候，也是有内外关联的，不要不依靠原金句就生拉硬扯。

具体步骤：

先拆分你的金句结构，大概知道它是怎么形成的。然后根据你金句的句式去替换名词或者关键词。大量练习之后，你就会有自己的一个套路。这个时候再去开发属于自己的金句，你就会信手拈来。这才是我们模仿的目的。

创造文章金句的秘诀		
多看	多总结	多练

金句写作并不难，掌握了技巧，就会打开灵感。同时，本书中我反复强调了要有技巧地去写作，金句也是一样，要有技巧有套路。接下来，分享一些金句的写作。

（1）关键词颠倒

即同一个名词前后反复用，形成一种对立和对比，让巨大的反差造成深刻的印象。

最典型的就是刘慈欣在《三体》中写道：给文明以岁月，而不是给岁月以文明。

小布什：要么把敌人带给正义，要么把正义带给敌人。

肯尼迪：人类必须终结战争，否则战争就会终结人类。

关键词颠倒一下再说出来，会让人如醍醐灌顶。因为它本来是非常简单的一个道理，反复强调，形成巨大的反差，可以让你更加有体验，从而好像给这句话镀金一般，其实它本身就只是很简单的关键词颠倒。

这类型的金句还有很多，例如：

当你凝视深渊，深渊也在凝视你。

你不可能成为别人，别人也不可能成为你。

用梦想创造奇迹，用奇迹实现梦想。

不是现实支撑了你的梦想，而是梦想支撑了你的现实。

（2）关键词反复

反复是创造金句最好用的方法。通过短时间的重复，刺激读者大脑皮层，令读者对你的内容留下较深刻的印象。反复之所以好用，是因为它具有强大的力量感。

和颠倒类似，用同一个名词去进行反复强调，从而突出内容。例如：《北京人在纽约》每集开场白就是：

如果你爱一个人，就送他去纽约，因为那里是天堂；如果你恨一个人，那就送他去纽约，因为那里是地狱。

最经典的反复就是能够达到一语双关和一箭双雕的效果。例如"好吃点"金句文案中的那句经典台词：好吃你就多吃点。

（3）对比和类比

对比，是指把具有明显差异、矛盾和对立的双方安排在一起，进行对照比较。

类比，是把两个事物找到一个共同的属性或者连接点。

对比需要两个事物至少在某个地方有差异，类比是需要至少有一个地方相同。如此才能够有冲击力。

对比的案例，比如电影《后会无期》中说道：

小孩才分对错，大人只看利弊。

将小孩与大人作对比，小孩的世界单纯，大人复杂。这样的对比给我们的冲击感会更强烈。

类比案例，比如前些年经常被人们挂在嘴边的：

我不是人民币，做不到人人都喜欢。

把人和人民币进行类比，让冲击力更强烈。

每个人都是一座孤岛。

把人和孤岛做一个类比，可以让大家更加清楚人的属性。

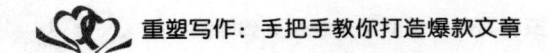

在我们用对比和类比进行金句写作的时候，有几个注意事项：

首先要确定好你要表达的是什么观念，其次这个观点和哪些事物或者现象有关联，我们可以先把它列出来。比如以"每个人都是一座孤岛"来举例。

孤岛，它坐落于群岛中，但它是独立的个体，因此，很孤独。人生活在社会中，虽然身边有很多朋友、亲人，但他也是一个独立的个体，他也会很孤独。

通过这样的思维发散，把两个事物、观点或现象按照一定的逻辑连接起来，就可以得到一句经典的金句：每个人都是一座孤岛。

（4）简单判断

学生时代，老师有没有给你讲过有一种句式叫作简单判断？简化成格式就是：是什么，不是什么；有什么，没有什么。

诺贝尔：生命，那是自然付给人类去雕琢的宝石。

西方谚语：世上没有免费的午餐。

蓬皮杜：命运就是对一个人的才能考验的偶然。

梅里美：礼貌经常可以代替最高贵的感情。

培根：聪明的人造就机会多于碰到机会。

（5）选择判断

选择判断是一种复杂判断，它不是一个单句，而是采用两个或两个以上的分句构成的复句。要表达的意思是，在两种或三种可能之中作出某一个选择，而且往往是逆向选择或向上选择。常用的句式："与其……不如……""不是……而是……""不在于……而在于……""宁可……也不……"，等等。如：

卢梭：生命不等于是呼吸，生命是活动。

塞涅卡：生命如同寓言，其价值不在于长短，而在于内容。

纪伯伦：友谊永远是一个甜蜜的责任，从来不是一种机会。

德谟克利特：不应该追求一切种类的快乐，应该只追求高尚的快乐。

（6）条件设置

条件设置就是设置某种条件，使我们将要陈述的观点先被限制在一个框架里，从而让读者有选择性地进行判断，就像别人在做选择的时候，你最好给出的是二选一的选择，而不是宽泛的。其句式包括"如果……就……""只有……才……""一旦……就……"，等等。比如：

泰戈尔：唯有具备强烈合作精神的人，才能生存，并创造文明。

爱默生：只有尊敬他人，自己才能够受到尊敬。

歌德：谁若游戏人生，他就一事无成；谁不能主宰自己，便永远是一个奴隶。

米歇潘：生命是一条艰险的峡谷，只有勇敢的人才能通过。

莎士比亚：人的一生是短的，但如果卑劣地过这一生，就太长了。

金句的撰写是有其特定的规律的，我们在撰写的时候，严格按照以上标准来执行，才能让我们的金句在出现时闪闪发光。

不过有一个误区是，让点石成金的金句千万不能滥用。

比如郭敬明的《小时代》。当你看这部小说的时候你是否会觉得他的文笔真的很优美，金句一个接一个地来，好似把文字玩上了天。其实这种写法虽然能体现你的文采，可并不是人人都是郭敬明，可以在金句频频出现时把文稿也处理得闪闪发光。

作为新手，千万不要一开始就做这种事情，如果你没有准备好框架、逻辑、目的、受众、素材，等等，就开始去频频堆砌金句，那么你的文稿就会显得空洞无主，无论你的文笔有多好，文章整体始终是失败的。

记住，金句最多只能占我们文章篇幅的10%，如果再多它就有一种滥用的嫌疑。

人生没有捷径，写作也没有捷径。想要写好一篇稿子，我们能尽力做的

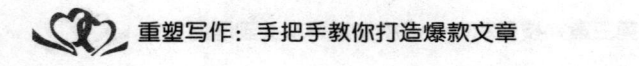

就是在这漫长的修炼中，摸索出适合我们的技巧，省点力，善用套路，来达到事半功倍的效果。

5. 好的文章都是改出来的

一篇文章的出炉，绝不是一次就能完成的。从我们熟知的名著到普通的经典诗句，以及那些我们觉得写得非常好的文章，几乎都是经过反复修改之后，才成为一篇高质量的作品。学会修改文章是你迈向成功的一大步。

世上有没有一次就写成功的文章？

答案是没有。因为一篇文章从创作到出炉，它所经历的环节，不是我们想象的，坐在桌子面前大脑运转一下就可以的。

它往往需要天时地利人和。

天时，就是：今天的阳光明媚和今天阴气沉沉，哪一种更能激起你写作的欲望呢？地利，就是：你坐在书桌前写稿和你坐在火车上写稿，哪一种更能让你的写作效率高呢？人和，就是：你昨天睡得很好和你昨天彻夜难眠，哪一种可以让你更加顺畅地去抓住你的灵感？

陀斯妥耶夫斯基说："作家最大的本领是善于删改。谁善于和有能力删改自己的东西，他就前程远大。"

王安石也提倡"文章不厌百回改，反复推敲佳句来"，他在写《泊船瓜洲》时，其中"春风又绿江南岸"中的"绿"字就是经过反复推敲、修改才确定下来的。在确定之前，他先后用"到""吹""过""来"……一直修改到"绿"字后才满意，于是就有了这流传至今的千古名句。

由此可见，反复修改在写作中的重要性，一篇好的作品是离不开作者的反复修改和不断完善的，只有通过修改，将用词不当或者立意不明确的地方变得通顺流畅后，这篇文章才更有可能成为佳作，读者读起来也才会有意犹未尽的感觉。

记住一句话，世界上没有一蹴而就的成功，写作也是。就连著名作家海明威都说出"一切文章的初稿都是狗屎"这种话，作为写作新手的我们，又何必对自己的初稿这么苛刻。

俗话说"锻字炼句"，仔细反复地去修改你的文章，哪怕初稿是一块顽铁，你都可以把它打磨成一把利剑。

如何学会修改文章？简单总结起来就是纵观全局，把握细节，厘清逻辑，精细情绪，朗读全篇，改至耳顺。

◎纵观全局

修改文章，一定要遵循从整体到局部的顺序，它就像修剪树枝一样，我们先打磨好它的形，再精细化从细节上进行修剪，才能让它变成一种好看的景观。修改文章也是如此，我们得先从整体上去打磨，才能让文章的"形"变得好看。

（1）框架

我们在写作之前会有一个框架，我们是会按照这个框架先创作初稿。但是有可能我们写完了之后会发现这个框架太过简单，或者太过复杂，从而导致我们的初稿并不像我们最初规划的那样。

所以我们在修改文章的第一步，就应该去反复省思，我们的框架是否是精细的。

当然，这里的修改框架并不是要求你把整体的框架全部给换掉，而是像我们给我们的家进行装饰那样，有计划，有目的，把握全局的走向修改。

比如本来这里我是分成三个步骤去做，但是我再回头修改的时候突然发现，我其实可以分成四个步骤，所以我们就把框架的三个步骤改成四个步骤，这就叫作框架的修改。

（2）开头

开头的办法有很多，无论是开门见山，还是隐晦引出，所有针对的都是我们的开头，是否对应我们的主题。

比如说我们的开头是一个故事，那么我们就要看这个故事的核心理念是否跟我们的故事主题是相关的。假如说我本身是要讲时间就是金钱，但是我却用其他的故事先去讲，那么它就跟我们的文章没有任何的关联性，而这样一个开头就是不好的。

举一个我曾经帮我学员修改的例子，你或许就更明白一些。

这篇文章的题目是《因疫情暴瘦，冲上热搜第一，她打了多少人的脸》。初稿的开篇是：

9月30日晚，央视国庆晚会众星璀璨，没想到一结束，刷爆热搜的竟然是#韩红瘦了#。

这次登台，笔挺的黑西装，光溜往后撇的爽利短发，看上去韩红似乎瘦了好几圈。

今年春节疫情，韩红爱心慈善基金会四处忙着筹款、记账、公示物资去向，还要面对司马3忌的恶意举报，这次"暴瘦"，很有可能是操劳过度。

她也感慨，近一年没登台献唱，在这个特别的年份里，此番再唱05年创作的歌曲《感动》，又是另一种心情。

15年前，是韩红的涅槃重生。这首歌曲《感动》不一般。曲是旧曲，这次重唱却有新味。

而我们修改之后是这样的：

最近，韩红又上热搜了。

这一次，竟然是因为瘦。

今年疫情暴发，韩红领着"爱心慈善基金会"四处忙着筹款、记账、公示物资去向，还要面对司马3忌的恶意举报，这次"暴瘦"，很有可能是操劳过度。

她也感慨，近一年没登台献唱，在这个特别的年份里，此番再唱05年创作的歌曲《感动》，又是另一种心情。

而听的人，又何尝不是另一种心情。

你看，自然而然的开篇，不仅阐明了谁干了什么，也非常简单明了，富

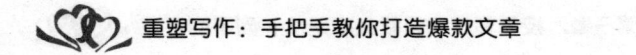

有力量。与初稿的拖沓形成了鲜明的对比。这就是对开头的修改，简短有力地讲清楚事情即可。

（3）结尾

修改结尾，那么我们就要先知道结尾的作用是什么。

是总结，是升华，是引导。

总结很简单，就是我把这篇文章的主题观点放在最后。收尾的时候，把观点总结一下，使文章变成一个完整的圈。

升华其实可以理解成我本身的主题是人，但我可以把它升华到人性。这就是对主题的升华。

一般好的文章都会做这样一个主题的升华，来展现我们文章的深度。

而引导是什么呢？就是在这个观点上，我去引导读者，给他留下悬念，让他通过自己的思想去想后来会发生什么样的事情。这是我们常常说的，结尾戛然而止，其实就是为了给读者留下悬念，引导他们思考。

从这三个方向去修改结尾，你的文章将会更加漂亮。

◎ 把握细节

文章好不好，重在细节好不好。正如你穿了一件样式非常好看的衣服，但仔细看你的衣服，它的面料是非常粗糙的，它里面还有那些线头儿之类的东西。就会立刻把你整体的印象分给拉低了。因此，我们不仅要在整体框架上面做到精细，细节上也要做到精细。

（1）错字错句

错别字和语句错误是最基本的，我们应该注意的问题。当然，我们并不是苛刻到你整篇文章一个字都不错。因为我们现在经常会在打字时出现手误，所以我们尽量把控错别字，一篇3000字的文章，最多有一两个尚在正常范围。

句子错误呢，我们能避免就尽量避免。因为它涉及你语文的语法问题。这方面有所欠缺的同学可以去阅读跟语法有关的书来提升自己。

（2）小标题逻辑关系

现在的文章和以前有很大的区别，是我们的文章都爱取小标题了。这意味着我们在精细化细节的时候，也要好好地看一下小标题。

它是否能够完全概括得了你这一小段的意思？假如你取的小标题和接下来写的这一段话没有任何关系，那么这个标题就得赶紧替换掉。

你这个小标题是否还可以更加精简？精简的意思，不是让你简化到你本身的意思都就没有了，而是让别人更加快速，清晰地看出你这个标题最终在表达什么。

（3）长句改短句

随着现代文学的越发壮大，读者的阅读习惯也和以前大不一样。以前人们喜欢在长句里去阐述所有的思想，让整个句子变得复杂而又有深度。但现在是碎片化阅读时代，我们所有的长句都要尽量变成短句。

一个句子千万不要复杂到四五行或者两三百字都说不清楚。

（4）重复啰唆改精简

写文章的过程中，我们还会有一个常犯的错误，那就是重复啰唆。有时候不仅仅是字词上的重复啰唆，还有句子上的重复啰唆。在修改的时候，我们一边是删，一边是改。千万不要心疼自己写的时候付出的辛苦，有些没有必要的字、词、句，即使你留着也没有丝毫用处，还会影响文章的整体感，适得其反。

这里还有一些作者有经常犯的一个错误，那就是对于一些优美的句子舍不得删除。可这些句子如果妨碍到了整体的美感，即便写得再美，我们也没有办法留下来。

作家老舍说过："不要心疼一句好句子，或一个漂亮字，假若那一句那一字在全段全句中并不起什么好的作用。"

（5）删除虚词、副词、形容词

很多时候，我们在写稿时经常会附带一些"着、得、了、是、那、就"等没有任何意义的词。其实这些词就像是杂草一样，没有任何意义，要毫不犹豫地给去掉。

◎ 厘清逻辑

首先，一篇文章能否有逻辑很重要。逻辑其实跟我们最初制定的框架是有密切关系的。

比如从框架看出文章是总分总的结构。那么我们在写作过程中，是否真的按照总分总的逻辑？是怎么做到总分总逻辑的？

其次，我们的小标题之间是否有逻辑？比如并联、顺承、递进相反、对比等。

最后，我们每一个小部分和每一个小部分之间的承接问题。

比如，我经常会用到首先、其次、最后的逻辑对我的文章进行分解，让你明白这些部分之间的关系。那么你在写文章的时候，是否也能够把这些常见问题解决好呢？

◎ 精细情绪

修改的目的是让文字更有情绪上的感染力，更有共鸣，更有力量。

首先，我们说感情是文章的核心，因此感情对于文章的重要性不言而喻。但是一篇文章的感情是多变的。特别是在小说当中，有可能把感情作为线索去串联整本书。所以我们在梳理感情的时候，一定要先看看哪些句子体现了我们的感情，哪些体现感情不到位的句子我们需要去修改。

其次就是很多时候有些人经常会搞出错误的乌龙事件。比如说我前面是支持这个观点的，结果写着写着，最后发现文章反映出来的是不支持这个观点，这样前后的感情和观点就出现矛盾了。此时，如果你给不出一个变化的理由，那么这篇文章就会变成四不像。

这一步的修改，不是从文字方面入手，而是从情绪方面倒推文字。修改的方法就是，换位思考，想象自己是读者。当你读到这段话时，代入了什么场景，应该产生怎样的情绪，然后以终为始，倒推文字应该怎么表达。

这就是字词句都通顺，意思也表达清楚之后，你要让自己代入相应的场景，把一些句子改得情绪更加饱满，这样读者才会更有共鸣。

◎ 朗读全篇，改至耳顺

要想将你的文章改得成为一篇优秀的文章，你需要多读几遍。正所谓："书读百遍，其意自现。"多读几遍，你文章中的逻辑和错误的内容可能就自己显现出来了。

也许你会问，文章不是给人看的吗，为什么要读呢？其实，人类说话的能力的进化是远大于阅读能力的。从整个历史长河来看，语言产生已经有上百万年，人类早已进化出强大的语言能力，但阅读不是。文字出现至今总共5000年，短到人还不可能进化出更好的阅读能力。

用婴儿来举例，你会更有感触。你想想看，婴儿出生后，几岁就能流利地说话，但阅读能力却要花更长的时间来培养。从这个角度倒推，就知道为什么我们在修改自己文章的时候，一定要多读几遍，而不是默看几遍了。

换句话来说，你读出来顺口的时候，看起来自然也是通顺的。

在朗读自己文章的过程中，你需要嘴里念、耳朵听，你会发现：有的句子太长，要改成短句；有的句子太拗口，要调整一些词；有的句子意思对了，但读出来不带劲，可能是结构不好或用词不够直接有力；有的词放在一个句子里韵律不好，也要修改。

作家老舍说过："一个好句子，应该是读出来，嘴舒服，耳舒服，心舒服。"因此，朗读是修改文章的一个通用方法。我们在进行初级写作练习时，不光要读给自己听，有条件也可以读给朋友、同事听。

总之，对于初写者来说，当我们没有足够的写作功底去稳定输出高质量内容的时候，我们就需要转变一下自己的思路：先写完，慢慢改。

心态很重要，因为所有的好文章都是改出来的。

6. 爆款文章的核心在于接地气

文章的好坏不在于辞藻的华丽，而是在于言之有理、言之有物、晓之以情。站在读者的角度去写一篇读者喜爱的文章，而不是仅仅从自己的内心出发去写自己想写的东西，才算是真正走进写作。

站在读者的角度去写，并不是说让我们压抑自己内心的抒发欲，而是，读者不喜欢看，你写出来又有谁会欣赏呢？

想要写好文章，技巧和练习必不可少，其中接地气是最基础的一项技巧，也是文章成为爆款的关键之一。

前面我们已经简单地给爆款文章的概念做了一个详细的阐释，并且针对每个写作部分给出了详细的技巧和模板，接下来，我们要从整篇文章出发，去了解爆款文章的精髓是怎样的。

◎爆文的写作特征

一篇好的文章，有很多共同的特性。经过摸索研究和分析之后发现，文章想要成为爆款，以下几个特征必不可少。

（1）共鸣

文章是写给人看的，那么我们就得从人这个个体去挖掘东西。人，之所以为人，区别于动物最大的特点就是：拥有丰富的情感。因此，文章要能拥有打动人的情感，再在这个情感的基础上去打理性牌。

正所谓：动之以情，晓之以理，情感牌永远都是一张王牌。

一篇好的文章，总是能够让情感触发读者的共鸣，进而引发爆点，成为口口相传的佳作。

那么如何才能让文章有情感上的共鸣呢？代入感是最重要的一个因素。

但代入感不等于讲大道理，或者纯粹地叙述故事，而要在细节处铺设，然后环环相扣，引爆情感，发挥决定性的作用。

就如同写作文一样，表达尽可能生活化，最好是每个人都会遇到的事儿，这样老师在读到你文章的时候，才会感同身受，你才能得高分。比如我们可以在小说的副线上加入"原生家庭"等之类的讨论；比如我们写人际交往时，可以写强制性交往的好坏；比如生活里有很多人总是强迫别人做自己不喜欢的事，等等。

如何写才能产生共鸣？

①最重要的是用心想问题。比如你自己认同这个观点吗？只有你真心觉得是这样的，才能写得出有情感共鸣的文章。

②学会从现实生活出发，不要写一些虚幻的，或者远离现实的东西，要贴近生活去写。比如你鼓励人们要随心地生活，在大部分情况下，很多人会直接说：生活就是做自己喜欢的事，是属于自己的。这种论述，话语干瘪，听得太多了，就会没感觉。

我们不如这样说："过自己不喜欢的生活是一辈子的煎熬，就像和爱的人一辈子没有缘分一样。如果你能尝试着改变自己的现状，逃离这层地狱，你会发现你身边有太多值得你去喜欢的事……"

③多看多想，多感知。很多人常说自己付出了很多，但是文笔还是不行，为什么？因为没有进行长期的感知训练。什么是感知训练呢？就是朝着你想写的方向阅读更多的文章，仿写＋总结。

（2）写作起点低

为什么现在很多人都开始写新媒体文章了？因为它对文笔要求门槛太低。它只要求你能将自己的观点和感情顺畅地写出来，便能成就一篇好文。

（3）观点新

所谓的观点新，不是我们常说的要和所有的观点都不一样甚至是背离伦理的观点，而是我们挖掘出来的特殊观点。

仔细观察我们会发现，能够在朋友圈被大量转发的文章，通常都是"鸡汤文"或"反鸡汤文"。

它们要么满足广大青年内心的虚荣心理，要么就是替另一群人给这些虚荣的人一记响亮的耳光。站在这两种层面去论述观点，自然就引发了大家的关注，因为它们说出了别人不敢说的话。

但是，这种观点一定要有很强的说服力才可以。而且，写这类观点的时候一定要注意，要让观点站得住脚，千万不要自己把自己的三观都颠覆了。

◎爆文内容中所需元素

（1）提问

提出整个文章需要解决的问题。所谓提问并不是说要以问句的形式来呈现。大家体会一下，上面我们讲的例子中，其实就提出了一个问题：是先优秀还是先自律？

（2）道理

以名人名句名事或举世闻名的理论来加强自己文章的观点，能让它站得住脚。就比如说，你的上司让你加把劲，不要影响其他队员发挥，也许并不能十分有力地说服你。但是如果他告诉你，参照伟大的彼得·德鲁克提出的木桶效应，你现在处于团队中的短板位置，这时你肯定能意识到自己身处位置的重要性以及自身存在的问题，并重视起来。

文章也是一样的，有了这些理论，你的观点就变得不再是个人的观点，而是变成了你和某个伟人或某个伟大的理论相契合的观点，文章的说服力就翻大了好几倍。

（3）金句

金句是什么？就是让你的文章看起来非常优美又很有道理的句子。

比如例子中的：自由的本质不是放纵自己，不是无所不为，而是自律之后的舒畅，是有所为，有所不为。那么如此不自律的你，现在看似是自由的，但你会发现自己越活越没有自由，没有选择的资本。

金句很多时候是夹着文章的观点或者是总结出来的，但它一出来，就会让你的文章豁然增加了文艺感和优美感。能够瞬间点燃文章的感情。

如何用金句：文笔好的人一般自己在写作中就能想出来，而文笔不好的人建议你多积累一些各种类型的句子。在需要的时候，就用到自己的文章中，先模仿，再成为自己的东西。

◎爆文的常规写作套路推荐

人生哲理+情感套路+"干货"+态度+探索发展

◎爆文的常规写作框架推荐

四段式简单结构：

第一段→引出情感观点主题（可举例，亦可直接写出观点，但这个观点前提是本身就"刺"痛人心）

第二段→举例阐述主题，做观点的升华（这里的升华不是单纯的原观点，而是一个新鲜的观点）

第三段→可从正面或反面阐述观点，做观点的引申和再深化

第四段→对观点做全面总结+提出"干货"

【下面以我公众号的爆文进行讲解】

看完《二十不惑》我终于明白：造成你穷的，只有你自己。

1

《二十不惑》里姜小果质疑梁爽是因为长得好看才得到了一份工作，梁爽用了"一万小时法则"来反驳姜小果。

她说："在你们通宵熬夜刷剧的时候，我为了我的脸早睡早起；在你们瘫着发霉的时候，我去跑步运动；吃个火锅，你们想吃红汤就吃红汤，可我呢，清汤我还要再过遍水，我为了我的脸付出了一万小时的努力，那在爱美这件事上，我做到极致了呀。"

这段话，让我印象深刻。

梁爽所说的"一万小时法则"确实是存在的。它的意思是：花一万个小时专心在某个领域内钻研，那么就能成为这个领域很了不起的人。

如果按照一万个小时来算的话，我们每天工作8小时，每周工作5天，那么我们要在这个领域专心钻研五年之后，才能成为这个领域的

专家。

但是这个法则对任何人都适用吗？

并不是。很多人每天都勤勤恳恳地工作、学习、生活……

事实上，大部分人都越忙碌、越笨拙，最终，自己人生的路一再收窄，就变成了，越勤奋，只能越来越穷。

第1部分，引出"一万小时法则"的概念，然后告知这个概念与现实是背道而驰的。很多人越勤奋越穷，而这一点正是刺痛人心的部分。从而吸引大家往下看。

2

美国有一位学者做了一项研究，课题是：为什么陷入贫困状态的人很难脱贫。她首先隐瞒了自己的真实身份，潜入贫民窟，和在那里的人们过上了一样的生活。然后，她详细记录了自己每天的生活：

因为要早早去工厂上班，所以每天不到5点就起床。由于时间紧，她根本没有办法吃一顿认真准备的早餐，只能匆匆吃点面包，再随便买杯快餐式咖啡；午饭和晚饭都是吃快餐，吃饭的时间不超过半个小时；从早到晚都在工作，一天24小时，一大半都在固定的工位上度过。工厂制度很严格，流水线式的操作使得所有的员工都不可以随便离开自己的岗位。哪怕是上厕所，也要得到批准才能去。

而且他们工作的时薪很低，每天至少要工作十个小时以上才能拿到保证基本温饱的工资。如果想要挣到更多的钱，就只能工作更长时间。精力消耗殆尽后终于下班，而到睡觉之前，有几个小时的娱乐时间，大家基本上都会选择在歌舞厅或酒馆纾解一天的困乏。最后喝得醉醺醺的，回来倒头就睡。这就是在贫民窟生活着的穷人的日常。

他们的工资只够温饱，有时攒多了，还可以在小酒馆喝一杯酒，却没有多余的金钱和时间来提高自己的生活质量。此时，他们的收入和生活水平是固定的。可如果他们的生活中突然增加了别的开销，或者他们决定孕育新的生命，那就只能通过降低自己的生活水平来维持平衡。这就是"贫穷的死循环"。

"贫穷的死循环"其实是一种单位时间价值非常低的生活状态：人们拿着非常低的时薪，为了基本温饱，每天需要工作十多个小时，全部的精力和意志力都放在工作上了。人们匆匆解决每一顿饭，从不考虑食物的营养价值。在休息时间，人们根本不会拿起一本书静静阅读，更不会去健身房跑步塑造体形，喝一杯酒就是放松。这样的休息，不能算是休息，只能算作很低级的感官刺激。

很低的单位时间价值——低营养值——低级的娱乐方式——再回到低单位时间价值，就这样，人们会彻底陷入"贫穷的死循环"。

第2部分，解答第一部分的法则是错误的，再引出"贫穷死循环"的概念吸引大家去关注什么是贫穷的死循环，从内心上继续去刺痛一部分人的心。

3

之前有个朋友跟我抱怨，说自己本科毕业，费尽心思地考证书、拼学历，最后挣的没有楼下小吃摊儿的阿姨多。他一个月工资一万，楼下小吃摊儿的阿姨一个月能挣一万四。既然真的像他说的那样，为什么人们不去摆摊儿呢？还念书做什么？可如果你仔细计算，就会发现不同。

我的朋友周末双休，一个月下来工作22天左右，早晨8:30上班，下午17:30下班，算上午休每天工作9个小时。他的时薪是每小时50元。楼下小吃摊儿的阿姨每个月没有周末和休息日，早上5:30就得起来准备原材料，一直忙到晚上九十点没什么人了，才能收摊儿回家，每天工作17个小时。她的时薪是27元。况且，办公室有凉风有暖气，不用日晒不用雨淋，而小吃摊儿的棚子每到下雨的时候就摇摇晃晃。

看到这个结果，你还会羡慕小吃摊儿阿姨的工作吗？很显然，在办公室办公和在摊儿上烤冷面是两种截然不同的工作。虽然你和小吃摊儿的阿姨都付出了一万小时的努力，但是因为知识，你拥有了高的时薪。在写字楼的你今天可以学会做报表，明天就能学会做策划。而烤冷面的步骤不会变，只要学会了，以后就只需要重复那些动作就好了。用一个很简单的道理来作比：我们都知道1+1=2，但如果我们对加法计算的学习到此为止，就算我们算了一千遍1+1=2，我们也不会知道2+2=4。所以，一万小时定律固然有用，但这一万个小时的单位时间价值应该是逐渐增长的，这样，才能让你成为某个领域的专家。

第3部分，解释贫穷死循环和一万小时定律，并告诉你怎样利用它才能够让你有所成长。

我曾经看过一个这样的故事。在大山里坚守的张桂梅，是全国第一所全免费女子高中的校长，她和其余老师在大山创办的女校让1600多名女孩走出了云南贫困大山。在采访中，她说："我这辈子的价值，不管怎么样，我救了一代人。不管是多还是少，毕竟她们后面走得比我好，比我幸福就足够了。"

在她的这所高中里，有辍学在家干活的女孩，有早早被父母嫁出去的女孩，还有一些家里贫困付不起一般公立学校学费的女孩……张桂梅坚信，"一个女孩子接受教育能够拯救三代人"。而事实证明，那些考上大学的女孩子和那些早早离开校园的女孩子在后来的几十年拥有的是截然不同的人生。

用另一个例子去验证上面的理论。

4

我们为什么要读书？因为，没有人可以笃定地告诉你，只要受教育就一定不会贫穷，但受教育，你就拥有了跳出"贫穷的死循环"的能力。所以，受教育和学习一定会让你的时间增值，还能够锻炼你不断学习的能力。这时候，你经历的才是一种良性的循环。

别再只是盯着支付宝的余额活了，再怎么刷新数字也不会有什么增长。别再总是想着什么锦鲤保佑了，再怎么转发杨超越，也不会一夜暴富。世上从来没有一步登天的事情。想变有钱，那就不断学习、更深刻地学习，这是最简单，也是最有效的办法。

从低谷出发，往哪儿走都是向上，只要你愿意走。

第4部分，总结，告诉你，要好好学习，脚踏实地。

◎爆文写作技巧补充

（1）写文章时不流畅怎么办？

很多时候，其实在行文中加一些问题，用以与读者对话，一步步引导读者思维，成文读起来自然就能流畅且易读懂。甚至写作过程就可以视为回答一系列问题的过程。

写作前你可以这样问问自己：我要说的观点是什么？它重要的程度？它能否被普遍接受或者有无被普通误解的正确观点？这个观点的意义是什么？我该用什么方式去印证它？有和我观点差不多的观点吗？或者有没有跟自己观点有联系的观点呢？

（2）如何学习别人的爆文和二度创造？

把热门的新爆文进行框架分析、金句分析，以及案例分析，将它融入你的写作领域中，形成你自己的套路。

从我们对爆文的分析可以知道，很多时候，爆款文章的写法是很接地气的，往往都是通过一些热点，引出一些概念，再通过概念得出是什么、为什么、怎么办的写作框架。从而为读者解决心理、生理等方面的问题。

你看，它并不困难，只在于你对于这些技巧是否能够很好地运用。

第四章

类型写作：没什么是你写不了的

如何评判一个作者的水平？以 ABC 三个等级来划分。

如果你只会写一种体裁的文章，并且写得深入人心，随手一写即是大作，那么你的等级为 A；

如果你会写几种体裁的文章，却又哪样都不精，那么你的等级为 C；

如果你会写所有体裁的文章，并且所有体裁的文章完成度都很高，即使你并不是这个体裁的精通者，你依旧拥有着 A 级水平。

可见，如今的时代，一个可以提笔就书写各种类型文章的作者，是很多企业争抢的人才。

如何才能成为一个"没什么是你写不了"的作者呢？本章带你领略常见文章类型的写作，为你打通经脉。

1. 常用文书类写作：成稿不再烦恼

常用文书，通俗点解释就是我们平时所经常用到的文件，它能够约束活动、反映事实、处理日常事务等，在企业中普遍使用，具有很强的实用性、事务性和某种惯用的格式。

如何书写常用的文书？

相信我们工作中经常会遇到公文，它包括了十三种文体，是日常交流中必不可少的存在。常用的文书类写作包括以下几种：启事、对启事的回应、请柬、贺词、感谢信、道歉信、情书、个人日记、习惯日记、讣告、慰问信、悼词等。接下来，我们从这些常用文书中选一些来详细讲述。

（1）启事

在我们的一生中不可避免地要面临订婚、结婚、生子这些大事，而这些时候，通常都要去撰写启事。启事可以有以下几种方式发布：在报纸上刊登、在网络上发布、通过信件邮寄、电子邮件发送。虽然大家现在更喜欢通过电子邮件这种方式来发送启事，但是在一些比较正式、比较重要的场合中，我们仍然需要将启事规规矩矩地打印出来，然后以信函的方式邮寄出去。

一般来说，我们发布启事的目的是要把我们生活中发生的大事通过简单便捷的方式告诉他人，通知他们。我们可以根据启事类型的不同，把启事读者划分为以下两种：十分了解你的人和不太了解你的人。但无论如何，都需要保证启事的完整性。也就是说，需要花费一些时间，对内容进行头脑风暴。这是很重要的一个步骤，你需要将所有相关的内容都囊括在内。

启事通常有着相应的模板可以进行参考，这样的话，就可以在一定程度上避免出现遗漏。当然，如果你的启事不是特别简单，那么尽量不要只打一遍初稿。我们不可避免地会遗漏掉重要的信息，所以这时候让你身边比较细心的朋友帮你校对一下，然后你再根据校对后的意见进行修改就显得十分明智了。校对过程中尤其要注意的是：字词错误和其他错误。如果某件事重要到需要发布启事这个程度，那么这份启事很可能会被保留起来，所以请务必做到完美！

（2）贺词

相比于启事，贺词在我们日常的生活中显得更常用一些。

一般贺词的目的是祝贺对方并且表达出你对他的关注。对于如何增进朋友之间的关系，发送一份贺词是一个相当不错的主意。而且由于当下生活节奏加快，人们发送贺词的频率越来越低，所以在这个时候，这是一种保持联系、增进友谊、表达善意的最好方法。

在非正式场合中，可以用 QQ、微信等社交软件发送贺词。这个时候，如果你能将它打印出来，那是最好不过，因为这对于收件人来说将有更重大的意义，显得你更有礼貌。在职业场合中，你可以使用写信的方式。但在私人的场合中，你应当使用更高档的纸张来手写一份贺词。当然，使用事先印刷好的祝贺卡也不是不行，但一定要保证卡片上除了签名之外，还要有一些经过深思熟虑写出来的东西。

写贺词的目的其实很明确：就是为了对收信人表达认可，祝贺他取得某项成就、经历某件喜事。贺词最直接的作用就是：能够让收信人感到欣慰，让他知道你正在关心他、支持他。

比起使用常规的贺词模板，我建议你花更多的时间进行一场头脑风暴，然后再确定要写的内容，使得你的贺词更加与众不同。比如说，你知道他具体为这件事付出了怎样的努力，这个时候就详细地描述一下这个过程中的辛苦，然后分享一下你的看法和回忆，这样你的贺词就变得更加有意义了。其实贺词的语气有很多种，但具体还是要取决于你与读者之间的关系：你们彼此之间越是了解，那么贺词就可以越发温和，越发个性化。

在正式誊写在卡片上之前，最好先打一个初稿。完成初稿后，先浏览一遍。目的是能够多站在对方的角度想一想，设想一下如果你是收信人，你愿意收到怎样的贺词，自己收到这样的贺词会作何感想，能不能写得更个性化一些、更有意义一些。抱着这种心态对初稿进行修改，会事半功倍。就这样重复修改，直到自己都满意收到这样的贺词时，就可以寄出了。

此外，也有一些特殊的贺词，比如退休贺词。退休是我们人生中的一件大事，它代表了一个重要的人生阶段的结束，同样也代表另一个生活阶段的开始。我们作为朋友和同事，理应为退休者感到高兴，并表达我们发自内心的祝贺。即便你只是买了一张贺卡，也要去花些时间写一些东西，祝贺他正在经历这重要的转折点。如下边的例子：

亲爱的朋友：

祝贺你退休了！

如果没有你，这里不会是现在的样子。你总是能慷慨地分享自己的业务知识，你有不可估量的才能，你是一个非常棒的同事。谢谢你为我们所有人做的所有事。现在是该放松一下的时候了，去享受一下和家人休闲的生活吧，我真为你感到高兴。请一定要给我你的私人邮箱地址，希望我们能保持联系，也希望能听到你退休后开启新生活的消息。

保重！

朋友

（3）感谢信

接下来我们再来聊一聊如何写感谢信。感谢信在我们日常生活中的用途可以说是最广泛的：过生日收到亲人朋友的祝福、过节收到节日礼物、办事受到热情的招待、不经意间遇到的贴心的举动，凡此种种，你感受到各种各样的善意都可以用写感谢信的方式予以回复。

写感谢信很少会出现错误，只要你想写，就去写吧，大家都不会拒绝别人的感谢！当然，你可以通过电子邮件发送感谢信，这是最方便的一种，但一定要记住这种方式仅仅适用于对一些小礼物、小事情表达感谢。在比较正式的感谢中，最好以手写卡片或手写信件来表示自己的诚意。在婚礼、收到节日礼物或造访他人家中这类情形下,更合适使用手写的感谢信。具体情况还是要根据自己的判断决定,如果实在拿不准,那就寄手写的卡片或信件吧,毕竟事情做得过头总比做得不够要强。

写感谢信的首要目的是对某人或某事表达谢意,但还有一个重要的目的,就是增强你与收信人之间的联系。试想一下,只需要一封有礼貌的感谢信就可以为你在别人心中保持一个良好的印象。同样,你和收信人的关系决定了这封感谢信的内容和语气,写给亲人和写给不熟悉的人的感谢信是完全不同的。但不管如何,对内容进行适当的头脑风暴是必不可少的。一旦你说出了"谢谢"两个字,紧接着就是要考虑清楚,是要为某件礼物表达感谢,还是为某件事表达感谢,同时还要补充一些具体的细节。在这些都确定好了之后,接下来要做的就是在开头表达"谢谢",在结尾处再重复一次。

需要注意的是,初稿一定要用自己的语言来写,用自然亲切的语气表达出内心真实的感受。之后通读一两次,觉得没问题了之后,再将自己放在对方的位置上看一看,思考这封感谢信与你们之间的关系是否匹配,够不够真诚,有没有说全。在感谢信寄出前,一定要确保自己修改了必须调整的地方。

(4)请柬

从结婚、孩子的生日宴到正式的聚会,我们都会为了各种各样的活动发送请柬。这个时候,如果能够把邀请当作这些活动的一部分,那对你书写请柬会有很大帮助。邀请可以为活动定下基调,也可以让读者有所期待。请柬看上去似乎很简单,内容也不是很多,但如果你想写好一封请柬,那是一定要花些时间的。比如说,一个不小心你漏掉了重要的信息——时间、地点、人物,那么接下来你要去弥补的事情就会非常多。

在社交软件发达的今天,不是特别正式的请柬一般会通过社交软件,如QQ、微信、朋友圈、H5动画的形式发送。但针对婚礼这类正式活动的请柬,应当通过精美的印刷制作的纸制品寄送。发送请柬的首要目的应当是进行活动说明,比如婚宴的时间、地点和人物。当然,你要让收到请柬的人感受到希望他能够参加活动,并根据这一点来提供一些相关信息。

除了这些基本信息外，请柬的另一项重要任务是，让收到请柬的人可以明确地了解活动相关的完整信息，比如：要带些什么、穿些什么、时间、地点、参与人物等。这个环节中最重要的一个问题是，我们是否把这些信息告知给收请柬的人。

在你思考要把请柬给谁的时候，可以向自己提几个新闻记者式的问题："什么人、什么事、什么时间、在哪里、为什么、怎么做。"当然，千万不要忘了给收请柬的人预先留一些空白的地方，以便你可能还有其他需要补充的内容。

写完请柬之后，你可以把初稿先交给别人核对一下，来保证自己是否把信息都填写完整了。同时，还可以让别人帮你检查一下收请柬的人的信息是否正确，如果错误，会让你后续的工作非常麻烦，也会让收请柬的人尴尬。如果刚好碰到对方是一个小气的人，可能他会记一辈子。

（5）道歉信

日常生活中，我们很容易做出说话不经大脑或者考虑不周、粗心大意等行为而给别人造成伤害，这个时候我们就需要写一封道歉信向被我们伤害的人真挚地道歉。如今是网络时代，道歉已经不仅仅局限于书面上或者是面对面，而是可以通过电子邮件、微信、QQ、微博等各种社交软件去呈现。

如果你深深地伤害了对方，那么我们就需要给对方写道歉信。你要让读了道歉信的人明白，你很重视你们之间的关系，不想因此而损害你们的关系，因为自己的不小心而伤害了对方，你对此感到很抱歉。

这是我们写道歉信的目的。那么道歉信应该如何写呢？

首先，你要告诉对方，你意识到自己犯了很严重的错误，给他造成了伤害和痛苦，你对此非常抱歉。同时，你还要告诉他，你接下来要如何弥补自己的错误，避免再次发生。其次，你要和他进行感情上的沟通，告诉他你对他的印象如何，你们的感情如何，真诚地打感情牌，才能让别人心软。最后，你要再次重申，希望他能够给你一次机会，你也将不再辜负他。

写完之后，你需要再多读几遍，然后站在对方的角度去想想这是否是对方想要听到的道歉。

建议初稿写好后，先搁置一会儿，然后再重新站在读信人的角度去从头到尾审视一下你写的这封道歉信。

（6）情书

情书是我们常用的，最私人化的一种文书，我们必须对它进行情感上的把控，但如果你是一个文笔不太好的人，有时候你表达出的情感和写出来的东西是无法对等的。这就好比我内心炽热地爱你，可写出来的只是"我喜欢你"，明显情感程度就不对了。

只要你能够把你的真心实意通过书信的方式表达给对方，其实你的爱人就已经了解你的想法了，她感受到了你的爱，你也不必纠结自己的感情是否表达到位。

那么情书我们应该如何去书写呢？

首先就是把你的感受分享给对方，让其知道你写信的时候正在想些什么，或者是把你当下正在做的事情分享给对方，让对方看到信的第一时间知道你的动态。

其次，你要分析你写信的目的。如果这是第一次给对方写信，那么你需要正式一点，先称呼对方名字，告诉对方你写这封信的目的、意义，以及对方在你心里的位置。

最后，如果这已经是你们多次互相表达情感，那么你就可以写得生活化一点，让生活中的琐碎去帮助你表达你的爱。

写情书时一定要注意不要对你的情感有隐瞒，也不要怕你的感情太浓烈会让对方笑话你。事实上，爱情中的人，再腻歪，互相也不会嫌弃。如果对方表现出嫌弃，那么这个人显然不会是你的真爱。如果你们俩都不能坦诚地去和对方进行情感上的沟通，那么情书也就失去了它的意义。

总的来说，常用文书类的写作，是我们日常生活中必不可少的一个部分。它能够解决我们日常工作和生活的大部分问题。掌握了文书类的写作，当你拿到一个基础的稿件，就不会再烦恼。

2. 社会生活类写作：方法决定能力

除正式场合使用的文书，我们日常生活中也经常会有各种类型的写作。它帮我们维系着人与人的关系、表达着自己私人的情感观点、构建与别人的交流方式等，几乎我们每天都会接触到。并且，随着互联网的兴起，这种写作也扩展到了微信、朋友圈等社交软件上。

如何能够高效地和别人进行沟通？

我们每天都会面对与各种人的沟通，他们也许是我们的家人、我们的朋友、我们的同事，也许是陌生人。

沟通的方式有哪些呢？面对面交流、微信等社交软件交流、自媒体平台留言评论交流、邮件交流，就连门口的广告牌都可以成为你和陌生人的交流方式。

如今，只要连上 Wi-Fi，地球就变成村落的世界。能否和别人良好地沟通，这与我们的写作能力息息相关。通过写作，将会更加有效地让别人明白你的意图，也让你知道别人的想法。

常见的社会生活类写作包括以下几种类型：评论、给编辑的信、筹款信、志愿者招募信、社交媒体写作等。

（1）评论

社会生活中，我们常常都会对一些人、一些物进行评论。通常意义上来说，评论分成两种，一种是针对某一个问题发表观点，另一种就是客观评论。现在很多书籍、电影都会邀请一些书评人、影评人去针对他们新上市的书籍和电影做评论。目的是通过这些评论者的声音，来达到宣传的效果。

而评论真正意义上来说是发表"批评性言论"，而不是"评价性言论"，也就是说，这个东西是好是坏，我们要从正反两个方面去客观地点评。比如，它有哪些优点，有哪些缺点，是否值得花钱。

我们在发表评论的时候，首先要想出一个非常有力的，且与别人不一样的观点，把我们整体的框架打好之后，再去进行初稿的撰写。

如果你写的是一篇书评，想在杂志、博客或者是网站上发表。你还要整理一下可以简单表达自己想法的提要，因为在网络平台发表书评，它留出了给你写提要的位置，以便读者根据你的题目和提要去决定是否要读你的这篇书评。

对评论而言，文章长短格外重要，因此你应当尽量简短，参考格式如下。

开头：陈述观点，并描述近期发生的事件。比如最近出现了哪些政治决策，或是最近发生了哪些事把问题带回到了人们的视线中。陈述你在这个问题上的立场。

中间：公正地陈述反对方的意见，列出自己对这些意见的抗辩。

结尾：以有力的结尾结束文章，重申自己的立场，呼吁采取行动。

在你写完初稿之后，一定要再三检查文章的内容和语法，确定文章的语言已经是精简了的。

（2）给编辑的信

这是写作者会经常接触到的一种文体，它帮助我们和编辑建立联系，也是编辑对我们印象好坏的来源。所以这类型的信我们不仅要在电子邮件上去标注好稿件题目、作者和作品字数，还要标注好你投稿的方向。比如你是写仙侠，还是散文、诗歌等。

然后在信件的附件中把原文粘贴好，因为很多时候编辑可能通过直接阅读原文去看你这篇文章写的是什么，而附件是他在复查过程中可能会用到的。

总之，这两个细节都做好，编辑对你的印象肯定不会太差。

最后，我们在原文信件前面需要对编辑有一个简单的问候。比如，先问候他，然后告诉他你是谁，投稿什么栏目，希望他多多指导等，让编辑知道你是一个谦虚的作者。这样他才能在看到信之后对你留下更好的印象。

当然，有时候有些杂志还会开设读者来信版块，以此和读者进行交流。如果你需要写这方面的稿子，首先要对这本杂志或者是这个平台进行简单的分析，看看以往版块中已经更新了哪些问题，再把你有疑问的点整理好之后，通过电子邮件的方式发送给编辑。

这里有一个需要注意的事项，那就是尽量不要频繁更换电子邮件的地址和名称，否则编辑返稿给你或者通知你过稿发稿费，你都会错过。

（3）筹款信

有时候筹款信也包含了你需要别人帮你做什么而提出的各种诉求。我们这里主要以筹款信来作为讲解，学会之后你可以举一反三。

首先我们要明白，写筹款信的目的是要求看了你这封信的人，为你去做一件事儿，也就是捐款。

现在网络信息很多，如何才能让看了信的读者，去接受你的这份倡导，那么我们首先就需要给出一个令人信服的理由，来让对方帮助你。

这个理由，我们要从读者的角度去进行头脑风暴。比如说，你是读者，那么你站在什么样的角度才会去帮助别人呢？帮助了别人之后，你能获得什么样的好处呢？

正所谓"天下熙熙，皆为利来，天下攘攘皆为利往"，抓住了读者的这种不想吃亏，又想得利的心理，才能够让他和你建立关系。

格式可以是下面这样：

开头：用一个精彩的故事抓住读者。对某种迫切的需求进行描述，或对某项引人注目的筹款活动进行解释。写明你的需求，邀请读者捐助。

中间：描述你的理由、你要组织的活动，以及提供支持你能获得的好处。标出金额或是列出总金额。

结尾：呼吁大家行动起来，鼓励读者提供捐款，并且感谢他们的支持。

注意，写完了之后，一定要反复读几遍。更好的方式是去让别人修改，让别人看看读了这封信是否愿意去帮助你，顺便整理一下可能漏掉的信息。

如此，才是一封完整的筹款信。

（4）志愿者招募信

如今，越来越多的社会组织建立起来了，并且越来越多的人加入了志愿者行列，去贡献出自己的一份力量。那么在这样的过程当中，我们经常都会接触到志愿者的招募信，以便号召他们行动起来，给相关机构提供帮助。

有时候招募信就像是一种推销，其目的是煽动读信人的情绪，让他在一些情景当中能够完全去贡献出自己的时间和精力。

因此我们在写招募信的时候，一定要以鼓动和情感煽动为主。

也需要先站在读者的角度去看看，他们会抱有怎样的心理才会去做这件事。

如果你是给某一群体第一次写招募信，那么你需要向对方表达你是一个怎样的组织，你们做了哪些事情，你需要一个什么样的志愿者来达到你什么样的目的？这是我们信件中最基本的信息。然后你再去找一种合适的语气和场景，站在读者的角度，来鼓动他们对于贡献的这种热情。

例如，你想要给山村的孩子们招募志愿者，目的是要他们去山村支教。那么我们就需要思考一下读信的人们，他们想要从中获得什么，是去体验生活，还是去了解帮助中国的教育，祖国的花朵？还是从中获得快乐，去结识新朋友？

在有了这些内容之后，记得完成的初稿一定要精简。

（5）社交媒体写作

社交媒体一般包含了微博、微信朋友圈、QQ空间、博客、贴吧、微头条等这种带有圈子类型的社交媒体。在这种媒体上面发表东西，我们首先要明确写作目的。比如说，我的微博会更新一些读书笔记、一些优美的句子、一些书单推荐。它是根据我个人的喜好去更新的。同时，我们也可能去转载评论一些社会上的实事热点。但无论我们写什么东西，都要在每一次的写作中明确我们的目的。

目的明确，你的读者才知道你要表达什么。

其次，要明白你的读者是谁。

也就是说，我们在更新一些东西的时候，不是胡写乱写，哪怕仅仅只是写你个人的生活，也是有受众群体的。你只要发到了网上，就会有人看见你。一般来说，社交媒体都会在后台去分析你的用户群体。是男性还是女性，是多少岁到多少岁，是在哪个城市，是什么学历，用的什么手机。

这不是胡乱给你去分析的，而是让有需要的人清楚你的用户想要看的是什么。比如我的微博一般是更新读书类的话题，后台显示阅读的人群都是20岁到45岁左右，那么这部分人群所覆盖的读书类的话题有哪些，其实是根据他们的性别、年龄来定的。

如果是男性偏多，那么他们肯定不会去看一些情情爱爱的东西；如果是女性偏多，那么她们肯定对于一些科技类的东西没有男性那么感兴趣。

再者，你需要对你发布文章的平台做一个简单的属性总结。

这是什么意思呢？因为每一个平台都有它自己的偏好和性质。即使是同样的话题，放在不同的平台，反响也是不同的。

比如我曾经更新了一个关于学习心理学必看的书单。发布到微博之后，很多读者都非常喜欢它，可放在抖音或者朋友圈却反响平平。

对于这种现象，不要感到难过，这是正常的，这是每个平台的属性决定的。就像微博的年龄普遍年轻化，而成熟一点儿的人喜欢在今日头条上去看新闻。

平台的受众年龄层不同，自然你发布的东西也有所不同。记住：你不可能要求所有平台的粉丝都爱你。

最后，无论写什么文章都要观点鲜明。这一点对于我们的写作很重要。无论是长篇还是短篇，哪怕你写的是一句话，也要把你的观点展现出来。千万不要以为短小，就不去做这件事，这是让读者了解你在写什么的前提。

就好像我去找你，我站在你面前的第一件事就是告诉你，我对你很不满。这是我的观点。接下来我会告诉你为什么我会如此生气，等等。这些话，都是建立在"我很生气"这个观点上去执行，别人听起来才明白你的意图。

假如我一上来并不告诉你我的观点，只是对你说，你在这里乱扔垃圾，非常不讲卫生，导致周围环境很差。你会有什么反应？是不是听起来一头雾水？但如果你在末尾加一句：我对你很不满！别人是不是一下子就清楚明白了？

这个比喻很形象，因为个人社交平台大部分人更新的可能都是自己琐碎的事情以及自己对某些事情的评价。

总之，社会生活类的写作大部分在于沟通交流。如何让你的沟通交流高效进行，带着你的目的，摆出你的态度，拿出你的方法，别人将会更好地理解你。

3. 策划文案类写作：提笔就出好文

策划文案类写作是工作生活中常常会用到的，是营销体系中最最重要的一个环节。因此，写好策划和文案是我们在工作中个人竞争力的体现。而它最显著的一个特征是能够让你的客户看到之后有一种归属感。

这个时代营销做得最好的是哪个企业？这里不得不提到杜蕾斯。

杜蕾斯每一次出品的文案都让很多人拍手称赞。比如，它曾经和星巴克合作出了一款文案：

@杜蕾斯：每天都想在杯子上见到你的名字。

乍一看，还挺普通，但中华文化博大精深，"杯"这个字，不仅指代星巴克，还指代杜蕾斯自己。从而让简单的构思变得不那么简单。

和世界自然基金会合作：

@杜蕾斯：别让那些想直接表达的爱，濒临灭绝。

这个文案看上去平平无奇，但如果你仔细了解背后的意义，就会发现，原来文案中所指的爱是大熊猫表达爱的方式——间接地在树干上留下标记。整体来看，不仅倡导了大家不要让爱濒临灭绝，同时又把两家企业的共性结合起来，让日常生活中的细节表现出了一种强烈的冲击力。

和天猫的合作：

@杜蕾斯：剁不掉的，是我想打开你的手。

剁手是天猫的最爱，这是天猫企业的性质，而打开你的手，同时又是天猫和杜蕾斯两家企业的共同特性，从而让整体文案在普通里又呈现出了别具一格的想法。

这就是文案界的教科书。

那么怎样才能写出好的策划文案呢？仔细分析杜蕾斯的教科书式文案，我们会发现，他们在写策划的时候，常常能够把品牌双方的产品属性结合起来，再利用某一品牌本身的特点，给人意想不到的结果。

同时他们的文案里的文字并非天花乱坠，相反，所有的文案几乎都是平平无奇。但是在这种普通之中，又能够让你读到一种惊喜。

这就是我之前反复在强调的：真正好的东西，并不是文笔天花乱坠，而是接地气。因此，我们在写策划和文案的时候，也要从这种接地气的方向去思考，让我们的受众找到归属感。

那么如何去寻找归属感呢？首先我们要从策划文案的本质说起。

什么是策划文案？

文艺地说，就是一种软文，让别人知道你的产品；通俗地说就是变相打广告。

来欣赏两个著名的软文：

  Macbook Pro：每一像素颗粒，尽显澎湃动力。

  Macbook Air：满载动力，满足你的一天。

苹果电脑家喻户晓，仔细观察它的文案，其实就是在变相告诉人们：我的产品像素很高，我的产品待机时间很长，我的产品如何好。而这些都是非常基础的文案。因为大家一看就知道你是在打广告，可能读完了之后，对你就没有任何的兴趣了。

无法引起客户的好奇，只是表达了产品的属性，这样的文案，我们把它叫作初级的软文。定义就是：直白地讲清楚了产品的特性，没有其他作用。

那么什么才是中级的文案呢？

定义是：初看时不像广告，却把产品的属性灌输到了你的脑海，直到收尾时，你才恍然大悟，原来它讲的是这个。

比如：减肥茶刚兴起的那段时间，有一个品牌估计大家都非常熟悉，那就是碧生源减肥茶。可能到现在很多人都记得它的广告词——"快给你的肠子洗洗澡吧""不要太瘦哦"。

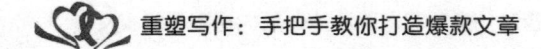

我们来分析一下这个文案。其实减肥茶里面有一个核心的成分，喝了之后会让人拉肚子。然后企业根据这个特点提了一个宿便的概念：强调肠道中有宿便，时间长了会危害我们的肠道，我们的肥胖就是这么来的。如果想要减肥，就得先排出毒素，因此要服用碧生源这个产品来帮助我们把毒素排出去。

根据这个逻辑，经典广告词"快给你的肠子洗洗澡吧"就这样诞生了。

你看，它初看时不像广告，但是却把产品的属性投射到了你的脑海里，然后你才会反应过来，原来它讲的是减肥茶。但是，这种广告针对的受众只是想减肥的那部分人群。

真正高级的文案是怎样的呢？

是从兴趣话题入手，吸引你进去看，然后你会发现它说的太对了，我要立刻买。

比如曾经家喻户晓的脑白金：今年过节不收礼，收礼还收脑白金。

广告一出，几乎所有人送父母礼物都会优先考虑脑白金，并且这一下就坚定不移地让人买了十几年。但是脑白金到底是什么呢？它其实就是一种保健品。它的老板史玉柱在当年创业失败之后，在跟老大爷聊天时，谈到老大爷想吃保健品可又不好意思主动开口让儿子给他买，随后自己买了保健品放在屋子里比较显眼的地方，以此来提醒孩子以后买礼物就买这种。这个老板从此得到启发，把文案改成了这么一句话。

结果，企业真的靠这个文案翻身了。

通过对文案的这三种层次的区分，我们会发现，真正高级的文案，不是看完了说"这个文案真的好出色"，而是说"老板，给我来一个"。

用一句话总结，就是文案是通过文字变相地去卖产品，所以我们的重点还是要在文字上面。

接下来，我们了解文案写作的几个要素。

要素一：有购买理由

回想一下，我们大部分时候买东西最初的动机是什么？是我们缺这样东西，所以我们才要去买它。

也许你会问，有些人即使不缺某种东西，看到之后他也还是会去买，那这个理论是不是有些偏颇？

首先，当我们的商品面对的受众是所有人的时候，你要明白，那些不缺东西还会去买的人，往往是不缺钱的。但我们所面对的受众里面，会有一些贫困人群以及低收入的人群。这些都是我们需要考虑到的。

其次，任何人都有需求。即使他不缺这样东西，他依旧可以囤货。

因此给别人一个确定的目的，或者是一个确定的理由，是我们的东西能够推销出去的前提。

比如王老吉当年特别火的那句文案：怕上火喝王老吉。它给客户的理由就是你怕上火。

而它的这个理由也非常明显地结合了自己的产品，让群众记住了这个商品的属性。等到你真的觉得自己会上火的时候，你就会去买这个产品。实际上王老吉的降火功效到底有多好呢？或许并没有它说的那样。但是正因为它给出了受众一个必须购买的理由，从而获得了更多的受众。

这就是给别人一个确定的理由，或者确定的目的的奇效。

要素二：抓住痛点

每个人都有自己的痛点，也许你不够高，也许你不够帅，也许你不够美，也许你很孤独，也许你很缺钱，等等。最精妙的文案就是从你的痛点出发，以假装温暖你的名义，去售卖自己的产品。

美容行业的文案是我们最常见的痛点型文案。

比如：

"你的美不止一次。"

"上帝给你的缺陷我们来帮你完美。"

这些痛点型文案，是最深入人心的一种方式。它是通过分析你产品的受众人群最常见的一种特点，然后把他们的痛楚明目张胆点出来。

中国人讲求含蓄，很多时候，我们会把我们的痛点给掩藏起来，从而压

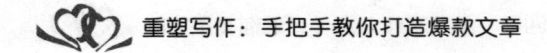

制住我们的情绪。就像之前脑白金的案例，老年人羞于对自己的孩子提出购买保健品的需求，而脑白金就明目张胆地把他们的遮羞布给扯掉，从而让你的受众或者是为你受众付款的那个人恍然大悟，为你的产品埋单。

因此我们说，要素一和要素二结合起来，能够让你的文案更加完美。

要素三：打消用户的顾虑

人无完人，产品同样不是完美的。我们在挑选伴侣的时候尚且需要详细斟酌，那么很多我们产品的受众，在面对产品的展示时也会有很多的顾虑。

一个优秀的文案是能够通过文案打消顾客对我们产品的顾虑，了解我们的产品可以让他们买得放心，才是客户想要的。

要素四：凸显产品的信息

写好一篇能够深入人心的软文，产品信息是最核心的要素。如果你的一篇文章，连基本产品的属性或者它是什么东西都说不清楚的话，那么你写再多的文案，再多的策划都是不行的。

可以说产品的信息是整个策划文案类写作中最核心的东西。

以上四个要素如果全面展示在文案里，你的文案将会写出归属感。你的客户也会在看完之后详细了解这个产品以及它的功效，那么也会愿意为之付款。

记住：你缺少一个，他的疑虑就多一个，不买的理由就多一个。

我简单总结了几款文案类型，希望对你有所帮助。

（1）直白型

这类型的文案属于基础性文案，就跟我之前举的苹果电脑的那个文案是一样的，我们的产品有什么优点就直接写出来。不需要弯弯绕绕，让人家非常直观地感受到我们的产品是什么东西，有什么功效，我们为什么要买它。它解决了我们什么样的顾虑，什么样的痛点，等等。

（2）故事型

故事型文案，它比基础文案要好一点，却又比中级文案要低一点。它是介于初级和中级之间的一种类型的文案，主要输出就是故事。

故事的特点就是温情详细，但有时候它也有缺点。比如我们的产品也许在故事里确实提到了一点点，但是却没有提到它的整体功效、它的整体特点和它的整体属性，那么给客户的产品信息就很容易出现一些偏差。

你要记住，在公众号上做销售，要看起来不像销售，因为客户预先没有需求。如果你看起来像销售，那么他会转身就走。我们要做的就是讲故事，让客户在预先没有需求的情况下入戏。等到他被故事吸引，你通过故事的层层推进，把他预先没有的需求激发出来，然后再去讲产品，那么销售就是水到渠成的事。

公众号销售是结果，不是过程。要懂得讲故事，讲什么故事呢？讲真实的用户故事。要明白基本上所有产品都是为解决一个核心痛点而生的，而你的故事就应该是用户使用产品解决痛点的案例故事。

如果你实在没有灵感的时候，可以采用故事型去撰写文案，它可以保证你不会出错，但是也不会精彩到哪里去，除非你的故事改编得非常好，就像前几年非常火的小猪佩奇。

（3）场景型

场景型文案的特点就是把我们的这个产品放到特定的场景里面去。这类型文案在租房买房上面是非常有用的。比如客户要买一套房子，利用场景型文案，我可以这样写：

小区出租户比较少，没有广场舞、学校噪声等困扰。小区内有菜市场、超市、健身房、篮球场，等等，可以满足你所有的生活配套。小区交通便捷，五分钟就可乘坐公交车，十分钟就到达地铁站。

你看，把我们的产品放到场景中，瞬间就让我们的客户有了代入感，就能够让他体会到我们产品的好处。

这种类型的文案适用于一些非常实用的产品。记住，不是所有的产品文案都能用这种类型。

（4）热点型

热点新闻啊，那就很好理解了。就是我们身边最近发生了什么样的事情，结合这个事情，我们的产品又怎么怎么样。

（5）对比型

对比型其实更好理解，它也是很多广告文案中常常用到的手段。比如说手机在改革的这些年当中，常常会出现的一种广告文案，就是拿手机跟我们的硬币的宽度进行比对。最开始和一元钱对比，后来和一角钱对比，现在和一分钱进行对比。然后撰写文案时就写，"我们的手机比一分钱的硬币还要薄"，如果你是一个在乎手机薄厚度的受众，那么他们就可以轻易地打消你的顾虑。

记住，在我们撰写策划文案的时候，一定要让文案看起来不是在卖东西，而是让读者去挖掘和发现，这样才能激发读者的兴趣。

新媒体时代，我们的文案平台就变得多种多样了，从公众号、微博，到头条等。我们的文案也变成了长长的一篇文章。

那么在这个时代，我们写文案应该注意哪些事情呢？

①注重长短句结合。新媒体时代，人们的阅读方式也跟以前不一样了。比如说以前的长句，现在变成短句，以前的长篇，现在变得简洁。因此我们在撰写一篇文案的时候，一定要反复看一下我们的文章中有没有哪些句子看起来特别特别长。

②校对很重要。如今的网络营销，很多时候都是甲方只提供想要合作的方向，而撰写是由接广告的这个人来写。打个比方，我以前就职的公司就是去接大公司的合作项目，然后拿给我们自己的文案写作部门去撰写，完稿后再发送到我们自己的平台。而甲方就会根据平台读者们的反馈，再去给我们结算相应的营销文案费用。

如果是这样的合作方式，那么我们在推送文章的时候，就一定要去反复地校对错别字、校对语法、校对标点。只有做好了这几点，才能保证文章万无一失，你的合作方才会持续跟你合作。

细节决定成败。

③平时多读别人的文案，收集灵感。灵感源于生活，生活中一定要关注

各个行业的文案，取其精华，去其糟粕，多积累，才能让灵感在你需要撰写文案的时候立刻到来。

营销是一个企业必不可少的一个部门，文案写作更是营销体系中最重要的一个环节。我希望经过这一小节的学习，你能做到提笔就写出一篇文案。

当然，好的文案还需要好的写作功底。去消化这些技巧，掌握这些东西，今后，你就是一个能提笔就写出策划文案的人。

4. 文学创作类写作：价值才能产生共鸣

所有的写作里，文学创作是最复杂、最需要精神产出的一种。世界上每一天文学创作都很多，可成为经典的却占比很少。那么文学创作类写作的技巧是什么呢？也许当我们明白了它的价值之后就容易上手得多。

德国著名作家歌德曾说："我只不过有一种能力和志愿，去看去听，去区分和选择，用自己的心智灌注生命于所见所闻，然后以适当的技巧把它再现出来，如此而已。"

由此可见，文学创作需要作者把自己的情感作为源动力，去驱动文字组合成千万的思绪。因此，作者本人是最重要的一个环节。

但同时，也需要基础的文学知识。比如，文学类创作到底包含了哪几样？体裁形式如何，写作技巧是怎样？怎么才能源源不断地创作？

四大文学体裁包含小说、诗歌、散文、戏剧。小说是叙事型文学体裁，需要塑造人物和情节环境来表现社会生活；诗歌需要韵律，通过抒情来表达强烈的情感；散文是没有严格的韵律和篇幅限制的文学形式；戏剧是为戏剧表演所创作的脚本。

这四种文学体裁，小说最为复杂，所思考的东西最多，因此，我们在讲文学创作类写作的时候，重点讲述小说的基本创作。

◎ 小说

在当今小说泛滥的年代，越来越多的小说慢慢都忽略了创作技巧，盲目地追求快感、流量、金钱，从而导致滥竽充数等现象越来越多。再加上处于"短、快"的时代，观众对于小说的长短、情节等的要求都变得和以前不一样了。

我们想要写小说，首先要了解小说的基本知识。

"小说"一词最早出自《庄子·外物》："饰小说以干县令，其于大达亦远矣。"现代对它的定义是：以刻画人物形象为中心，通过完整的故事情节和环境描写来反映社会生活的文学体裁。

这就说明了小说首先需要以某些人为载体，非常详细、全面地反映社会生活中各种角色的价值关系的产生、发展与消亡过程。所以它也算是最复杂、最能让人发挥想象力的载体。

以此我们延伸出了小说的三个要素：人物、情节、环境。新手想要写出一篇好的小说，也是要从以下这三个要素入手。

（1）人物刻画

人物是小说的核心，没有人就没有故事和发展，正因为如此，优秀的小说里总有至少一个让人难以忘掉的典型人物，或者说有一个让人看到之后，反映出人心的角色。

最典型的就是余华《活着》里塑造的福贵，让你第一次读这个人物，就立刻记住了他。这就是一部优秀小说里人物的魅力。

小说的人物是复杂的，这是体裁本身决定的。因此，我们在前期塑造一个人物的时候，绝不能单纯地用简单的一个词去概括这个人，而应根据人性的特点，对其进行细致的描写。

例如：这个人的性格正反面是哪些？这个人物有没有自己独有的习惯性动作？这个人物有没有自己的小表情以及他的三观是怎样的？他心里所坚持的是什么？他的优点缺点善恶喜憎是哪些？

如果你一时半会儿想不到特别贴切的人物形象，建议你拿身边的人，或者你认识的人，甚至是听说的人，进行拼凑。正如鲁迅所说的："人物的模特儿，没有专用过一个人，往往嘴在浙江，脸在北京，衣服在山西，是一个拼凑起来的角色。"

总之，我们必须在写小说之前把人物形象打造好，否则，如果人设崩塌，就不仅仅是白费心血的事情了。

有了刻画人物的方法，我们还需要明白各种人物如何处置。特别是主角和配角之间错综复杂的关系应该如何设置。这决定着我们接下来的情节的展开。

一般来说，配角分成三种类型，第一种是正面，帮助主角成长；第二种是负面，也就是阻碍主角成长；第三种是中间型，也就是他给主角带来的不是好的、也不算坏的影响，同样也不会妨碍主角成长或者促进。

无论是哪种类型的人物，一定要记住他的出现是有他的目的的。不要平白无故地增加一个没有什么用的角色，也不要省略一个对于情节推动有很好作用的角色。比如，突然出现一个人物，你花了大量笔墨去写这个人，结果故事发展到后面，这个人莫名其妙就不见了，那他出现的意义是什么？带给了主角什么？如果他什么都没有带来，那么他是一个毫无作用甚至不用出现的人。

总之，人物的刻画应该详尽、到位，应该是一个让你的故事变得圆满的存在。

（2）情节刻画

小说的情节主要分成四个方面：开头、发展、高潮、结尾。有的还包括序幕、尾声。但作为新手小白来说，只需要把前面这四个部分写好即可。

①开头。小说的开头是整部作品的精品片段，它决定着你这部小说的基调、故事背景的交代，以及入戏。因此我们在开始的时候，可以采用倒叙，用激情或者高潮的片段先声夺人，也可以直接按照事情或者时间的发展，用设置伏笔和悬念的方式来吸引读者的注意。

但我们一定要把应该交代好的关系、故事背景、人物性格、故事走向都交代好，否则读者一开始就读起来云里雾里，后面写得再好，可能也只能等有缘人去挖掘了。

②发展。故事的发展往往是由很多小的故事片段组成，而这些小的故事片段之间又像过山车一般，时而上、时而下、时而缓和、时而急促。有这样一个高低起伏的过程，才能让读者的心情跟随着故事的发展起伏，从而抓住

读者的视线。也就是说，故事的发展是有自身节奏的。切不可太快，也不可一味慢吞吞，而是快慢结合，以求故事能够更加精彩。

故事的发展还有一个小技巧，那就是学会埋伏笔。伏笔像是整个故事的线索一样，在推动情节发展的同时连接一个又一个小片段，使其独立又与主题相关。一般小说里的伏笔有很多，每一个片段之间也不相同。它可以是不经意的一句话、一个物品、一个人，但是一定是要跟你的情节相关，且能够推动故事往前走的。并且，一定要有互相呼应的收尾，才能达成一部完整的小说伏笔作用。

③高潮。故事的发展总会走向一个高潮，最后悄无声息地落幕。因此，高潮是小说高光所在。千万不要整篇小说走到最后，连一个高潮点都没有就平淡收场，否则，你写小说就变成了浪费时间的事情。因此，我们在做小说大纲的时候，就应该认真地去把高潮部分策划一下。定好高潮的点，才能够定好剧情的走向。

那么高潮是否只有一处呢？不。高潮可以此起彼伏，也可以连续不断。只要我们不脱离实际的框架，那么你多次持续地设置高潮，也是刺激读者阅读感观的利器。不过，如果你这样做，那么结尾就得好好想想了。否则，一部伟大的著作可能就败给了烂尾。

④结尾。小说的结尾和其他文章的结尾其实相差不了多少。它在内容上是随着你高潮的落幕而设置的，在写作技巧上是需要我们与主题呼应、首尾呼应、揭晓所有谜底等。

很多新人小白在写结尾的时候，常常直接是什么就写什么，不知道怎么设置结尾的伏笔和悬念。其实写作大神最喜欢的小说结尾是戛然而止，这样的方式，常常让读者心痒痒，让作者高兴不已。

总之，小说的情节刻画是重中之重，一切情节的发展都应该跟随着你的主题和线索。切记：不要让你的故事没头没尾，导致人设中途翻车。

（3）环境刻画

很多新人作者非常排斥刻画环境，总觉得是多此一举。可环境刻画真的多余吗？写作大神会告诉你，环境刻画是一种好得不能再好的方式，它不仅可以把你的情节推动起来，还可以让你的人物在环境里变得饱满。为什么会这样？

我们先从环境的基本知识谈起。环境包括自然环境和社会环境。

自然环境就是很多人都能想到的，比如时间、地点、白天黑夜、季节等。不过，这对于很多写作新人来说，想象起来也是十分困难的，因此现在很多的网文作者很少去做这方面的撰写，甚至有的作者直接省掉了这个部分。

社会环境就是你的这个人物所处在怎样的社会中，怎样的背景中等。它是交代人物生存环境、社会关系、时代背景等必不可少的部分。

千万不要省去环境描写！一部好的小说为什么能够让人有一种身临其境、富有情感的感觉？就是因为环境描写所烘托出来的气氛和人物性格，使整个故事鲜活起来。如果没有环境描写，你就少了很多基础设置，说不上是一部完整的小说了。

以上小说的三要素，每一个要素都必不可少。如果你想要写小说，那么在策划大纲的时候，也应该从这三方面去着手。但这也只是基本的知识。

小说的撰写还涉及很多技巧和步骤，包括如何运用修辞手法、如何抒情、如何描写人物等。但总的来说，小说的核心在于人性，而人性又源于生活。这就是为什么小说总是能够调动读者的情绪，让他们随之哭笑。

我们想写好小说，一定要熟悉人性，多观察身边人的一举一动，从而归纳成为自己笔下人物的性格。

◎ 诗歌

诗歌一直是我国历史悠久，但又不断推陈出新的一种体裁。它通过短短的几句话，就可以升华人的精神感情，从而营造一种文字的美。

（1）体裁形式

中国的新诗已经打破了传统古典诗歌的形式，以白话文去表现现代人的当下的一种思想。

（2）构思技巧

当下诗歌普遍存在着陈词滥调以及无病呻吟。这是因为在新旧诗歌的交替中，我们现在的这些诗人，对于感情的表达是缺乏一种内心观照的。

但是我们会发现，写得好的诗歌，背后都是有一定的寓意的。它有可能是一种精神的向往，有可能是一种现实的反映。但最终我们都会联结成一句话，那就是"价值"。

因此，我们在创作诗歌的时候，必定要把自己的真情实感和现实生活相互辉映，以求去创造一种带给世人的价值感。

（3）如何持续阅读来保持创作

在诗歌领域，有这样一句话："读书的人不一定写诗，但写诗的人是一定会读诗的。"因为在阅读的过程中，才会产生显示的这种冲动。同时在受到别人诗歌熏陶的时候，也会借助诗歌去表达自己的思想感情。

因此我们在读诗歌的时候，建议大家边读边记录，分析每一句诗想表达的东西和诗的构思角度、语言风格、写作技巧等。

一定要用赏析古人诗歌的那种方式去赏析现代的诗歌，才能真正把一首诗读透。这样，写出来的东西感情一定不会差到哪儿去。

◎散文

其实写文章并不难，但是写好散文却很难。你或许听过这样一句话，散文是"形散而神不散"。所以有时候，我们把那些类似于散文的文章叫作随笔。能真正称得上散文的几乎都是精品。

（1）体裁形式

尽管文学体裁对散文的篇幅没有做过多的要求，但仔细分析，我们会发现精品散文的篇幅一般不会很长。大部分在一千五六百字。同时它的文笔是十分精简的，长短句相结合，也用了很多技巧手法，让我们的写作变得有线索，有思想，有真情实感。

（2）构思技巧

要想写好散文，我们需要在语言、思想和结构上下功夫。

①语言。散文对于语言的要求是非常独特的。它可以没有天花乱坠的语言，也可以朴实生动，但是里面所表现的丰富的思想内涵是可以让读者读一

眼就能看出来的。

②思想。散文不是感时伤怀的东西，它是一种很宽泛的文学体裁，需要把你的个人情感上升到更加有高度的思想上面去，写出有积极性的东西。

③框架。框架是散文的脉络，它把散文的线索以及写作者的意图，以及全局的观点布局开来。因此，我们在写散文的时候，一定要先找到我们是以什么样的线索为框架。比如你是以事物为线索，时间为线索，感情发展为线索，空间为线索，人物活动为线索，还是理由为线索，等等。

（3）如何坚持阅读

要真正写好一篇散文，除了我前面讲的技巧以外，还需要我们在生活中进行丰富的知识积累以及阅读。

比如我们要仔细留意生活中的那些让你有很多感悟的东西。然后把这些东西变成你脑子里的东西，这样的话，你再写人的时候，这些东西就会自然流露出来。

然后我们要去阅读那些优美的散文，比如说朱自清的《背影》、冰心的《寄小读者》，这些都是非常经典的散文，通过分析它的框架、技巧、语言，从而保持我们自己的创作。

我有一个自己的小技巧，就是我会把那些写得特别好的散文打印下来放在我私人文件夹里，等到我需要创作的时候，会先静下心来，把那些写得好的散文去读几遍，找到那种写散文的感觉，然后再去整理框架，最后再动笔。

走过这个流程之后，我们创作出来的散文才能够靠近散文的那种精髓。

四大文学体裁，我们讲了其中三个，最后一个"戏剧"因为不常用到，所以在这里我们不必多说。总结以上三种类别的文学创作类写作，我们会发现，真正的创作是体现在作者的格局上的。换句话说，就是有价值的东西才能让人产生共鸣，才能被人们传唱和接受。

就好像我们在选择书的时候，很容易根据作者来选。这是因为我们对这个作者的价值观和格局是十分认同的。也就是说，这个作者写出来的每本书，都被我们默认为有价值。

第四章 类型写作：没什么是你写不了的

比如余华的书籍《文城》，哪怕你从未了解过这部作品，你只要听说是余华写的书，当下就会去购买。这就是作家的号召力。因为相信以他的格局写出来的东西一定不会差，所以无论他写什么，都愿意埋单。

因此，当你在进行文学创作的时候，一定要思考一个问题，你想要传达的价值观是什么。例如我在本书里反复提到，写作是有意义的、写作是有目的的、写作是有底线的，要想成为一个作者，首先自己就得三观正，无论你要写什么。

保持这种心态，保持正确的自己，才能够在写作过程中永远脚踏实地，守住自己好不容易得到的"宝藏"。千万不要在创作中沾沾自喜，人外有人，山外有山，永远自省才能永远进步。才能让你的作品永远都在成长，成为一部又一部经典。

这才是文学创作类写作者的坚持。

5. 新媒体文章写作：抓住趋势风口

全民写作时代，新媒体写作已经成为当下的一种趋势。无论是社交媒介上的聊天，还是公众号、微博、今日头条等平台上发表的文章，都是新媒体写作。当下，抓住网络开放时代的风口，才能去创造更多的价值和财富。

什么是新媒体？

相信这个问题是很多人心中一直想问的，在回答问题之前，我想再提出一个问题：在你的印象中，新媒体写作赚钱吗？

关于这个问题，不了解这个行业的人的回答是：这个太能赚钱了吧。

而靠自己没有任何经验地走进这个行业的人会回答：不赚钱。

可这两个答案都不是新媒体这个行业的本质。在快、短、勤的年代，新媒体行业作为一种快销产品，其实包含了两个部分。

第一是运营。运营又包含了对外和对内的运营。

对内：包括选题策划、排版、个人品牌设计等；

对外：包括粉丝的吸纳转化、外部关系维护、商业品牌维护等。

第二是写作。即把信息变成文字，再把文字转化成商品的写作过程。

如果把运营和写作比喻成一个工厂，那么运营就是新媒体的中流砥柱，它承担着后勤、前端、财务、销售等工作，而写作只需要负责自己的技术即可。

可以说：运营是核心，没有运营，这个新媒体账号几乎等于没做。

关于运营和写作的配比，大概就是 2 个运营 +1 个写作 =1 个基本账号。

新媒体基本账号配比	2 个运营	1 个写作
	选题策划、排版、个人品牌设计	写作

新媒体之所以成为一个行业，第一是它对于人的需求量非常大。发展到

今天，几乎每家稍具规模的公司都有自己的新媒体账号，以此来让外界了解自家公司，而每一个账号都需要1~2个人去维护。

第二是从业人员的工作量非常大。在这个行业里有一句流传很广的话，那就是新媒体人不配拥有生活，因为每天睁眼到闭眼全是数据、选题、热点，并且他们常常会为了一个选题挠破头皮或者打了鸡血一样征战两三天，仅仅只为了一篇几千字的文章。

第三是行业的延伸非常广。以前有句老话说，房地产带动了整个产业链，那么新媒体也带动了一系列新生的岗位，除去它自身的运营和写作岗外，还延伸到了审核岗，如我们在任何平台发表了东西，这些平台背后都会有专人24小时守在电脑面前去审核大量的信息；如商务岗，新媒体的特征是转化率，所以商务是非常重要的一块，一般账号达到了一定的体量，就需要有一个单独的商务去对接各个合作方。

以上都是基于互联网才能做的事情。因此，百度把新媒体定义为：包含了所有数字化的传统媒体、网络媒体、移动端媒体、数字电视、数字报刊等的，向用户提供信息和娱乐服务的传播形态。

其实简单来说，就是我们日常生活中接触的、包括但不限于微信公众号的一些平台。比如今日头条、百家号、一点资讯等。

那么新媒体写作到底是什么呢？

很多不熟悉新媒体的人以为把传统的东西搬到这些平台上面或者在这些平台上面发表文章就是新媒体写作了，甚至还有一些人申请自己的公众号，发表自己不能在报刊上发表的东西，然后就自称是新媒体人。

我要说的是：以上都不是真正的新媒体写作，顶多只能算是写作，或者说是抒发自己的感悟而已。真正的新媒体写作是有属性和时效性的。把握住了热点和选题，就像把握住了命脉一样，很快就能够得到大的流量和关注。

比如，仔细观察你会发现，有的人即使勤勤恳恳在新媒体平台写了一年的文章，阅读统计只有几十、几百，但是有的人却仅凭几篇文章便飞黄腾达，成为新媒体流量王。

这都源于他们把握住了新媒体写作的方向和特点。这对于新媒体写作来说是十分重要的。

举个我曾经的例子也许你会明白很多。

在我没有进入新媒体这一行之前，我仅仅只是在学校的时候接触过微信公众号。那时，公众号刚出来，我只是抱着试一试的心态组织了一群小伙伴做了一个公众号，我们平台所更新的就是类似于散文类的情感文艺型文章，虽然收获了一部分读者，可粉丝始终不过两千。

于是这个平台最终运营了不到一年，大家就因为各种原因各奔东西。

毕业之后，我辗转入职我的老东家，负责的便是公司最大的一个账号，也是全国前五的公众号。当时账号给外部作者的基础稿费是一千起步，加上阅读量提成等，每个月月底我会给外部作者申请好几万元的稿费，这仅仅只是一个作者的收入。

但是全国数以万计的新媒体写作者，真正能够靠新媒体写作获得稳定收入的人，比例其实是很小的。因此，网络上那些总是告诉你新媒体写作非常赚钱的信息不要听，因为如果你不懂什么是新媒体写作，那么你写出来的东西文笔再好，都是没人要的。

据了解，大部分想通过新媒体写作去做全职的写作者，对于新媒体写作的门路都没有摸清。那么新媒体写作到底是什么呢？

转化信息→制造内容→解决方案→获得收益

制造内容很好理解，就是写。但是内容是什么，才是新媒体写作最需要弄清楚的。其实内容就是把信息转化出来，成为一种解决方案或者成为一种收益。

比如知识类型的，是帮读者节约时间，让他们更高效地通过你分享的知识直接获得知识，不需要他们再去总结和归纳。

比如娱乐类型的，是读者可以通过你的内容去打发时间；

再比如产品类型的，是读者可以通过你分享的产品信息，就直接从你这里购买，节约了他们的时间，也不让他们再去挑挑选选地费心神。

而当你的这些读者达到一定的量时，也就是我们说的流量，不管是任何类型的账号，都可以用各种各样的手段把这些流量变现，这才是我们说的新媒体真正赚钱的方式。

而写作就是最最重要的一个环节，是把信息变成钱最核心的环节。

我有一个百万大号的朋友，她在粉丝仅仅只有五万的时候，一年至少能赚30万元。那么她变现的手段有哪些呢？商务广告、社群课程、分销商品、流量纯收益，等等。

因此，只要你学会新媒体写作，就同时拥有了转化的能力，短时间内就能大幅度地提高你的赚钱能力。

我把新媒体写作的特征总结成下面两个：

特征一：针对性强

每个人都有自己擅长的地方，新媒体写作也是一样。它是基于平台粉丝的喜好，去针对特定的内容进行深入的挖掘。比如，女性平台的关键词是两性、情感、家庭、成长等。那么我们挖掘写作选题的时候，就可以是：如何修补婚姻关系、如何成为一个更好的女人、女性应该如何独立，等等。

简单来说，就是平台粉丝需要什么我们就写什么。切不可本身是一个情感平台，有一天突然去更新科技类的知识，这就是自焚。因为我们的粉丝始终是网络另一端的陌生人，他们只会在乎他们自己的喜好，而不关注其他，我们一旦破坏了他们的喜好，也就面临着粉丝的取关。

也许你会说，取关一两个没什么，还是有铁粉的，但做一行爱一行，爱岗敬业是我们的态度。人想走得长远，态度很重要。

特征二：爽点要足

娱乐的时代，离不开"爽"。

"爽点"简单来说就是捕捉人群的特点。还是以情感平台来举例。情感始终是一大分类，我们需要的就是去捕捉这类人群潜在的特点，然后通过这个特点去讲痛点，从而引导粉丝的转化和稳固。

那么怎么才能爽呢？

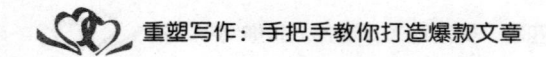

这需要我们分析平台粉丝的年龄阶段。

如果你的粉丝是处于刚做妈妈的阶段，那么给这类人群写东西，就需要深入新手妈妈的痛处。比如刚做妈妈的人，面临丈夫不管、婆婆不管、自己一个人带孩子的情况，那么她们的内心是非常酸楚的，把她们的这种心酸以她们的角度写出来，就能够到达她们的内心。

我们可以这样做选题：

新手妈妈的痛处				
针对婆婆	针对丈夫	针对单亲妈妈	针对婚姻	针对孩子
婆婆毕竟不是亲妈，不一定非要搞好婆媳关系	合格的丈夫是怎样的	单亲妈妈的心酸史和艰难	丧偶式婚姻没有必要	生孩子不是一个人的事情

然后我们在文末鼓励她们，她们也会帮助转发和引流。

记住：写一篇爽文远比写一篇平常的文章对粉丝的吸引和巩固来得强烈得多。

新媒体写作有哪些致命的误区？

由于现在越来越多的人以"新媒体写作能超过你的主业工资"为口号，号召很多根本不了解这个领域的作者开始写新媒体文章，导致现在的市场变得非常杂乱，作者们也苦不堪言。

总有作者觉得新媒体写作很难，又想要赚钱，于是花钱去报班学习；也有人认为要长期阅读才能写好新媒体文章……错误的认知会导致你哪怕努力了一年，都始终没有任何进步。

关于新媒体写作误区，我希望你在这里一次解决掉。

误区一：不是多写多练就可以写好

我们从小就被老师教育："勤能补拙。"因此，这样的思维已经成为一种定式，导致我们成年后无论遇到什么样的情况，首先想到的是通过勤奋学习，就觉得自己可以成功。

可事实上，如果你不懂得技巧，没有方向，不懂得通过方法去消化知识，那么无论你付出多少的努力，终究都是白费。

正如混沌大学的李善友教授说的："专业选手和业余选手之间的本质区别，并不在于掌握技能的熟练程度，而在于是否掌握了套路。"

新媒体写作也是一样，如果你想要弯道超车，或者是你刚进入这个行业不久，想要快速在这个行业立住脚，那么你不应该一味地、盲目地去写，而是要先去熟悉新媒体写作套路，找到适合你的方法之后，将这套方法熟练掌握，这样，你即使只用一个月，也比别人付出三五年的时间学习到的东西还要多。

而这样的方法，其实你只要用心分析，就会发现它们基本是一样的。下一章节我会告诉你如何去拆解文章，来达到我们对于新媒体文章的结构化掌控。

这里，我想给你列出几个适合新媒体新手写作的框架，几乎我的每一个新人作者都在这样的框架里找到了写作的套路。

比如前面我说过的"总—分—总"结构，这是训练中最常见、最简单的框架，它能够让你的文章首尾呼应，形成一种闭环。

"是什么—为什么—怎么办"，在新媒体写作中也常常用到。因为新媒体写作很大程度上是在解决用户的痛点及爽点，解决就需要给出为什么，具体写作框架参考第二章第五小节。

还有一种常用的方式，它比较复杂，适合已经把前面两种套路熟悉运用的作者使用：

观点—正—反—总结；观点—正—正—总结；观点正—反—反—总结（这三种可称为同一种套路）。

至于更加高级一点儿的写作格式，不太建议新手去触碰。因为高级的写作格式需要你拥有掌握全局的能力。以上三种模式融会贯通之后，已经可以解决你大部分写作问题，并且能够让你写得更快，逻辑更通畅。

误区二：新媒体写作不需要靠天赋和长期积累

也许你或多或少都听过，写作是需要靠天赋和长期积累的。这句话前一半靠天赋我不认同，靠积累是必须的。可这个问题放在新媒体文章上就不一定对了。

新媒体写作不一定要靠天赋和长期积累。

在如今的时代，打开浏览器，你就有大量的信息可以使用。只要你掌握了属于你自己的写作套路，基本上框架一出来，你所需要的素材往往可以通过上网去获得。

这就是新媒体写作。它不同于文学创作，它不需要你去积累灵感，或者是把你的创意、想法、故事、结构等全部想出来之后才开始动笔写东西。它是一个适合新手的最好、最快上手的体裁。

如果你是一个没有太多时间去准备写作或者是准备素材的人，那新媒体写作特别适合你。因为它不需要有长期的积累，或者是脑子里是否有大量的素材。你只需运用好强大的素材网站和信息搜索能力，就可以帮你解决这个问题。

换句话来说，对于一个新媒体写手来说，最重要的能力不是灵感或者天赋，而是你有没有能力去把你的文章进行格式化的写作，有没有能力去解决你的受众的痛点？

了解了新媒体写作的误区之后，关于新媒体的几个大问题，也希望你能把握住。

（1）如何才能提高自己稿子的采用率

首先我们要分析目前新媒体的市场现状：成千上万的平台账号、稿费高低悬殊。

在这样的市场下，我们提高稿子的采用率可以用以下办法：

①把握平台调性。前面已经说过，粉丝喜好决定着平台调性，平台调性决定着这个平台需要什么样的稿子。我们只有把握住了平台的类别和风格，才能准确地下笔，针对性地输出。

比如：先分析这个平台往期的稿子是属于情感、科技、商业还是知识分享等。如果连这个方向都不知道，就好像你拿日记去投稿一个财经类型的平台，牛头不对马嘴。

②把握平台写作风格。一个平台的文章，结构往往都有类似的存在的。只要类似，我们就有参考性。比如某些平台偏向情感观点的解说、某些平台偏向案例故事的阐述，侧重点不一样，写出来的东西不一样。想要快速过稿，阅读平台往期火爆的文章必不可少。

③找到推陈出新的观点。新媒体文章很明显的一个特色就是观点要鲜明：要或者不要，或者怎么做，你总得给你的粉丝一个交代。没有人会喜欢没有主心骨的东西，你的文章也是一样。

在明确了观点的重要性之后，我们需要明白怎么去找观点。其实，世界上观点千千万，大多大同小异。不同的只是，面对这个事情，你要站在你粉丝的角度，去替他们说话，去引导他们思考。

比如：遇上渣男，需要你痛批渣男，还是劝导女孩子眼界放宽；"社交癌"晚期，需要你引导他迈开步伐，还是坚守自己……这些都是你要给出的观点。切不可模棱两可，敷衍了事。记住：新媒体文章就是，你对粉丝敷衍，粉丝就会对你敷衍。

推陈出新的最后一个步骤就是：找到让人爽的观点。

（2）一篇新媒体文章的产出有哪些步骤

选题→内容→标题→运营

选题：即你要写的内容是什么，主题是什么，观点是什么；

内容：也就是用什么样的框架和技巧把整篇文章写出来；

标题：即吸引读者的爆款标题写作方式；

运营：即我们的文章发表之后，需要和粉丝进行互动，等等。

这是我们正规的写作流程，再结合之前讲的写作技巧，就可以写出一篇不错的稿子。

以上是对新媒体行业以及新媒体写作的大致讲述，其实写作方式已在第二章和第三章详细讲述。天下文章基础知识皆同，不同的只是针对体裁的不同，详略及方向的不同。

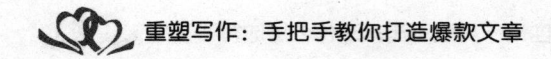

因此，我们之后在写新媒体文章的时候，先把以上的知识烂熟于心，运用我所给出的几个提高过稿率的办法，你的新媒体写作就算入门了。

当然，写作是存在个体差异的。文字的厚薄程度在于写作者的常年累积和阅历，我们想要真正地走进写作，让写作成为全职，一定要注意常年积累和总结自身的经历。相信自己的阅历，这世上没有人是一张白纸，除非你未来过这个世界。

6. 对话访谈类写作：简单即是精髓

有一种文体叫对话访谈类文章，我们生活中很少会遇到，但工作上可能会经常遇到。特别是记者以及要写一些人物访谈稿的作者们。它对采访者的能力要求特别高，不仅需要高强度的准备过程，还要高度集中精力和被采访者周旋，从而获得更多的信息。

如何完整地写一篇人物采访稿？

我们先从人物采访稿和访谈的定义说起。

采访稿基本定义为：记者为取得新闻材料而进行观察、调查、访问、记录、摄影、录音、录像等活动。是一种媒体信息的采集和收集方式，通常通过记者和被获取信息的对象面对面交流。

而访谈是研究者对被研究者进行寻访、访问、交谈的一种活动方式。

一般采访稿和访谈是结合在一起的。

采访稿的写作技巧在于你能否在前期完整地准备好资料。在你采访完之后整理稿子的过程当中，是否有足够的能力去进行裁剪和加工。

写好一篇采访稿，是比较复杂的一个过程，但这中间也有一些较为简单的步骤。比如，做好采访前的准备。

（1）确定采访主题

一般主题和目的是放在一起的，我们无论去采访谁，都是带着目的和要采访的大概选题去的。

如果没有采访目的，那么我们不仅在采访过程中会觉得没有丝毫的逻辑，也会让读者在读了你这篇采访稿之后，感觉很空，不知道在写什么。

你必须先确认一件事，你想让读者知道些什么，或者是你为什么要做这场采访，又或者是你的采访要带给别人什么样的启示，还是仅仅只是让别人知道这个人而已。

在专业领域方面，我们一定要具备比被采访人更宽泛的知识面，不要求深度，但宽度一定要比被采访人懂得更多。比如他是某一个领域的专家，你要去采访他，那你就要快速充分地去了解这个行业，给自己充电。

（2）确定被采访人的基本资料

如果你这篇稿子是写人的，那么你肯定是确定好了被采访者，接下来就需要梳理受访者的经历、基本资料以及他的人物关系等。比如他曾经读过什么样的学校，有着怎样的性格，办事风格是怎样的，最近发生了什么样的事。

一定要确保在对他进行采访的过程中，避免被引入一个不太了解的知识领域，因为那会让我们的采访变得非常被动。如果你的这篇稿子写的是一件事或者是一个物品，那么我们就需要围绕跟这件事有关系的所有人去做访问，确保没有遗漏跟事件有关联的人。

（3）确定采访的背景

这是很多人经常会忽略的一个环节。你要知道无论发生什么样的事，要去采访一个人，或者采访一件事，始终会有动机存在的。

比如说，你要采访的是一件事，那这件事是怎么发生的？又或者你要采访的是一个人，那么媒体平台是以怎样的角度对他进行采访和报道的。一定要详尽地去挖掘这个人物或这件事背后的关系。接下来再去分析对于这些背景你有哪些不明白的地方，这些地方就是你在采访中要重点提问的点。

（4）整理线索（采访提纲）

线索是串联我们整篇采访稿的关键。我们在整理好被采访人或者被采访事的背景和基本问题之后，就需要对我们的线索进行一些简单的整理。比如说你采访的是一个事件，那么这件事按照时间发展顺序来说，在每个时间点具体又发生了什么样的事？如果你是采访一个人，那么从以前到现在，他有了哪些成长？他的成长也是一个线索。无论是哪种方式，你的每一篇采访稿都需要有一个清晰完整的线索去串联整篇文章，也只有这样，才能够让你的读者把文章看清楚。

（5）设计问题

通过上一个步骤，我们把线索整理好之后，这个时候也大致了解我们要问哪些问题了。接下来我们要做的就是去设计问题。问题不是随便设计的，而是根据前面了解到的信息和背景里不明白的地方，再与你线索的时间线进行对比，做到相辅相成，环环相扣的问答。

采访其实就像是流水线一样，像树枝的分杈。越是往下走，分杈之间的关系就越密切。每一个分杈就是一个问题，当你慢慢地去把每个分杈的问题都了解了之后，就挖掘到了事件的真相或者是受访人物的本质。

在这个阶段，应尽可能地列出所有你觉得可以去体现这个人或这件事的线索。采访名人时，哪怕去准备一篇采访稿，要列出来的问题大概都有上百个。所以不要怕多，不要怕后期用不上，事实上很多问题最终成稿的时候用不上，但是这不代表你就不需要去摸索，因为每一个问题的答案其实都是和其他问题相辅相成的。

（6）寻找漏洞

列好问题之后，我们的准备阶段并没有结束，因为我们还需要回头去看一下我们准备的这些问题，是否和这个人物的背景相符合，去整理一下我们自己的逻辑，只有这样才能够让我们的采访减少漏洞。

当以上这些准备工作都做好之后，我们就可以去采访了。

采访过程中，要跟着我们的线索与采访对象交流。也许在采访过程中，采访对象不会沿着你的思路去走。在这个时候千万不要慌张，你只需要把握好采访主题，就不会出现你的问题没有问完的情况。

如果采访对象在采访过程中没有根据你理想的要求回答，你可以先比对一下你的问题和预期回答，他是否回答了相关内容，如果没有回答的话，你可以紧追着不放。然后把这些新的问题先记录下来，随后再次询问。

采访过程中，以下几点需要格外注意：

①核心内容，开门见山。不要一上来就问人家一些无关痛痒的问题，因为这类问题一般得到的也是无关痛痒的回答。这对你的采访没有任何的用处，并且浪费你的采访时间。

②由浅入深，追根知底。我们在采访的时候，不要一上来就问一些尖锐的问题，这会让受访者感到不舒服。我们应该让受访者慢慢放下一些心理上的包袱，静下来跟我们做平等的问答。想要实现这个效果，需要我们在最开始提问的时候，先礼貌地询问一下，比如说问他一些日常的问题，或者是宽泛一点的话题去营造气氛，慢慢引导被采访者进入正题。

③引诱提问，论点鲜明。在采访过程中，受访者有时候会比较敏感，会和我们争辩，那么这时候就需要我们去引导对方，让他把那些不敢说出来的东西表达出来。而且，我们这个时候一定要善于去观察受访者的表情，读懂它表达的受访者的内心情况。此外我们还要去聆听受访者的话外之音，以便把握对方话语的力度。

采访完成之后，我们还需要花费很大的精力对整个采访稿进行阅读和分析。要把这些碎片化的东西整理成一篇完整的采访稿。

首先，我们整理的时候，千万不能把重要的资料给遗落掉了，而且要避免错别字。

其次，要核对采访稿提纲上所列出来的问题是否已经回答详尽。如果没有回答详尽或者是从这些采访稿中你发现了还有遗漏的部分，那么你需要尽快联系采访人弥补。

最后，将每一个问题以话题的形式或者关键词的形式分类。以便我们在按照线索撰写稿件的时候，能够快速去锁定这些答案。

接下来就是最重要的一个环节：书写采访稿。

首先应该是自然而然地去引出访谈内容。比如说采访对象的大概情况、背景，我们的采访目的、意图，又或者是直接引用一些采访对象比较精彩的回答来吸引读者。

文章的中间就按照我们之前梳理出来的线索，进行框架和内容的分组。

结尾可以自然而然地去再次引用与采访者的一些经典对白，并且可以对未来抒发一下向往，比如鼓励、愿景，等等。

其次，我们还可以在文章中使用直接引用与间接引用相结合的方式，让文章变得更加真挚感人。其中最重要的一点就是：在我们完成采访稿之后，一定要先拿给被采访人看一看，要经过他的同意之后，我们才能发出来。

最后，附带介绍一些采访礼仪，以便你更好地去进行采访。

在采访之前，我们应该告知被采访者，我们大概要采访的是什么内容，是新闻类采访，还是商业类采访，采访的目的是什么。预先和被采访者沟通之后，他们会更为配合。

当我们的采访问题列出来之后，我们可以先跟被采访人去核对这些问题，哪些是可以问的，哪些是不可以问的，经过他的确认之后，我们再约定采访的时间，这样能够很大程度上让他感觉到被尊重。

此外，在采访过程中一定要注意我们的行为。比如在着装、语言和谈吐上要跟随着采访人的身份而变化。比如你即将采访的对象是社会名流或者政要，那么着装就应该正式一些，不要随意穿着。要尽量使用敬语和专业术语、官话等。

7. 演讲汇报类写作：朴实才是精彩

这个时代，演讲已经成为营销、升职、加薪必不可少的一个过程。如何能精彩地在人群面前演讲、如何能精准地找准人群痛点、如何能让人群对你的内容感同身受，都是你演讲能力的体现。

如何写好演讲稿？

在竞争日益剧烈的当下，演讲成为很多人升职加薪、得奖、职业汇报、企业营销、自我营销等必要的手段。它可以在表达核心观点的同时，鼓动听众的情绪，从而让你实现突破，无惧人生。

当你学会了演讲，你会充满自信。正如罗振宇所说：如果你实在找不到一个领域去跨界，那么就去学演讲。因为当代社会最重要的能力就是表达能力。

但如果你想要做好一场演讲，一篇优秀的演讲稿必不可少。演讲稿是演讲的依据，可以帮助演讲人去确定演讲的主题和目的，梳理思路，把握演讲节奏等。那么如何去撰写一篇优秀的演讲稿呢？我们得先了解演讲的特点：针对性、可讲性、鼓动性。

针对性：指的是针对目前所出现的各种问题来进行演讲，以此打动听众，征服观众。

可讲性：指的是演讲稿一定要方便演讲人口头叙述。

鼓动性：演讲是一门艺术，书写演讲稿更是一门技术活，必须能激发听众的情绪，使他们感同身受。

不同类型、不同内容的演讲稿，其结构方式也各不相同。一个好的演讲稿应包含以下几个重要部分。

◎ 标题

直接法：××人××时间××会议上的讲话

复式法：主标题副标题＋讲话时间＋讲话人等

◎ 称谓

就是听你演讲的人。可以是"同志们""朋友们""先生们、女士们"

◎ 开头

开头要把重点拿出来，先声夺人。它犹如戏剧开头的"镇场"，在全篇中占据重要的地位。

◎ 正文主体

也是我们对整篇演讲稿的结构布局，这是演讲最关键的部分。按照安排方式可以分成时间顺序、工作进度顺序、主次安排、事情发展顺序等。

◎ 结尾

演讲稿需要一个完整的结尾，但是它的结尾并没有我们前面讲的结尾那么复杂。一般都是采用自然结尾的方式或者是交代某些事情，最后加上一个"感谢各位××"。

卡耐基在《语言的突破》一书中提到："演讲的开头和结尾，最能显示演讲者是新手，还是演讲专家。也能显示出演讲人是笨拙的，还是极有技巧的。"可见一篇优秀的演讲稿，其开头结尾的设计是有技巧的。

（1）如何设计开头

①开门见山，亮出主旨。这是一种直奔主题的开场方式，可以明确地告诉听众，我的观点是什么，我今天要讲什么。如果大家对你不熟悉，你还需要做一个简单的自我介绍。例如：我是谁，我是干什么的，我来自哪里，今天的主题是什么。

只有交代清楚了，听众才能怀着目的耐心听下去。

这个方法可以以恩格斯的《在马克思墓前的讲话》的演讲作为代表：

3月14日下午两点三刻，当代最伟大的思想家停止思想了。

直截了当，让别人瞬间明白站在这里的目的以及发生的事情。

②叙述故事，交代背景。人类天生就是八卦的。从故事开头留给他们八卦的空间，这是演讲高手常常用到的一个技巧。因为故事自带吸引力、画面感、生动性，特别是以感人的故事来开场，会让听众有更多的画面感。

比如奥巴马在决定参选美国总统时发表了一篇重要的演说《希望就是勇气，希望就是力量》：

今晚于我而言是一份特殊的荣耀。我们得承认，我出现在这个讲坛上是件不可思议的事。我的父亲是个外国留学生，在肯尼亚的一个小村庄出生并长大，他幼时牧羊，在铁皮顶做成的简陋小屋里上学。

我们在选取故事开头的时候，一定要注意选择的故事是短小精悍的，不要长篇大论，并且故事和你演讲的主旨是相关的，而不是毫无关联。

③提出问题，发人深思。以提问开场，是很多类型的稿子经常用到的一个开头。它能引发听众去思考演讲者所讲述的问题。这种方式能快速地抓住听众的思绪，制造悬念，使他们的注意力立刻集中到你身上。

例如《踏出自己闪光的生活道路》中这样开头：

一座房子，失去了支柱就会倒塌，一个人，失去了生命的支柱就会走向毁灭。那么，什么才是我们生命的支柱呢？

④引用警句，统领主旨。名言警句的运用简直是一个万能的开头。它的好处我们不再过多阐述，总之，它使演讲言简意赅，富有哲理，听众们也喜闻乐见。

例如演讲家李燕杰在《德识才学与真善美》的演讲中的开头：

不管母亲多么贫穷困苦，儿女对她的爱也绝不含糊。我只喊一声祖国万岁，更强烈的爱在那感情的深处！

以上万能开头，可以让你的演讲一开口就先声夺人，富有吸引力。

（2）结尾要干脆利落，简洁有力

演讲稿的结尾，正如我们前面提到过的结尾技巧一样，它可以使用自然总结、升华、号召等各种方式。我们需要在设计的时候，让结尾显得意味深长，耐人寻味。要在结尾时点明主旨，和文章主题首尾呼应。

注意：在撰写结尾时千万不要画蛇添足。

（3）如何设计主体

演讲稿的主体部分是需要我们层层去拨开，直到亮出高潮的部分，达到演讲的精彩和激动人心的时刻。在这个部分，我们要把理论慢慢说给听众听，并且运用故事和理论相结合的方式，在内容上一步步地吸引听众，在情感上感染听众。

主体的设计和结构逻辑、技巧分不开。

主体部分展开的方式有两种：

①并列式。并列式就是围绕演讲稿的中心论点，从不同角度对我们的中心观点进行并列的论证。每个小部分之间的关系是并列的，这些小关系最终形成了一个大观点。

②递进式。递进式是我们常常谈到的一种方式。概括起来就是由表入里，由浅到深，步步为营，层层递进。它对于一些难论述的观点是很好的框架结构，能让听众在层层递进中明白事物的本质。

以上这两种结构逻辑可以单独使用，也可以两者合并在一起，使文章的结构复杂而气势磅礴。一般用在特别难以证明的观点上。

主体的设计技巧有两个：

①多次运用故事。罗永浩说："讲故事可能是演讲过程中最重要的一个技巧。"它让我们的演讲变得生动，观点变得易理解，听众容易听进去。善于运用故事去演讲的人，一般都是高手。可以说，会讲故事的人，演讲一般会非常成功。因为它的情绪感染力是单纯讲生硬观点无法做到的。

例如乔布斯在斯坦福的经典演讲：

> 我今天很荣幸能和你们一起参加毕业典礼，斯坦福大学是世界上最好的大学之一。我从来没有从大学毕业。说实话，今天也许是我的生命中离大学毕业最近的一天了。今天我想向你们讲述我生活中的三个故事。不是什么大不了的事情，只是三个故事。

不仅交代了自己来的目的，也成功吸引了听众的注意力。

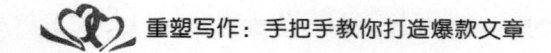

②忽明忽暗的笑话。演讲过程中，为了避免冷场，讲笑话是必不可少的一个部分。为什么？试想一下，你在演讲过程中讲了一个悲伤的故事，可后面还有很多需要去演讲的东西，如果不调整现场的氛围，把控听众的情绪，那你后面更加精彩的部分，或许已经没人听了。此刻，笑话就成了一种气氛的调味剂。

不可否认，人类天生就对笑话很喜欢，几乎所有的优秀演讲中都少不了讲笑话。

一个优秀的演讲稿，逃不开反复被修改的命运。事实上，演讲高手对于演讲稿的修改次数多达数十次，最终才呈现出来通顺流畅的感觉。

那么，如何去修改演讲稿？

演讲稿是一种用讲话的方式阐述出来的文体，它对口语化的要求非常高。何为口语？也就是你讲出来的东西，观众都能听得懂。

有些演讲稿常常会错误地采用一些听不明白的文言文词语或者一些极少有人知道的成语。这的确可以给你的演讲稿增加文学性，却也会让观众听起来一头雾水。因此，对于这类型错误，我们应该修改或者删减。

为了口语化，我们还需要把长句改成短句，把倒装句改成正装句，把单音词换成双音词，容易听混或者是听错的词也要统统删掉。如此，才能让听众在没有字幕的情况下，听明白你讲的是什么。

如何确保自己的演讲稿口语化？

正如写广播剧一样，我们一边修改一边读，把那些拗口的、停顿的、书面化的词句通通改掉。有些不太确定的词句，你可以先放下演讲稿，把大概意思想一想，然后用你习惯的语言方式记录下来，最后替换上去。

列宁说："应当善于用简单明了、群众易懂的语言讲话，应当坚决抛弃晦涩难懂的术语和外来的字眼，抛弃记得烂熟的、现成的但是群众还不懂的、还不熟悉的口号、决定和结论。"

因此，我们讲话时以简单明了为演讲稿的最终标准。

另外，优秀的演讲稿语言上一定是生动感人的。就像同样是在劝别人不要伤心,"这有啥可伤心的"和"有些人不值得你伤心"听起来就是两种截然不同的感觉。

老舍说:"我们的最好的思想,最深厚的感情,只能被最美妙的语言表达出来。"

可见,如果只是内容框架好、素材好,没有一个好的语言去表达,你的演讲稿也会平平无奇。

一篇好的演讲稿,能够在一定意义上为演讲的成功奠定基础。它就像是智慧的结晶,任何一名成功的演讲者背后一定有一篇具有真情实感、真知灼见的优秀演讲稿。

第五章

练习写作：持续创作才能不落人后

俗话说"勤能补拙"，写作也是一样。没有百分之百的天才，只有技巧和日积月累的写作训练。

在你印象中那些光鲜亮丽的作家，无不是每天保持着几千、上万字的写作，才最终让你看到一篇优秀的文章。

他们每每写出的东西，不一定都是满意的，但是他们依旧会坚持写，因为无论是怎样的稿子，对于他们来说，都是一次习作机会。

保持这种持续创作，才能保持写作状态，不落人后。

1. 以书评进行输出型写作突破

"书读百遍，其义自见"，这是我们一直都知道的名句。可真正落实到行动上的时候，你会发现，很多书其实都只是过了我们的眼，却没有过脑。读书也是有技巧的，不仅仅是从头到尾阅读。

你真的会读书吗？

看到这个问题，你也许会自信地回答：当然会。我也曾经针对自己的学员做过测试，结果是全部人都告诉我他们会。随后，我又提问：多少人可以在三个小时之内把一本书的主旨和核心搞懂？结果没有一个人觉得这是可以完成的一件事。

可总有一些人，在面对简单、实用型书籍时，可能半个小时即可掌握全书内容。为何效率相差如此之大？

其实，就在于会不会读书。哪怕你已经受了十几年的教育，哪怕你读过的书比别人旅行过的地方还多，不懂读书方法，你就是死读书。

如何测试你是不是死读书？现在拿起一本书，讲一下它的核心内容，你的脑子里会立刻有东西吗？或者说如果让你在读完一本书之后去写一篇文章，你会写成什么样呢？

我相信大部分人都会感觉到困难。因为学校时期的阅读教育，是采用不断灌输的阅读方式，让你通过反复记忆形成长期记忆。而当你离开了老师们的灌溉后，你并不知道读书的真正方法，即使你读再多的书，都是白费力气。

这个也正是很多人对自己的写作感到困惑的成因：为什么我每天读这么多文章，写作还是没有进步？为什么我积累了那么多，始终脑海里没有什么东西？

低效阅读，始终过的是你的手和眼睛，不是你的脑子。

如今，每天都有新的图书上市，并且你也许每天都保持着阅读的习惯。可当你晚上在床上回想你今天读的书时，你能想起内容、主题、核心观点、精彩句子中的哪一个？可能没有一个驻在你的脑海中。

无效阅读，往往是你不懂技巧、不会阅览、不会积累、不懂时间管理和书籍管理。不知道你有没有了解过为什么书店里的书都做了各种分类放置。也许善于观察的人会回答我："想让读者快速地找到书籍的位置。"

可我想回答的是："精准地告诉读者，这种类型的书籍应该怎么去读。"

只可惜，大部分人都没有看到这背后的含义。

这个含义也是从写作类型而来的。我们都知道，每种写作类型其实都有它相对应的写作方法。例如，小说的写作和新媒体写作是两种截然不同的方式。这些写作方法又决定着我们图书的类型。

比如实用型书籍的写作，经常使用的方式是：是什么—为什么—怎么办；故事类短篇小说集，经常使用的方式就是不断反转中夹杂着感情的线索。

当你明白这些书籍的类别之后，你才能更加有针对性地去阅读。例如实用型书籍一般采用快速寻找是什么、为什么、怎么办的金句即可了解清楚作者的观点，而故事短篇小说集则需要你阅读开篇、末尾以及文中转折性的关键点，以找到故事的核心。

具体该怎么读，现在，我来教你。

除了小说和故事类的书籍以外，我建议用下面这种方式来阅读。

第一步：读书的封面

一般封面会告诉你这本书的主题是什么、这本书的核心是什么，以及这本书的关键词是什么。你通过这些东西就可以大致了解这本书是干什么用的。

例如我的书《精准提升》的封面，可以提炼出来"时间管理""和时间做朋友""拖延症"等。那么你就会发现这本书主要是讲如何去管理好自己的时间，如何治疗你的拖延症、瞎忙症等都市工作症状。

那么接下来我们在阅读样文的时候，就应该向着这些症状是什么、为什

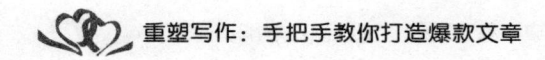

么会出现、怎么解决的目标前进。

第二步：读书的目录

千万不要忽略目录这个最关键的部分。很多人在读书的时候，目录看都不看一眼，直接跳过从第一篇开始，这是非常错误的做法。

目录不是随便设置的，它的每一个大章节、小节都有自己的深层含义，你需要从这些标题中提取关键词，这样，本书就被你掌握了一大半。

依旧以《精准提升》为例子。它一共分成了六个章节、每章四小节。我们首先读大标题：

第一章　不懂工作方法，你就自己累

第二章　周末别做那只迷途的候鸟

第三章　学会区别重要事和紧急事

第四章　生活不止工作，还有"诗和远方"

第五章　精进：如何成为一个有学习力的人

第六章　世界很忙，余生请勿慌张

然后把每个大章节用关键词标注出来：

第一章：工作方法

第二章：放松自己的办法

第三章：区别事态紧急度的办法

第四章：学会生活的办法

第五章：学会学习的办法

第六章：不要慌张的办法

再把每小节以同样的方式用关键词提炼。如此简化目录之后，你就会知道哪个章节，它具体是讲什么，然后把逻辑串一串，你就大概明白这本书整体在讲什么。

第三步：读作者的序言

序言一般是作者的主要重心和写作目的所在，它会告诉你作者为什么要写这本书、他的灵感从哪里来，它也会告诉你这本书的框架，以及大致的内容。当你了解到了这些东西的时候，书中内容的精华已经被你吸收了。

比如我在写本书的序言时，会大致将我写作的框架以及为什么要去写这本书，这本书怎么用，讲述给你。你读完序言，就可以按照需要去使用这本书。

当我们读完这三个部分的时候，其实这本书到底要不要继续读下去，你就大概有一个判断了。此时，你要问自己读书的时间多不多，如果多，你可以详细地去阅读每一小节；如果你需要大量摄入知识，就去参照关键词，读你认为有用的部分。

这才是真正摄入书籍精华的技巧。但是，到这里，并没有完全走完阅读的阶段。

第四步：写书评

第一章我讲过，读和写是分不开的。阅读之后，你就要写作，来帮助自己消化这本书的内容，也就是我们常常说的书评。

但是很多人不明晰书评和读后感的区别，然后去挤出一篇抒发了自己全部感情的读后感。这其实对于你来说没有任何用处，因为我们要写的是书评。

书评和读后感的区别在于，书评是客观提炼书中的亮点，进行解读，它不仅让你在今后回顾整本书的时候有一个清晰的认知，还能让别人从你的书评中受益。而读后感一般偏重于自己的感触，是自我感情和观点的抒发。它适用于小说、故事等具有故事性的文体。

那如何去写书评呢？一个万能的格式分享给你：

开篇：以一个事件引出书籍

中间：

小标题一：亮点一

小标题二：亮点二

小标题三：亮点三

结尾：回到书中，升华主题。

(1) 开篇

这本书为了解决什么样的问题而生，我们就用这个问题作为焦点，引出主题。例如《精准提升》解决的是时间管理问题，那么我们在开篇时就可以用不会时间管理的人的生活是如何躁乱来引出书籍。

然后简单介绍一下这本书写的是什么，核心是什么。

(2) 中间

中间分成几个小标题，每个小标题代表书籍的一个亮点。这个亮点可以从我们刚刚阅读的目录中提取，也可以直接从书的封面中提取。

这里有一个技巧就是：当你发现图书的每个大章节都在讲一个方面的事情时，你也可以视章节有多少，就做多少个小标题。

在撰写每个小标题内容的时候，一定要把书中的金句作为点题的部分放在小标题的开头或者结尾。

(3) 结尾

结尾其实就是对整本书进行一个总结，告诉自己或者读者，这本书好在什么地方。然后再对这本书的立意做一个升华，让书的深度上升高度。

当然，别忘记在整个文章中有意无意把书名点出来。如果书名很长，就缩减成短的，以便读者时时反复记牢你这篇书评写的是哪本书。

如果你觉得书籍真的不错，深受你的喜爱，还可以为它做一份思维导图，让人一眼就知道这本书的核心内容。

当这些步骤做完之后，其实我们也达到了练习写作的目的。那么接下来，你需要为自己做好读书计划。

掌握写作能力，一个必要的读书计划不可少。但这并不是让你规定自己多长时间读多少本书，而是有目的地去阅读。

◎ 主题式阅读

当你在定位好自己后，你会发现你的板块会有很多关键词。为了让我们源源不断地去输出内容，我们需要根据关键词作为主题去阅读。

比如我的公众号在很长一段时间里更新的是情感类型的文章，那么我就需要去阅读关于情感主题的文章。而情感主题下面有很多关键词。比如说两性、婚姻、朋友、爱情，等等。

明确了主题关键词后，就要去翻找带有这些关键词的文章，才能够让我在写作时迅速地输出相关内容。

再后来我们还做过一段时间的电影类视频账号。它需要我们每周去写电影解说文案。但电影的分类也有很多，比如说爱情片、武打片、动作片、悬疑片、科幻片。那么我们当时选择的就是科幻片，于是我们就大量去看那些只更新科幻片的电影类解说账号，以此来让自己的文案变得有趣和生动。

这就是主题式阅读。

我们要先明确我们的主题关键词是什么，然后长期保持这种关键词的输入，才能够在我们写作时很好地输出。

◎ **专题式阅读**

以前的网站、报纸等很喜欢做专题报道，这是为了让你能够在短期之内了解某个部分、某个话题或者某个人物。我们的阅读也可以采用这种形式。

比如，我们要撰写"中国共产党成立100周年"这个特定的话题，我们需要先去阅读在这个话题下面撰写过的文章，以便我们寻找到合适的写作主题和框架灵感。

再比如我在写《精准提升》这本书时，特意找了很多跟时间管理相关的书籍来阅读，以便寻找灵感和与作者互碰进行书面上的交流。

一般专题阅读的时间是很短的。它是为了让你在目标明确的情况下，快速地去了解这个东西，那么你的阅读就会变得非常高效，等你要在这样的话题下去输出这样一篇文章的时候，你的写作速度和灵感也会来得很快。

◎ **任务式阅读**

除开以上带着目的性的阅读以外，我们很多时候其实也仅仅是因为兴趣来了，或者是看到这本书的封面还比较吸引人，我们就打开它去阅读了。

而这个时候，我们就需要自己主动去制造任务，来帮助我们提高阅读效率。因为人骨子里是有懒惰和拖延的，如果不强制给自己一个摄入的目的，

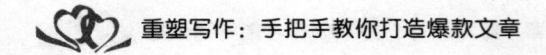

那么即使认真读过,也会忘记书里的精华。

如何给自己任务呢?

比如你和朋友去看电影,那么回来之后,你要强制自己写一篇影评;如果你偶尔读到一个让你记忆深刻的故事,那么你至少要把这个故事发到你的社交平台并附带一个整本的剖析;如果你读到一篇令你印象深刻的新媒体文章,你可以把它发给你的朋友,并和他去探讨这篇文章的观点。

身上带着任务,我们才会想到精准地完成。这是应对我们日常兴趣阅读时的一种有效方法。

如此做完,你会发现你的学习能力又上了一个台阶,成了一个万事万物都可以变成你学习课本的人,从而变成你的写作素材,你的灵感也会源源不断地蹦到你的脑海。

这才是我们常常说的,活到老,学到老。所以,你学会读书了吗?

2. 精细化拆解文章，学为己用

如何让自己成为一个什么都可以写的人，有一个万能的方法，就是拆解样稿。几乎所有的高手都在用这个办法，它能快速让你锁定稿子的框架，在短时间内写出一篇符合要求的文章。写作新手如果能用好这个方法，能帮助他们实现弯道快速超车。

新手如何才能快速成为一个写作高手？

几乎大部分人都会告诉你，脚踏实地去学些写作技巧。不可否认，脚踏实地去学习，对于我们写作来说是一个必经之路。可如果你面对一个很好的机会，要先给出一篇好稿子来证明自己的时候，如果不能快速达到要求，对于你来说就错失了良机。

如何才能实现弯道快速超车？有一个很少有人会告诉你的秘诀，那就是拆解样稿，然后模仿它。这是为了让你能够快速了解样稿的结构、逻辑、写作技巧以及观点，直观地学习到文章的精髓，从而让自己的文章能够更加贴近要求。

如何去拆解？

◎ **文章题目**

题目是一篇文章的脸面，是文章深度和观点的体现。当你看到一个标题的时候，你应该先花时间去认真读一下这个标题背后所透露出来的东西。

比如：这个标题讲的主要对象是什么？是否透露出了观点？如果是，是什么观点？是否透露出了线索？如果是，又是什么线索？

如果标题把这些问题给你解答了，那么你接下来只需要去分析文章结构，以及印证你的观点。但如果标题并没有给你这些答案，那么接下来你就需要带着目的从头到尾先阅读一遍，大致熟悉一下文章。

◎ **文章开头**

开头前三段对于文章整体的吸引度是很重要的。它是如何切入的？是故事，还是观点，还是引用的名人名句？参考第三章《五种开篇套路让你俘获人心》，去套用和总结。

◎ **文章结尾**

文章结尾是总篇文章观点升华的部分所在。我们需要注意的是结尾是否意味深长？是否调动了情绪？

最需要关注的一点是：是否首尾呼应？

◎ **文章框架**

文章的框架能帮助我们在模仿阶段按照样稿的框架去写出一篇不会出错的文章。这是我们拆解的重中之重。

我们需要按照思维导图的模式把样稿分成许多细小的部分，使我们能够快速掌握文章关键所在。

◎ **文章观点、逻辑、选题**

这三个部分作为拆解的最后一步，是合在一起的。是当我们从头到尾分析完文章之后，对文章做的一个拆解的总结。此刻你只需要印证你心中带着题目的疑惑，以及分析选题是否是新颖或者热点、痛点等。

做完这些之后，如果样稿有两篇或以上，你需要先完成多篇样稿的拆解，才能够快速把这种结构牢记于心。但假如只有一篇怎么办？

去寻找同类型的文字。比如，是杂志编辑给你的样稿，并且只有一篇，那么立刻上网去查这个杂志以往的文章进行拆解；如果是公众号的文章，那么你只需要把近期阅读量比较高的2~3篇文章进行拆解即可。

接下来我以一篇入选青云计划的文章为例，手把手教你拆解：

①标题。

《陈情令：问灵十三载，或许世人都逃不过这样一个定律》原创2019—08—20·辛岁寒

主要对象：电视剧《陈情令》

观点：未透露

线索：一个定律

存留问题：什么定律？

②开头。

这个夏天让你印象最深刻的电视剧是什么呢？无疑是这部由国内热门IP《魔道祖师》改编成的电视剧《陈情令》。

疑问句入手，直接引入主题，开门见山。

③中间（框架）。

本剧由肖战、王一博领衔主演，讲述了魏无羡从一个翩翩少年，为拯救无辜之人不惜与众家抗衡，被逼迫成为人人喊打、闻风丧胆的魔头夷陵老祖，却最终被奸人所害，尸骨无存。故友蓝忘机在遍寻其十六年后，终于在莫家庄找到了重生的他，于是两人一起拯救天下的故事。

简单介绍电视剧的主要内容，让读者了解故事。

《陈情令》刚开播的时候，因为书改剧评分低至4.8，但随着剧情的推进到完结，这部由两位唱跳小将主演的电视剧最终荣获7.9分的高分。从全网黑，到全网红，《陈情令》为什么逃不开王境泽的"真香定律"？

制造悬念，并以问句引出小标题，使文章结构上下衔接得当。

（1）有些故事看似讲人，却直指人心

16年前，魏无羡还是那个聪明、机灵的翩翩少年郎。他无父无母，住在云梦江家，和江家的两姐弟从小一起长大。即使命运于他不公，他依旧活泼爱笑，坚守本心。

可逼人太甚的温家，仅仅因为称霸天下的野心，便血洗众家。而魏无羡所在的云梦也无法幸免。江家父母为保护他们三人死去，魏无羡从此带着守护好江家两姐弟的誓言，颠沛流离。

世事难料，师弟江澄因为保护他们而失去金丹，魏无羡便剖自己的金丹救他，从此，他失去了拿剑的机会。面对温家无力反抗的他，最终被丢弃乱葬岗，苦学三个月的邪术，才得以活下来。

当他归来，恰逢众家联合对抗温家，他凭一己之力，在危急关头，用陈情笛灭了温家。可天下安定之后，他却成了人人喊打的夷陵老祖。人们怕他、惧他，忌惮他的力量，却又贪心地想要他交出这个东西，据为己有。

一切改变从魏无羡保护温家那群老弱妇孺开始。他舍不得让一群手无缚鸡之力的人被杀死，于是他带着他们回到乱葬岗，自以为能够保住他们，最终还是让他们被所谓的"好人"悬挂城墙，曝尸三日。

我始终记得，在那场魏无羡和众家的大战中，那些人对他说的话。

因为他拥有陈情，所以是他的错，即使他用陈情救了他们所有人；

因为他救了温家老小，所以是他的错，即使那些人此生手上没有染过一丝血；

直指人心的这一刻，让魏无羡突然看透了活着。他知道无论怎么去辩解，始终无法改变别人，他也无法拯救这个人间。

这世上，对他好的人全都死了。师姐、温宁、温情、江叔叔……他觉得自己当初救温家的选择终究还是错了。于是他一跃而下，绝望不已。

有时候，人最怕突然看透和突然绝望。我想这是《陈情令》想告诉我们的第一个道理。

第一小部分：讲述了人物之间的某些纠葛，阐述自己的观点以及人物动机，最终得出一个结论：有时候，人最怕突然看透和突然绝望。

（2）有些人终究怕遇见

第一遇：魏无羡和蓝忘机

他是白衣翩翩的少年，他是遵守三千条家规的含光君，他是世人敬仰和崇拜之人，他是姑苏蓝忘机。

有人像火，如阿羡；有人如冰，如忘机。当冰火相遇，这个活在冰中的少年，便慢慢被融化。

16年前，他们一起历经波折，他看着阿羡一步步走上不归路，却无法帮忙。直到阿羡在自己面前跳崖，他哪怕紧紧抓住他的手，却始终救不了他那颗绝望的心。

那一世，阿羡走了，他方寸大乱。

禁闭三年后，他走遍天下，带着自己的琴，寻他的灵魂。

问灵十三载，他在这些年里，不断告诫自己，如果他还能活过来就要护他一生。

直到那一年，莫家庄，他终究寻到了他。

即使阿羡不再是当年的模样。可他的笛音，他只听一次，便不会认错。

他死死握住他那有温度的手、他等了十六年的人，却讲不出一句："魏婴，你回来了。"

第一世，他错过了。第二世，他无论如何都要陪在阿羡的左右。因为他的那句"蓝湛"，是他的魔咒。他不可听不到，不可看不到。

一个人可以等另一个人多少年？

蓝湛说："一生不回来，我就等一生。"

第二遇：魏无羡和江厌离

她是世界上最好的师姐，她温柔如水、性格柔和，把自己所有的温暖，都给了弟弟。她是魏无羡的太阳。

她为了阿羡，推掉自己心慕已久的婚约，因为她不能让任何人伤害他。

她始终相信阿羡，无论他做了在别人眼里看起来多么"大逆不道"的事情，她都认他是弟弟。

她把毕生的温柔都给了阿羡，以至于她最后替魏无羡挡刀，成为压倒阿羡的最后一根稻草。

这样的亲情，是《陈情令》教给我们的另一个道理：有些陪你长大的人，即使不是亲人，也比亲人更亲。

第三遇：魏无羡与温宁

他是善良呆萌的温琼林，他是让人闻风丧胆的鬼将军，他是魏无羡无意间结出的善果，他发誓要保护他一生。

"世人皆知鬼将军温宁，却不知白衣少年温琼林。"

这句话贯穿了温宁的一生。

他本是那个善良毫无心机的少年，却只因姓温，便被杀死。好在魏无羡拼死也要救回他的命，于是此生，他即使失去意识，也都认得他，也要保护他。

16年后阿羡重生，他还是很快就找到了他，站在他的身前："公子，你先走。"

有的缘，是因为你不经意的一次帮助，别人就记了一生。

这是《陈情令》告诉我们的第三个道理：永远善良，感恩，尽所能帮助别人，你会发现，你在某一天会得到意想不到的回报。

第二小部分又分成三个更小的部分，讲述了有些人相遇恨匆匆。并在每个小部分里，以道理进行呼应。

（3）真正的好剧，都是有情怀的

《陈情令》真香，在于它是一部真正蕴含了无数内容的好剧。它颠覆了IP改编的历史，让原著粉上瘾的同时，也让人们看见了IP改编的路的光明。

演员真香：认真的剧组，看中的是演技。

《陈情令》并不是一部拍给粉丝看的流量剧。从两个主演肖战和王一博的出身便能知道。两个人都不是科班出身，却把少年前后一明一暗和面若冰霜、温文尔雅的小表情诠释得恰到好处。

肖战的俏皮和黑化、王一博的温润和痛苦，眉眼间的情绪，让人看一眼，便过目不忘。

而纵观整个剧组，无论是主角，还是配角，很多人都是歌手、唱戏甚至其他出身，却没有一个人让人出戏。

听说，电视剧开拍之前，他们还集体参加了集训。而这样的集训，就像老版《红楼梦》那样，一定要求演员做到尽善尽美。这样真诚的剧组，怎能不打动人心。

观众能轻易入戏，是影视成功的第一法宝。

剧情真香：谨遵原著，合理改编。

《陈情令》在每一个经典片段的刻画中，都谨遵原著。连原著的一句一字都丝毫不差地改了出来。

并且，在改编中，编剧把原著中16年后义城的事情放到16年前，结合前面的故事，让整个剧情都变得合理而有递进感，仿佛事情的发展是真实存在的，能牵动观众情绪走向的同时，填补了原著里的坑。

这样的改编，才是IP改编应该学习的。

服化道真香：传递中国美，是我国古装应有的特色。

《陈情令》播出之后受到了《人民日报》的赞扬："服化道有国风之美，兼具传统文化特色。"

众所周知，我国的古装剧是全世界电视剧中的特色。而近几年，服化道的提升，成了我国输出传统文化必要的一个环节。

从赵丽颖的《知否》到如今的《陈情令》，即使一个微小的细节，也能看到剧组的诚意。

第三部分讲述的是整个剧的亮点。

（4）内外兼修，传递情感，才是当下的走向

《陈情令》如果是一首曲子，它无疑是极具内涵的。它拥有深入人心的字句和悠扬触景的语调。

但它是一部电视剧。它在兼具了家国情怀、亲情友情的同时，还兼具了人们心中的侠气和正义。有大义，有小情。丰富的人物刻画，使每一个角色都具有自己的特色，在讲故事的同时，让观众产生共情，教会观众道理，这是一部剧应该有的核心。

在十年前，我们的古装武侠剧，都有这样的核心。但这些年因为各种原因电视剧的标准不断降低，如今终于有了一个好的开头。这也让我们看到，观众在乎的不是流量小生或者是某一个明星，而是整个剧组到整个演员组是否用心。

第四部分：对整个电视剧做了一个总结，同时升华主题。

《陈情令》给未来的影视改编开了另一个好头，也希望之后的剧组都能延

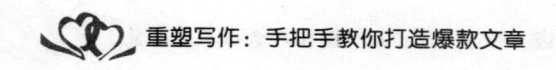

续这种"要么好好做，要么就不做"的精神，将我们的文化继续传承。

就像今生不悔入华夏。这个夏天，我相信很多人也不悔入《陈情令》。

毕竟看了它的人，都没有逃过"真香"定律。

结尾：首尾呼应

最后，文章观点、逻辑、选题也清晰明确。

观点：《陈情令》真香。

逻辑：从三个方面讲述它为什么真香。

选题：以当下的热点电视剧作为选题，可以让文章被更多人看见。

你看，如此分析之后，我们对整篇文章就完全掌握了。

拆解之后如何才能转化为自己的东西？

俗话说，模仿并不厉害，在模仿中超越才是最厉害的。当你把文章拆解成细碎的东西之后，如何重组就看我们自己的水平了。

如何重组？

我的建议是从文章结构入手，搭建自己的文章框架。例如上文写的是电视剧，那么我们可以针对其他的对象进行同样框架的入手。不同的是框架里的内容和线索等都换掉。并且，替换的时候，一定要从更加热点的角度去寻找选题。

按照以上步骤，可以快速让你从0到1弯道超车！但是切记不要抄袭！拆解文章不是抄袭，是模仿框架结构，套用套路，让你的文章逻辑更加严谨。

同样的思路，也可以用于你的工作、学习等。

3. 干掉拖延症状，提高成稿速度

明明可以一天做完的稿子，你非要拖三天才慢慢去动笔；临到要交稿了，你才对编辑说，能不能再给自己多一点时间；交稿时间到了，才匆匆忙忙地交上一篇质量不好的稿子，让自己后悔不已……以上种种症状，意味着你该解决掉你的拖延症了。

对于写作来说，什么是致命伤？

我想就是你的懒癌和拖延症。非常不幸的是，大部分作者都有这样的病，包括我自己在内。不到截稿时间，绝不提前交稿；等到时间来不及了，才静下心来去写作；宁愿拿时间去追剧玩耍，都不愿意先写完稿子再娱乐。

你看，这是一种非常可怕的病。它发病往往是缓慢的，但会持续很多年，直到最终摧毁你的写作能力，让你成为一个写作上的废物。

有这么可怕？我以一个我的朋友的例子告诉你：

朋友名叫阿梅，因为在公司上班期间以写作作为副业赚了很大一笔钱，并且这个副业的收入已经远远超过了她的工资，于是她选择辞职，走上了职业写作者的道路，成了一名网络文案兼职。

她接稿勤的时候，半个月就可以赚一万多。那时的她非常自豪地在朋友圈里宣扬着她剩下半个月去哪些地方玩。

正当身边的朋友羡慕不已时，我们共同认识的合作方却在朋友圈挂起了她的微信。后来我们才知道，原来阿梅数次拖了该合作方的稿子，导致合作方气愤不已，发声明告知决不再与她合作，还顺便警告了各位同行。

我意识到事态有些严重，联系上了阿梅。那时，她正在三亚度假，只是轻描淡写地回复一句："不就是拖了几天，不至于。"

见阿梅没有太大的情况，我也忙自己的去了。过了一段时间，收到的是阿梅退圈的消息，声称自己累了，再也不写稿了。

对于这个结果，我没有感到意外，因为当你的写作成为一项工作时，可大可小。一个意识不到拖延症，又对合作方不负责任的写作者，退圈几乎是她最终的选择。从那以后，我对自己的拖延症也有了深刻的意识。

你看，一个曾经被那么多合作方喜欢的作者，仅仅因为拖延症拖了几次稿子，便被逼得退了圈，你还觉得拖延症只是你的小问题吗？

俗话说：治病要治根。那么拖延症是怎么产生的呢？

◎ 畏惧写稿

人都有畏难的情绪，特别是当你的写作兴趣变成一项任务，你需要考虑的不仅仅是自己的写作快乐，还需要考虑到读者、编辑以及写出来的稿件会不会造成什么后果等，如此，你的写作就变得复杂而困难。

当你觉得写稿是一件痛苦且困难的事情时，你宁愿先娱乐一下或者做其他的，也不愿意动笔写作。直到时间不够了，内心才有了驱动力。

例如：我在面对一些要求超出我能力的稿子，或者写起来很耗费精力的稿子时，就经常被家里人说："我看你是除了不写稿，啥都可以干。"

◎ 追求完美，灵感不到，决不动笔

这种拖延症大多发病于写作高手之间。因为他们对自己的期待很高，对自己的稿子也有着极大的苛求，所以灵感不到或者写作状态不对，他们就决不动笔。用他们的话来说就是："写出来一坨狗屎，为什么要写？"

乍一看，好像拖延症的成因并没有特别大，其实拖延的背后，是要付出巨大代价的。比如：临到交稿的时间，你要交出的稿子却是匆匆忙忙完成的，很可能下一次编辑就不会再录用你的稿子。如果恰好你写的是出版文，书籍面世之后，一些瑕疵将是你永远的痛点。

更有甚者，可能还要被罚款，从此退出写作圈，再也不碰写作。

记住：拖延的人，几乎是没有任何成就感，还可能因此效率低下，做什么都慌里慌张，没有任何底气。

这种可怕的病，我们应该怎么治呢？以下几种方法，百试不爽：

◎ 比截止日期少 2~3 天

我们为什么会经常拖延？因为没有人给你规定，你需要自己去规定什么时间开始动笔，所以当写作者没有自觉性的时候，就很容易拖稿。它很难通过一种自我约束来抵抗，因为我们连基本的约束都没有给自己施加。

因此，我建议你给自己一个明确的规定：比截止时间少。

这是什么意思呢？意思就是说，如果编辑要求你三天交稿，那么你给自己规定一天半写完。就像你去公司上班，公司要求你 9:30 去打卡，那么你肯定会提前至少 5 分钟到公司。

这种办法的好处就是，即使拖延，你依旧会有中间的很长一段时间作为缓和期。

举个例子，比如：公司规定了 9:30 一定要去打卡，那么我给自己规定的就是 9:25。但是有拖延症的我，也许 9:25 没办法到，但是我的内心就会觉得是 9:25 是我的截止时间，我必须疯狂地奔跑起来，去争取和时间赛跑，保证自己准时到达。这样即使你 9:29 到公司，依旧能在 9:30 之前打卡。

这就是跑在截止时间前的做法。

用在写作上来说就是：规定你写稿时间只有三天，你给自己定一天半，再拿半天去修改，等到第三天交稿时，你就可以从容不迫地交给编辑。这个办法的核心点就在于，给自己空出一段时间作为缓和期，来保证自己稿件的质量。

◎ 建立奖惩机制和监督机制

写作有时候也需要管理，就像管理公司一样，它需要一种管理机制去维持整个状态。回想一下公司里最常用的制度是什么？就是奖惩机制和监督机制。

奖惩机制可以帮助你更好地、有动力地工作，而监督机制可以辅助你继续工作下去。如何把这两种机制运用到我们的写作中呢？

（1）奖惩机制。这是我最喜欢的一个机制。因为它让我对写完稿子有了期待，哪怕仅仅是一个初稿的完成，也能让我的写作动力十足。

比如，当我写完一篇稿子的时候，我会奖励自己去点个奶茶外卖或者炸鸡外卖以及其他突然想吃的东西。哪怕这个时间点在凌晨一点，我依旧愿意去找一件事来奖励自己的辛苦。

但当我开始拖延，或者在计划之内没有写完这个稿子，我会逼着自己拿出100块钱。这个钱我放在哪里呢？投入基金中去，在每周记账时，就把这笔钱去掉，少了一笔钱，我的账面又收紧，于是短时间内我就不再拖延。

注意，这是短时间内。因为拖延是天性，打一巴掌，只能限制你短时间内不拖延。时间一长，你还是会犯这个毛病，因此奖惩机制是长久的。

你需要注意的是：根据自己的习惯，去制订奖惩机制，让自己更加有效地去控制拖延。

（2）监督机制。这个机制看起来很简单，实际上对于我们来说是非常有帮助的，因为大部分的时候，靠自己监督是没有多大作用的。换句话说，也就是自觉，对于自由撰稿人来说，简直是天方夜谭。

因此，他人的监督就成了我们很好的帮手。

你可以找你的文友监督你完成稿子。它的弊端是，你的朋友不一定和你写的东西是相同的，因此，他没办法做到在自己不写作的时候去监督你。

你也可以找你的粉丝，天天给你催更。它的弊端就是，你不看社交软件，就完全感受不到催更的效果。

你还可以通过写作软件来控制自己完成稿子。它的弊端是，它需要你一直专注写完才会放你出来，对于时间碎片化的作者来说，这是一个不太好用的东西。

总之，每种监督方式都有它的优点和弊端。你可以根据自身的情况，选择一个适合自己的监督模式。几种方式一起监督也是可以的。

◎ 细化计划

做计划早在前面几章时我就已经反复提到，这里我要说的是细化计划，细化的程度是多大呢？每一小步，都要写进计划里。

比如，你要写一整本书，几十个小节。大计划是每个小节的完成时间，而小计划则是每小节你要写什么，什么时候写，什么时候改，全部都计划下来，你就能很好地安排自己的时间。

等到你按照计划去完成你的写作任务时，拖延症自然就会消失。

◎ 减少干扰

写作路上的阻碍有哪些？社交软件、微信、QQ、游戏、零食、电影、电视剧，以及旁人的插话……如果这些一起来，那么你几乎可以不用写作了。

因此，如果你想要最大限度地减少你的拖延症，那么外部的这些干扰我们一定要降到最小。

这一点我深有感触。

因为工作性质的原因，基本上每天都有很多人会微信我。一会儿这个人给我讲其他的事情，一会儿那个人给我安排其他的工作，一会儿另一个人又如何。如果我每天只是处理这些问题，我几乎没有写稿时间。

有时候甚至一出门就是一整天，没有办法写稿。这时我会选择性关闭耳朵、社交软件等影响我的东西。

比如，手机调到振动，放到一边，如果有急事，别人会打电话找我；微信消息一般都不是特别着急的事情，我会等写完稿再回复；带上降噪耳机，把自己圈在一个单独的世界里。

总之，让自己完全处于一种忘我的状态中，你就能完全浸入写作，不会被打断思绪。

这里需要注意的一点是，什么断网，关 Wi-Fi，这是非常不切实际的做法。因为我们写稿总要查资料，构思总要找素材。完全断掉这些，反而会影响我们的效率。

拖延症是写作的天敌，学会控制它、安排它、消灭它，是我们能快速成稿的必经之路。千万不要被它吓到，也不要被它俘虏。它并不可怕！

让我们从现在开始，运用方法，告别拖延症，走上快速成稿的写作之路。

4. 定期投稿，帮助日常写稿训练

"有哪些方法可以帮助我们日常写作训练？"

我的回答是：定期投稿。这是一种有利而无害的方式，不仅可以让我们快速把握市场的走向，还能在和编辑的不断修改中，打磨自己的文字。

但是现在有很多作者的习惯是：心血来潮、有灵感的时候才提笔写点东西，写完就胡乱投稿。这是一种错误的做法。它不仅会打击你的写作积极性，还会让编辑对你的印象特别差。

为什么我推荐定期投稿？因为它会让你对自己的投稿更加有把握。比如每隔一段时间你就固定给某个杂志投稿，那这段时间里你会做什么？

我相信你会去寻找杂志的要求、样稿，以及注意事项，来保证自己可以很好地达到投稿标准。在这个过程中，其实对于我们的写作也是一种全方位的训练。

此时还能培养我们的习惯，让我们不出现仅靠意志力去写稿的这种状态，而是要定期去写稿，来保证我们可以有东西投。

除了习惯养成，定期投稿还会提高我们的上稿率。比如，你偶尔给一个公众号投稿和固定每周一、周三给这个公众号投稿，哪一种频率的投稿上稿率会大一些呢？肯定是固定投稿的上稿率会大一些。相信每一个投稿人都希望自己的稿子能被选用吧，定期投稿就是提高上稿率很实用的方法。

从另外一个层面来看"上稿率增加"这事，它大大增强了我们写稿的信心，写稿动力也会变得更强。拿我自己来举例子，自从第一次给杂志投稿上稿之后，就陆陆续续，源源不断写了很多很多稿件，其中有一些被采用了，一些没有。没有被采用的稿件，不会废掉，我会把它们分类整理，放进自己

第五章 练习写作：持续创作才能不落人后

的私人素材库里，供以后写稿使用。

除了增强我们的信心、提高写稿动力之外，定期投稿还有一个很重要的意义就是：可以训练我们的文笔，进而带给我们更多的思考。

就算你的稿件没有被采用，你每一次写稿都会训练到你的思维习惯，最简单的就是，写得多了语感自然变好。在这个过程中，你会渐渐知道，哪种表达方式大众会更容易理解一些，哪种写法更能传递出自己的中心思想，用什么样的词语既能展现出文字之美，又能让读者看起来如身临其境。

那么，找不到投稿的地方，怎么办？

有这个困扰的人，多半是接触写作不久，或纯小白人群，其实这个问题很好解决。我们都知道，现在是信息爆炸时代，网络飞速发展的今天，当有热门话题或热点出现的时候，就会有一些公众号发文来发表对这些事件的看法。这时候也是我们写稿投稿的好时机。平常你可以关注讲事实观点类的公众号，通常在他们公众号的底部会有投稿方式。这就是第一类可以投稿的地方。

值得注意的是，一些公众号专做自己领域的内容，还有一部分公众号专门推送整合的投稿资讯，我们可以多多关注这类公众号，在这类公众号的推送里选择投稿地。

除此之外，杂志也是我们可以投稿的地方。杂志分很多种，不同领域都有属于自己的杂志。比如《国家地理》就是摄影领域的杂志，像这种类型的杂志不会出现连载小说，或毫不相干的穿搭类文章。这里面的文章多半介绍的是一个地方的人文风光，或者讲一些新出的摄影器材。再比如《读者》，一本综合类的文摘杂志，这类杂志属于文学类杂志，里面会有一些优美散文或者日常所见的小说故事。还有专门针对一群人而创办的杂志，像《作文素材》这样的杂志，就是专门针对有写作文需求的中学生。这类杂志里，通常有很多可以被当成作文素材的实时热点。一般说来，还在发刊的杂志都会收稿，如果你想给一本杂志投稿，只需要在目录页或尾页找到他们的联系方式和投稿邮箱即可。

除了公众号、杂志这类众所周知的投稿渠道外，还有一些网站也可以投稿，比如：晋江文学城就是发表网文的好地方。这个网站主要是登载言情类小说或连载小说。加入写手群，关注收稿论坛等都可以获得投稿的资讯。

定期投稿如何帮助我们日常写稿训练？

定期投稿的本质是有针对性地写稿，就拿给公众号投稿来举例。你擅长写职场类型的稿件，那么就可以关注专门做职场内容的公众号，多看几篇公众号的文章，对文章进行方方面面的拆分，包括文章标题、爱用哪些素材、公众号整体风格是什么、为了传递什么等。下面一个个来解读。

◎文章标题

这里的标题不仅指文章的总标题，还指带有总结性观点的小标题。

有一些大标题的目的就是为了吸引人的眼球，文章实质上没有什么干货。比如当出现一个社会热点的时候，他们为了纯蹭热点的热度，就取一个和热点有关的标题来吸引读者读自己的内容，而实际内容却和实时热点没有一丁点儿关系。

还有一类标题会提出一个疑问，他们只给出答案的前半部分，后半部分用"……"代替，引起人的好奇心。前后矛盾也是一种取标题的手法。

取标题有很多技巧和方法，结合自己想要达到什么目的，去研究一篇文章的标题会明确方向。

◎爱用哪些素材

不同类型的公众号偏爱的素材也不一样，比如做调研类的公众号偏爱的素材，很有可能是带数据的，用数据说话，事实作为论证，更让人信服；

做育儿领域的公众号偏爱的素材就不再是数据类，而是日常生活中父母与孩子相处的点滴，或者父母教育孩子常见的错误等；

以时尚穿搭为主要内容的公众号，喜欢用的素材不再是数字或大段文字，而是大量的图片，通过收集各种时髦人士的穿搭照片为素材，用图片来点评，进而给读者提供穿搭方面的建议。

所以你看，数据、文字、图片都可以作为我们的素材，不同类型的公众号爱用的素材也不一样,你需要不断去观察思考。

◎ **公众号整体的风格**

研究公众号整体的风格,是我们针对性写稿最重要的部分,第一,你要明白这个公众号是哪个大领域的;第二,你要看清楚这个公众号以哪种表达方式为主,是视频、图文、语音还是纯文字等。

除了这些,更重要的是,了解自己的文章是哪种风格,擅长写哪类文章。想要知道这些问题的答案,除了敏锐的感知力,还需要长时间的写作训练。

◎ **给人们传递什么样的观念**

一些公众号创立的初衷是为了解决问题;一些公众号是为了带给人方便;一些公众号是为了输出价值观。明白你准备定期投稿的公众号的目的,能帮助我们坚定投下去的心,当双方的想法达成一致时,才有可能写出更好的作品来。

基于以上针对性写作对公众号研究的方法,我做出了一个表格。

标题	素材	风格	观念
带热点	数据	大领域是什么	解决问题
前后矛盾	文字	用哪种方式表达	带给人方便
解答部分疑问	图片	自己是哪种风格	输出价值观

除了用上面的方法对文章进行拆分,得到一些写稿思路,我们还可以观察投稿公众号文章爱用的写作手法,一般这种写法是这类公众号通用的手法。比如着重点在素材上还是观点上。

经过这样一番观察,整体看下来,大脑就应该有一个"这个公众号需要哪种稿件"的大概画像了吧?给这个公众号投稿上稿之后,保持写作频率,定期投稿。长此以往,会形成自己和这个公众号的"默契"——你知道他们需要怎样的稿件,并能用很清晰的思路写出稿子。这时,训练写稿的成效就体现出来了。

针对性写作,会让我们的进步更大,收获更多。带来最直接的效益是:在写作这条路上越走越顺,越走越远。

定期投稿让我们养成写作的习惯，同时也可以帮助我们积累灵感。当你以一个"主题"开始写作时，首先你会尽可能多地搜集这个专题的所有资料。这个过程也叫知识输入，这里吸收到的有些知识，可能是你以前不怎么了解，甚至从来没想到过的东西，你会接触到更多。因此思维也会更加广阔和发散，一点一滴的知识积累在大脑中，有利于创作和新灵感的迸发。

搜集了资料之后，你会开始动笔写东西，这个过程更像是自己在用心打磨一件产品。仅仅是一句话，都有可能让你反复修改很多次，直到达到自己想要的效果。除了对字句的打磨，写文章的整体思路也要拿捏，知道文章该由哪几个部分构成、哪些论述点要详细阐述、对于读者来说，哪部分理解起来会有难度、哪部分虽然简单，但是要结合很多生活中的例子来说明、哪些知识可以一笔带过等等，都需要我们仔细思考。而这些思考对我们写作的成长有很大帮助，练习写作的过程也是思考力不断提升的过程。在这个过程中我们还会收获"专注"这个难得的人生品质。

定期投稿的期限怎么定，多长的周期为宜？

当你知道了定期投稿的意义和定期投稿是怎样帮助我们日常写作训练之后，或许会疑惑，定多长的投稿期限才合适？怎样定出适合自己的投稿周期呢？

首先，你要对自己写作能力有很清楚的认知。

要认识到这一点并不容易，需要我们多写多练。比如，当你开始写一篇常规文章，或者自己经常写那种类型的文章时，就可以计时，看看自己到底要花多长时间写出一篇新稿，这是第一个度量方法。

还可以看自己投稿的上稿率，比如这周总共投了三篇稿，上稿了两篇，那么我们上稿率就是67%。

时间一长，写得多了，自然会知道花费多少时间达到多少上稿率，属于自己的写作水平（注意，这里说的上稿率，针对的是你长期投稿并且了解他们收稿的风格。只有这样得来的数据才是可靠的），这时候，清醒认知自己的写作能力并不是难事。

其次，列出适合自己的写作计划。

知道了自己的写作能力，那么我们就可以根据自己的能力，量身定制一个写作计划。可以用每天写几小时来做计划，也可以按几天产出几篇稿来做计划，还可以按字数来做计划。

比如我身边一个很熟的作者朋友，她就要求自己每天至少写 2 小时的东西。这种方法并不适合我，我对自己的要求是：一周产出多少篇稿。时间会被自然分配到看书和其他输入中。会集中一个时间段做知识输入，集中一个时间段进行写作训练。还有人用字数的标准来给自己制订写作计划，比如多少天写多少万字，或者每天写多少字，等等。

要说哪种方式列出的计划好，其实没有标准的答案，因为每个人写作都有自己喜欢的方式，每个人也有自己独特的写作手法和表达方式，写作的习惯更不一样。无论用哪种方法写作，我们的目的都一样，都是为了制订出适合自己的写作计划。

写作计划的制订一定要适合自己，才能起到更好的训练效果。如果你强行让一个喜欢先看一些书做素材积累的人每天写 2 小时的东西，那么作者本人肯定会非常痛苦，因为你打破了他固有的写作习惯。这肯定体现不出训练效果。

最后，给自己设定一个期限。

当我们对自己的写作能力有了很清晰的认识，又摸索并制订出了适合自己的详细写作计划，那么这时候就应该给自己设置一个期限。也就是说，无论用的是哪种方法给自己制订计划，设置一个截止期限是很重要的。

用定期投稿的方式练习写作，设置的期限一定要自己够得着，它不能仅仅作为一个毫无用处目标值，更应该起到鞭策我们完成目标的作用。

这个期限对写作训练也有重大的意义，它将决定我们的写作训练是否有价值。试想，当你花了一个月写出一点东西，中途懒懒散散，每天写一点点，对每天写的东西也没有严格的把控和有计划有目的，并且规定在第几天应该写完第几章节的内容，哪一个效果更好？

前者虽然也有写作计划，但是没有起到练习的作用。

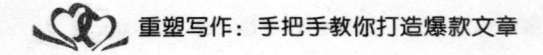

定期投稿式的写作训练，不一定要你掌握很好的写作技巧，训练的过程更像是对自己全方位的锻炼。不仅锻炼了对时间的把控能力、写文章的专业能力、思考力、专注力，还锻炼了自己的逻辑思考，你会反复推敲这件事会不会不符合逻辑。

从现在开始，写起来吧！

知道了定期投稿的意义和怎样定期投稿的方法之后，最重要的是需要你自己动手写起来。很多人可能会有这样一个心理：我写得不够好，也上不了稿，还有必要写下去吗？

我们有必要认识到这样一个现象：很多作者可能写很多稿也上不了稿，但他们依然会写下去。这时我们要明白自己写作的初心和意义是什么。记住对写作内心的敬畏和那份热爱，会帮助我们走得更远。

相信大部分作者都是因为内心那份热爱才开始提笔写文章的吧，漫漫人生中倘若有一件自己热爱的事，那会活得更有热情，也更像自己。从现在开始写起来吧！

5. 随时记录灵感，发散思维深度

灵感对写作者很重要，但是一篇文章如果只有灵感，中心思想不够明确、逻辑不清晰，那么这类文章也不能算好文章。由此可见，中心思想在写作中的重要地位，需要注意的是中心思想要有深度。随时记录自己的灵感，就是提升思维深度、发散思维的好办法。

随时记录对思维的提升有哪些具体帮助？

灵感就是一部作品的灵魂，有了灵感你就知道自己要写的东西是什么，主要想表达什么思想。其实灵感里最主要的东西是思维。现实生活中总有人说：一个人很爱钻牛角尖，这就是思维不发散的典型例子。

爱钻牛角尖的人往往很难接受别人的意见，也很固执，觉得自己的想法就是对的，别人一旦不赞同他的想法，他就不高兴。如果一个人发散自己的思维，脑袋里装有很多有创意的点子，"拆掉思维的墙"，那他对新事物和与自己不同的观点包容性也就更强，就更容易接受别人的意见。

随时记录可以让思维和灵感发散，人们常说人要有深度思考的能力，同理，我们的逻辑思维也是分等级的，需要深度。深度思考，会让我们收获更多，深度思维，会让我们写出来的作品更贴合自己的想法。

当你的思维有深度的时候，看待问题更全面，不会只站在一个角度去想问题。所谓思维厉害，就是别人不能想到的问题你能想到，别人能想到的问题，你能想得更深。

思维有了深度，心态也将会摆得更正。比如当你面对失败和成功时，因为思维有深度，思想站得更高，不会因为失败而苛责自己，也不会因为成功而沾沾自喜，反而会想这次为什么会失败，又为什么成功，渐渐总结出事物发展的规律。

那么深度思维对写作到底有什么用？又是怎么提升我们的思维的呢？

◎让文章逻辑性更强，更有说服力

当我们讨论一个问题或想一个方案没有任何思路时，常常会把同事聚在一起讨论这个问题。每个同事尽可能想自己能够想到的一切方法，提供解决问题的所有思路，这时我们优先考虑的不再是方法的可行性，而是在意每个人能够想出多少个点子。讨论过程中让思维发散，这种讨论问题的方法就是"头脑风暴"。

大家在讨论中畅所欲言，有什么想法全都提出来，这时的思维也相当发散，因为讨论的人多，一个思维连着一个思维，一个思维质疑一个思维，又会产生新思维。我们创作一个文学作品同样可以用到发散思维。比如：写大纲的时候，尽可能多地写出相关情节，等到动笔开始写再进行取舍。

在多种思维中选取一些思维，作为自己作品里的主题思想，会让文章变得更有逻辑性。因为在你选一些中心思想的时候，就对每一个中心思想进行了推敲，那些不合适的自然被淘汰。把剩下的思想连起来，层层递进，成了整篇文章的灵魂。

◎提高写作效率

当我们养成了随时记录的习惯，大脑自动记住很多写作素材，提笔写东西时就可以到自己的素材库搜"想要的东西"。思维一发散，深度的东西很容易体现，自己想表达什么中心思想就很清晰明了。

写作效率的提高，离不开大概框架和中心思想的确立，框架和中心思想确立了之后，提笔写会容易很多，花费的时间也更少。

◎文章有更清晰的框架

我们都知道散文有一个很重要的特点，那就是"形散而神不散"。"形散"的意思是写作方式和手法不拘泥，而"神不散"指的是中心思想明确而集中。就算是散文也应该有大致的框架，它不是毫无逻辑的抒情文章，而是用更加巧妙的手法把自己的中心思想表达得淋漓尽致。

随时记录带给我们更多的思考，思维发散的同时，文章的脉络更明晰。不仅散文是这样，我们其他写作也是这样，都要有自己清晰的框架。

记录些什么才能让思维发散？

我们已经知道随时记录对思维提升有哪些具体的帮助，可是该记录些什么，怎么记录才对思维的提升有帮助呢？其实，生活中的每一处都可以让我们记录，大到你每一次写文章，小到给人发微信。

记录最重要的是培养我们深度思考的能力，我们的思维逻辑会在每一次的深度思考中得到锻炼。所谓深度思考就是多去想问题背后的原因是什么，这个原因指的是问题背后真正的原因，而不是表面原因。这就需要我们对问题层层追问，层层思考，直到找到和问题有关的最直接原因。

◎ **写总结、邮件等**

工作中避免不了总结，周总结、月总结、年度总结都需要我们自己写，很多人写总结就是为了敷衍领导，殊不知，写好了总结也能让我们的思维发散。

总结，一般都是先写这段时间得到的任务是什么，要完成什么目标。然后，写这段时间完成的情况怎么样，评估完成进度。评估了之后，要指出这段工作做得好的地方和不好的地方，指出做得不好的问题。最后说说今后的工作要怎样做。

写总结时有个很重要的思维逻辑：先梳理一遍自己的目标是什么，其次会想自己完成得怎么样，然后会发现存在的问题，最后针对出现的问题想出对应的办法。写总结的思维逻辑一环扣一环，层层递进，直到找到出现的问题是什么，提出下阶段要怎么做才能更好。

工作中要好好写总结，把每一次的总结当作思维培养的过程，不再敷衍。

写工作邮件的套路也是一样，和总结不一样的是，邮件主要交代清楚事件，让每个人明白你主要想讲什么事。比起工作总结，邮件训练的是讲事实的思维。

◎ **微信聊天**

当今社会，几乎每个人都离不开微信。无论是工作沟通还是与家人联系，相信大家每天都有给人发微信的经历。发微信也是一种记录，只是这种记录更倾向纪实。有些人可能会想，单单发个微信是什么记录？其实，发微信也有很多种类型，给老板发的微信和给家人、客户发的微信肯定不一样。

拿给客户发微信来举例子，假如你得到一个之前完全没接触也没见过面的客户微信，这时你要向客户介绍你的产品，你不可能一上来就直接介绍产品吧？肯定要先做个简单的自我介绍，注意一定要简单。学会用简短的几句话讲清楚自己是谁，是做什么的，为什么找你。用简单的几行字交代清楚这些问题，让对方看了之后能明白。而不是发大段的文字给客户，客户看完之后还不能明白你是做什么的。

这就是第一种微信——发给客户的微信。学会用简单的几行字给客户讲清楚事情缘由，用这几行字给自己创造与客户合作的机会。

给家人朋友发微信就轻松多了。给这类型人发微信多半是为了关心对方，了解对方的近况。这时就不再是用简练的话陈述事实，而是尽可能把事实讲详细，让对方知道你的近况怎样。你可以用简单的形容词来概括最近怎么样，可以罗列几个详细的事项来说明。发这种微信消息锻炼的是我们陈述事实和描述自己感受的能力。比如，当我们遇到一件让自己很生气的事想找朋友倾诉时，你就要讲清楚整个事情的经过，讲完之后，还要阐述自己的情绪。发这类型微信给朋友，无形之中就锻炼了自己记录日常生活的习惯。

给老板发的微信多半和工作有关，如请示某件事、汇报进度、告知某件事的情况。当你请示某件事的时候，不仅需要把自己请示的事说清楚，还需要委婉提醒领导在哪里做自己请示的事，最好把请示的事的办理流程给领导也说下，让领导知道你要做什么，需要他做什么。

汇报进度则需要讲清楚各个环节的具体情况，老板希望听到的东西是具体的，而不是大概情况。这时你可以分段发送微信消息，第一个说总体情况，接下来说每一个环节的具体进度。

发"告知某件事的情况"的微信和"汇报进度"的微信并不一样。告知某件事的情况会解释为什么会发生这样的情况，以及发生了这种情况我们怎么办。相比汇报进度，多了解释原因，给出这种情况下该用什么办法来解决等内容。

基于以上三种发微信模式，我对微信的类型做出如下表格：

给客户发的微信	给家人、朋友发的微信	给老板发的微信
用简短的几行字 讲清楚事情缘由 创造合作的机会	锻炼陈述事实和 记录自己感受的能力	请示某事 汇报进度 告知情况

无论给谁发微信，都是一种记录，这是日常生活中使用频率最高的一种记录方式，每发一次微信都要认真对待，当作写作的锻炼。

◎朋友圈

一些人的朋友圈主要以宣传自己公司的产品为主；一些人的朋友圈主要以记录生活为主；一些人的朋友圈是为了分享自己看到的好文，记录自己的感悟。朋友圈是一个展示自己的平台，和给人发微信不一样，只要你愿意，你所有的微信好友都可以看到你发的朋友圈。

有些人习惯发大段文字的朋友圈，有些人喜欢精简的朋友圈，有些人仅仅喜欢发一些符号。哪种发朋友圈的方式都可行，都是你可以记录的一点。

当你看了一篇有意思的公众号转发到朋友圈，你对这篇文章的点评就是你自己的书写记录；当你将一件有趣的事发到朋友圈时，你的描述也可以被称为记录，底下的评论则是对你记录的反馈；你发的公司产品的宣传，也是一种记录。

无论是工作中写总结、发邮件，还是生活中给人发微信，或者简单发个朋友圈，都是一种记录。记录随处可在，可以用来记录的东西也信手拈来。当你做好日常生活中的这些记录，再勤加思考，学会追问为什么，发散思维渐渐就可以培养起来。

深度思维除了影响写作，还可以改变我们什么？

我们都知道，写作和生活是息息相关的，写作离不开生活，生活也因为写作的记录变得更有意义。深度思维不仅可以帮助我们写的文章逻辑更强，

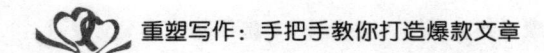

框架更清晰，还可以提高写作效率。那么抛开写作，深度思维对我们还有些什么影响，能改变我们什么呢？

◎ **看待问题的角度不再单一，变得更有同理心**

仅仅站在一个角度看待问题，很明显没有发散的思维。当我们培养了发散的思维，看待问题会从一个角度转变到多个角度。

比如前阵子学生跳楼的新闻，有些人仅仅看到事实的一面，甚至没有分清楚自己所看到的是不是真相，就开始破口大骂；而有些人意识到了学生已经跳楼这一事实后，可以冷静下来分析事情的原因，判断得到的信息是否真实，有明辨是非和独立思考的能力。摸清事实真相之后，会从学生、家长、老师、学校领导等角度去思考问题，然后得出自己的结论。

发散思维不仅能帮我们看清事实真相，更让我们有独立思考的能力，更容易站在他人的角度想问题，也更容易理解他人的想法，相应的，同理心也会增强，能感知他人的情绪。

◎ **提高预测问题的能力**

深度思维离不开深度思考，既然思考是深度的，那么它就不再单一。出现一个问题，没有深度思维能力的人或许只追问到表层原因就觉得是真正原因了，而有深度思维能力的人，常常会思考产生每种原因的可信度。他们会又一次对原因进行分析，会想这些原因是否真实、符合逻辑。是怎样的具体事例才造成今天这样的局面。

分析问题时，如果一个原因分析下来可信度不高，那么他们会继续寻找其他原因。带着这种深度思维去思考每一个问题，久而久之会形成自己独有的思维方式。遇见的问题多了，思考得多了，预测问题的能力自然会提高。

比如，当你做一个新产品的方案时，肯定也会想这类产品万一销售不出去怎么办。而有深度思维的人的想法不仅仅停留在销售产品上，还会想到如何让自己的产品变得更好，也会让更多人使用到自己的产品。这就是典型的预测问题从多角度来预测，挖掘到的问题很大一部分是事情的本质。

◎ 思维更加缜密

通常，有深度思维能力的人行动力也很强，因为想法多种多样，他们考虑问题往往更周到。可以用行动兑现思维，用实践检验真理。其实思维和行动相互配合才能检验出真理，看的真理多了，自己的世界观自然构建了起来。我们也是在思考—实践—反思这一循环中构建起自己的世界观的。

思考的过程就像是在追问事物的本质，提炼核心规律；在实践时做好每一步，用真实的事件和数据说话；在反思时总结好的方法，在失败中提取犯错误的点，避免下次再犯错。

思维缜密的人思考问题有很多种自己的方法，比如他们会分类，得到一个信息时，他们会在大脑中进行一遍筛选，先选出对自己有用的信息，过滤掉没有用的信息。针对这些信息，他们除了以"对自己有用"和"对自己没用"来分类，还会对得到的信息进行归类。比如，一类信息是属于数据类的，一类信息是属于竞争对手信息类的，一类信息是属于产品反馈类的，等等。

深度思维就是想得比较深，用自己得到的各种信息推测出有用的新信息，来帮助自己认识到事物的本质，看到真正的问题是什么。

◎ 观察能力更强

深度思维也是从生活中培养起来的，生活处处是学问，当你有了深度思维之后，你追问"为什么"的次数会更多，甚至随时都在追问"为什么"。当你有了追问生活中常见小事的意识，基本就有了用心观察生活的习惯。就比如菜市场的玉米为什么要连皮一起卖，这是因为如果把皮全部剥掉，玉米很快会变得不新鲜。这就是观察到的生活小事，带着这种逻辑去观察生活中的小事，我们也会收获很强的观察力。

随时记录有助于激发我们的灵感，而随时记录灵感则有助于提升我们思维的深度。深度思考帮助我们养成发散思维，从现在开始就思考身边的一切，追问事物的缘由吧。

6. 变现写作，获取个人财务自由

这些年网络上有了一个新词，叫作"副业"。同时诞生出来了另一个词叫"睡后收入"，意思是，当你躺着的时候，也可以赚钱。这几乎是所有年轻人的梦想。如果放在几年前，你也许觉得这个梦想是遥不可及，甚至是天方夜谭。可随着新媒体时代的到来，你会发现生活处处是商机。如果你是一个会写稿子的人，你会发现这个商机，而且你随时都可以抓住。

写作在互联网时代是至关重要的。最开始的时候我也讲到了，写作是个人竞争力的体现，同时它也可以让你产生"睡后收入"。

我相信这是一份非常全面的通过写作变现的总结。因为这都是我亲身体验过后，最靠谱的东西。

接下来我会分两个板块去讲解如何通过写作变现。

我的整体框架是把它分成线上和线下两个大板块。线上包含了我们写稿给别人，或者做自媒体课程等。而线下是写作兼职老师，做写作讲解处理或者普通的写作讲师。

线上

首先第一个板块就是投稿。

投稿也分好几个类别。从传统的投杂志、投出版文，到如今的投公众号、投网络小说、投影视小说、投剧本杀等，这些都是我们线上的赚钱方式。

◎ **传统杂志投稿**

如今征稿信息特别多，那么我们可以从哪些地方获取这些征稿信息呢？

首先就是实体杂志的征稿栏目。比如我们今天买了这个杂志，你觉得这个杂志的风格是比较适合你的，然后你觉得你自己的文笔跟它也是比较贴近的，那么你就可以去找到杂志中标明的征稿、投稿邮箱。然后把自己的杂志文字准备好之后再投过去。

如果你在杂志前后没有找到征稿信息，那么你可以去上网搜索征稿函。一般正规的杂志都会在网上发布征稿函，并且编辑都会给到具体的联系方式。如果碰到稍微负责任的编辑的话，他会把很多作者全部拉到同一个群里边，方便管理。

但是一定要记住一点，那就是好的杂志是不会收你的钱的。

怎么说呢？

我有个学员，当初哭着喊着对我说，他后悔死了，我一问才知道，原来是他在网上认识了一个杂志的编辑，他连这个杂志是什么类型的杂志都没有了解，然后就和这个编辑联系上了。并且编辑通过各种方式让他付费，之后才能上刊。他相信了，结果他就真的一次性付了好几千块钱。本以为自己可以顺顺利利上刊了，结果后来编辑联系不上了。

网络世界很复杂。一定要记住这句话。任何正规的杂志编辑都不会向你索要费用。相反，他会在收到你的稿子之后，第一时间和你取得联系，并告诉你这篇稿子的稿费是多少钱，追着你给稿费。

那些收你钱才能让你上刊的杂志是什么类型呢？大部分都是民营类型的杂志，是作协不可能认可的杂志。如果你确实想投文学杂志，那一定要有一双火眼金睛。如果你认识的作者朋友刚好认识这方面的编辑，那么最好让朋友介绍编辑。

总之一句话，任何向你收费的人都是骗子。

◎ 出版文

随着国家对书号的收紧，意味着我们今后要出版的图书要更加精良。写出版文是一件可遇不可求的事情。如何与这类编辑进行联系也是同样的道理，你可以在这本书上去寻找是哪家公司，或者是哪家出版社，然后去寻找他们的约稿函，再联系上编辑，然后跟着编辑好好学习写出版文的套路。

每种类型的文章都有它文章文体所需要的套路。不管你是从网络大神转

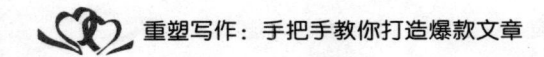

到出版，还是从影视大神转到出版，都需要经过不断学习、靠近文体，才能够获得出版。

同样，收费的都是不合理的。

◎ 网络作品

如今网络作品已经成为一个非常容易上手的副业。如果你急需赚钱，又不知道该通过什么方式能够快速地去赚钱。那么去写网络小说，对你来说是一件非常划算的事情。

那么我们如何去投稿呢？你可以先思考一下，你写的是什么类型的小说？然后哪些网站收这种类型的小说。接着通过后台注册你的账号，和你的编辑取得联系、签约，接下来的每个月你就可以获得稿费了。

它的弊端就是网络小说的世界很复杂，如今网络小说千千万，想要火是一件可遇不可求的事情。有些网络大神仅仅靠一本书就可以每天坐享其成。但有些人可能写了几年了，始终只有那么几百块钱。所以也是我之前说的，每种题材都有它自己的风格。即使去写网络小说，你觉得是一件很简单的事情，那你也需要学习，它到底是怎么去吸引读者，它也有自己的套路。

学会套路，你将事半功倍！

◎ 公众号投稿

公众号投稿和我们的新媒体写作相关。当你入门了新媒体写作，你就可以去各大公众号平台寻找约稿函，然后和平台编辑取得联系，进行投稿。

公众号投稿非常快，并且稿费很高。像我曾经的公司，一篇基础稿费就上千，加上阅读等提成的话，一个作者一个月坚持写十篇，就可以拿到上万元的稿酬。

这类型的写作变现的弊端就是竞争十分激烈。一个平台可能每天会接收几百篇投稿，而每天只能最多发八篇文章。这就需要你掌握新媒体写作的套路，才能真正走上公众号写作变现之路。

◎ 写书评

也许你看到这个会有疑问，写书评也可以赚钱吗？答案是肯定的。书评赚钱的道理我们不说了，我们来说说看，它是怎么赚钱的。它的流程很简单：图书方把书寄给你，你看完之后，在三个星期之内完成书评，按照要求完成书评，然后他们就会支付你稿费。一般这类型的书评，他们会投放到公众号、当当、豆瓣等平台。而这类型的稿费也是几百到几千不等。

缺点就是你需要花大量的精力在前期铺垫好，你是一个书评人的人设。就像我们现在常常说的抖音、网红达人一样。你要营造一个你在读书领域也是一个网红达人，这样才会有甲方找到你，主动地把图书寄给你，并且支付你稿费。

◎ **做自媒体**

是的，当我们投稿给别人的公众号的时候。我们还可以做的另外一件事情，就是做自媒体。正如我们前面所说的，自媒体有很多很多种平台，包括微博、头条、公众号、百家号、企鹅号、抖音、快手、小红书，等等。

这些平台非常愿意扶持创作者，一边是让创作者通过写出来的东西，让读者看了之后变成流量进行变现，一边会给出创作者的各种现金计划来鼓励大家去创作。同时，当我们的自媒体做好之后，也就变成了一种品牌。就迎合了我之前讲的个人品牌塑造能得到的所有好处。我们在新媒体这一块就可以得到。

举个例子，现在出版一本书，如果你是一个小白新人，那么你把自媒体做好之后，出书就变得非常简单了，因为你有了粉丝基础，而出版社或者是图书公司就是看中了你这样的基础。从而邀请你来出书。

这就是自媒体打造个人品牌。

但是它的弊端也非常明显：可能你辛苦了很久之后，每天没有任何收入，或者是只收入几分几角钱，这让你很容易放弃，从而把这条路走死。

因此，想要做自媒体，不仅要学会写作，你还要学会运营，运营和写作是不可分割的。

◎ **卖课**

现在有很多卖写作课的人，我想问你一下，你觉得他们都是会写作的人吗？其实大部分都只是云里雾里。因为拜了一个师傅，师傅教了他如何去卖课，所以他就开始去卖课。他也许从来都没有去深入地挖掘过，为什么这课要这么卖，为什么这个东西要这么写。仅仅因为他有了人，有了整体的课程模板，于是他就变成了那个卖课的人。

如果你想要做这方面的事情，我希望你是一个真的在写作上有一定的造诣，或者说有一定的想法，以及你的想法变成了现实或者是给了你很大帮助的人。

就像我有一个朋友，他是"10点读书"的签约作者。他在10点读书已经写了好多年的文章了，基本上我们很多人都读过10点读书，公众号都看见过他的稿子。因此，他慢慢地从一个写作者变成了一个去教别人写作，然后去上稿10点读书的一个课程老师。

如果你也是这样的人，有这样的能力作为背书，那么我也非常赞同你通过卖课去将写作变现。

◎ **售卖文案**

还有一种是特别的兼职，也就是售卖我们的文案，即帮别人代写。吃类型代写的活儿，其实有很多公司或者是个人都非常需要。比如我想要去参加演讲比赛，但是我工作太忙了，确实没有时间去写这个演讲稿，那么也许我会找一个去帮我代写的人。你也可以去成为帮别人代写的人，通过代写去赚钱。

这个最大的弊端就是，如果你没有很大名气，或者稳定性一般，那么你接到的业务不会太多，除非你能找到一个稳定的这种机构去做兼职作者。但你一定要记住，所有要你交钱之后才给你安排任务的，都是假的。一定要擦亮火眼金睛，懂得识别。

◎ **剧本杀**

剧本杀这几年非常火。但是它过稿的难度也非常大，需要你真的了解，并且是深入地玩过剧本杀，知道它的底层逻辑是什么，知道它写作的基础是什么，以这个为目标，你再去写这个东西，它就非常简单了。它考验的就是你的综合能力。比如说你在写悬疑文章的基础上，要把整个剧情逻辑，即连贯性、沟通性、复杂性全部表现出来。

◎ **参加比赛**

比赛是我们日常写作中最容易忽略的一种，但其实它变现的机会非常多。我认识一个作协的老师，他基本上只写诗歌，他写的诗歌不仅仅是投给杂志，还经常给各种比赛写诗歌。比赛诗歌是最容易得奖的，因为每个单元只有投稿的那么多人。大家都喜欢写小说，散文诗歌写得又快参赛人数又少。所以仅仅一年的这种比赛所获得的收入，就可以养活他。

因此，如果你是一个比较闲的人，有时间去搜索这些比赛信息的话，你可以去通过比赛进行写作变现。

线下

◎ **写作兼职老师**

其实很多辅导机构都需要一个真正能够写东西的作文老师。如果你在写作上有成就之后，那么你会更容易去成为这种线下的作文老师，它是一个非常稳定的兼职。比如每周下班之后，你都可以去做这样的兼职，一个月的收入大概可以抵你主业的工资。

如果你的写作能力达到了一定程度，那么你还可以去做一个真正的陪写老师。每天可以把放学的小学生叫到自己家里来，然后给他们辅导一两个小时的作文。

当然还有一种写作变现方式，就是我们职场上的个人竞争力，它是无形的。早在本书开头我就提过，写作是一种底层能力，如果你能够把这种能力用好，那么不管是你的沟通表达，还是平时工作中那些文案、宣传营销等，在公司里都有非常大的影响力。把这种影响力做大，那么你离升职加薪就不远了，你就不用去考虑做兼职了。

第六章

爱上写作：写作是一场漫长的修行

写作是思维的一种展现模式，正如思维偶尔会进入死胡同，我们的写作也是如此。写作一旦进入了误区，就等于把我们的写作创造力给扼杀了，这会使我们的写作变成一种教条，从而失去写作本身的意义，那些写作技巧和写作手法也无法真正发挥出来。

本章精选了六大写作误区，带你突破误区，重新认识自己，从而化解你在写作上的困惑，让你爱上写作。

1. 每个人都有成为作家的潜质

没有人一出生就是作家。那些文学史上的大师，都是经过数年积累和写作练习，才成就了一番自我。因此，"作家"这个职业，对于每个人的机会是公平的，它看的是你追梦路上的坚持和你付出的努力。

怎么才能成为一个作家？

这是很多热爱文学的人心中最疑惑的，我曾经也问过。后来我发现，写作就是向外界述说我们自身情感的一种表达方式，而这种渴望表达是藏在我们天性中的。

你会发现，往往对自身情感表达渴望浓厚的人，他在写作上会更容易。所以我们常常说，作家有一个特质就是多愁善感。

加拿大作家史蒂芬·平克也说过："写作之难，在于把网状的思考，用树状结构，体现在线性展开的语句里。"这就是感性和写作之间的关系，以至于有很多喜欢文学的人，认为作家必须有感情表达天赋，从而催生深厚的文字功底，才能够走上这条道路。

其实，每个人都有表达的欲望，只是有些人把它藏起来，有些人用文字记录下来，而有部分人在漫长的求生路上，被生活琐碎缠绕，从而没有时间去表达，久而久之，就变成了一个情感不那么细腻的人。

因此，严格来说，每个人都有成为作家的潜质，区别只不过在于你是把潜力挖掘出来还是等时间将它埋葬。

那么如何才能够去挖掘成为作家的潜力呢？我们首先要明白作家应该具备什么样的素质。

第六章　爱上写作：写作是一场漫长的修行

◎热爱写作

所有的动力，都源于热爱。如果你要成为一个作家，我相信你对写作是极其热爱的，而正是这份热爱，才将我们的日常琐碎之事变得更有意义，从而激发我们写作内容的生动和有趣，让读者具有代入感。

如何才能培养自己的热爱呢？以下几点认知必须明白：

①写作有趣且有成就感。什么情况下你会激动不已？比如你的文章被别人夸奖或者获得了一项奖励；比如你的文章被很多人支持和点赞；比如，你酣畅淋漓地写完了一篇心满意足的好文章……写作能带给你的快乐实在是太多了，而我们想要维持自己的热爱，就会不断地去记录下这些有趣且有成就感的小细节，才能激发我们更加想要表达的欲望。

②写作是生活的调剂品。准备或者已经开始写作的人会发现，写作不仅是我们表达情绪的方式，还是日常生活的调剂品。

比如在工作中，可以用写作来将自己的专业和见解系统地总结出来，当有一天同事或者上司需要的时候，你将它拿出来，你会发现大家投来了赞许的眼光；你可以将家庭生活记录下来，给未来的自己和家人留一份美好的回忆；你还可以和朋友分享旅行中的所见所闻所感，让风景在文字的阐述里传播开来……

你看，文字就是这样一种既感性又理性的武器，能够迅速调节生活的乏味。

③写作是感知世界的方式。李敖说，他很少旅行，却可以卧游天下。这就是文字的美妙之处。他把风景圈在了短短的字里行间里，让读到它的人在脑海中去浮现这样的风景，从而形成自己的感知世界。如此就算我们不用行万里路，也能一日千里，看尽天下。

这就是热爱文字的理由。

当然，很多人一开始只是将写作当成业余生活中的一种消遣方式，就像画画、游泳一样，只要有时间了，或者想写了，就写一写，并不把它当作生存的手段。

但这也不妨碍我们去热爱它。或许某一天，当你的热爱成为你的主业时，你会惊奇地发现，原来写作的魔力是如此之大。

◎ 贵在坚持

作家刘慈欣在成名之前曾是电厂的一名普通职员，他在电厂边工作边写作近三十年，才有了今天的成就。

那时，他所在的娘子关电厂地处偏僻，离县城有十几公里。他和其他同事一样，每天朝九晚五地上班，下班后还要接女儿放学，回家给孩子做饭，在这样寂寞、安静的环境里，除了枯燥、单调的工作外，读书和写作就成了让他变得快乐的事情。

就这样，他日复一日坚持写作，才在后来写出了那些惊天地泣鬼神的文字。

不仅仅是他坚持着，古往今来，几乎所有作家唯一长久坚持的一件事，就是写。正如鲁迅说的："哪里有天才，我不过是把别人喝咖啡的工夫都用在了工作上。"

可见坚持写作的重要性。如果你想成为一个作家，我建议你从现在开始把写作当作生活去坚持。

因为坚持它不仅仅让你离作家梦更近，也会改变你的生活。

①坚持写作可以结交到新朋友。都说文如其人，你的文章代表你这个人的思想。当你的文章与别人产生共鸣的时候，别人才会慕名而来，做你的粉丝也好，做你的朋友也好，都会让你的生活有所变化。如果对方的三观又刚好和我们相符合，那么，我们会不费吹灰之力就找到一群志同道合的朋友，不仅可以互相讨论对某件事的认知，还可以互相倾诉情感，成为人生路上的伙伴。何乐而不为呢？

②坚持写作可以深入思考问题。关于这一点我曾经在第一章提过。写作的意义，有一部分是帮助我们去思考、去总结、去调动思维的深度。你会发现，那些常年写作的人，他们看待问题是很深入的、理性的。并且对于问题的关键点剖析是很精准的。也正因为如此，他们写出来的东西才会更被大家

所接纳。

同时，写作和阅读是分不开的。一个会写作的人，读过的书往往是比较多的。书籍能让他处于思考的状态，知识也被他装进了脑子里，那么他思想上的深度，自然和不常接触写作的人差距很大。

比如，当常人在思考当下的时候，他在思考未来；别人在思考未来的时候，他在思考宇宙。

一个经常思考的人，人生不会太差。

◎ 抗压能力

作家还有一个素质，就是心理上的抗压能力。当他在撰写一部作品的时候，他是站在上帝的视角去写的，而作品里善恶阵营他不能去偏袒任何一方，因此，他写的时候，往往是痛苦的。

因为他无法帮助笔下的人物快速度过悲伤，反而要去制造更多的悲伤。这就像演员在演戏过程中，如果太入戏，那么在喊停的时候，会因为缓不过来而让自己迟迟无法回到现实，从而哭得忘我。严重的时候，得抑郁症的也不在少数。

日本作家石田衣良的《孤独的小说家》一书中，就讲述了两个作家的例子：

城之内臣以小说《誓爱》成名，作品很受欢迎，却因为再也写不出第二部有所突破的作品而去当了小说学习班的老师。

22岁年轻漂亮的女大学生船山多摩子也凭处女作荣获芥山奖，最后因写不出第二部更有新意的作品而早早弃笔成婚。

可见，写作也是一种压力，它需要写作者有抗压的能力，去承载一部优秀作品的面世。那么如何才能锻炼自己的抗压能力呢？

①定期写作。隔三岔五花半小时或一个小时，拿起笔去写作。此时，你不用在意主题，也不用在意体裁，哪怕是做的梦，只要能想到的，就都写出来。

然后把这些草稿都放到同一个地方，隔几个月或者一年拿出来复盘，你会发现它们正在等待着你去写完，你对写作就更加有动力。

同时，你可能会感叹："这是我以前写的吗？简直太好了。"这样，你会更加喜欢自己的写作，如果身体里的另一个你成为了你的粉丝。

②分享写作。分享是一种美德。我们常说：如果你有一个苹果，我有一个苹果，两个人交换，仍然只有一个苹果；而你有一种思想，我有一种思想，交换以后就有两种思想。

写作也一样，互相交换学习后，无论是写作技术还是灵感，都会得到提升。

举个海伦·凯勒的例子，你会有所启发：

海伦·凯勒是美国盲聋女作家和残障教育家。1880年出生于亚拉巴马州北部一个叫塔斯喀姆比亚的城镇。她在一岁半的时候因为一次猩红热被夺去了视力和听力，接着，她又丧失了语言表达能力。

然而就在这黑暗而又寂寞的世界里，海伦爱上了写作。海伦和导师安妮·沙利文交流之后，安妮便努力地教她读书、说话和与他人交流。

在最初写作时，海伦没有任何读者。她只能在写完之后就交给自己的导师看。导师看完之后也会对她的作品提出意见。

就这样，海伦的写作水平在两个人相互的交流中迅速进步。

海伦后来以优异的成绩成为一个学识渊博、掌握五种语言的作家和教育家。

1968年，海伦去世，她这一生写了很多著名的书，比如《假如给我三天光明》《我的生活》《我的老师》。

可见，没有老师的爱，就没有今天的她。

因此，拿自己的作品和别人交流是一项非常重要的事情。不仅可以让你的东西被别人看见，你也会因别人给你指出问题而有所进步。

每个人都有成为作家的潜质，但成为作家是没有捷径的。当你了解到作家应该具备的素质之后，接下来我们要学习如何掌握成为作家的能力密码。

◎熟练掌握写作套路

专业写手和业余写手的本质区别并不在于是否掌握写作技能的熟练程度，而在于是否掌握了写作套路。

我们在写文章之前，不要一开始就给自己固定写作字数，比如从今天开始，我要每天写 2000 字。这是最典型的低质量勤奋写手的状态。

正确的做法是先按照写作套路去练习，再去写作。正所谓"工欲善其事，必先利其器"，一定是熟练掌握了写作套路，再去反复练习和实践这些套路，让套路成为你的武器，这是一个相辅相成的过程。

当然，学会运用套路并不是我们写作的最终目的，而是将这些套路熟记于心后，将它融进自己的写作中，成为自己的东西。如此，即使你在写作的时候什么都不想，也能得心应手地运用。

这才是我们学会套路的意义。

◎持续写作，反复实践

写作是一门手艺，如果我们长时间不写，一定会手生，所以想要掌握写作这项能力，就必须持续去练习写作，这一点我在第五章也着重谈到了。

练习的时候，我们应该结合我们前面学到的写作套路去进行实践。正所谓实践是检验真理的唯一标准，再厉害的套路，如果不勤加苦练的话，也无济于事。

你可以给自己制订一个套路的学习计划。比如说每一个写作套路，我大概会写两到三篇文章，去把这个套路融会贯通。然后再把它运用到实践中去，成为一个随手就可以写出来的无形套路。

记住，写作最怕三天打鱼两天晒网。不要在练习的时候，一时头脑发热，给自己的强度太大，以至于坚持三四天就放弃了。如果你是这样，那么永远也别想写出好作品来。

◎找准写作方向

创作的类型到如今这个时代已经非常多了，比如小说、随笔、散文、诗歌、影评、书评、时评、旅行见闻等，首先我们要做的就是找准自己的写作方向。

如果一开始并不知道自己擅长什么，其实可以花少量的时间都去尝试一遍，直到确定好自己到底适合什么样的写作类型后，就开始专攻这个类型的文章。

切记不要跟风，不要觉得什么火就去写什么，适合自己的才是最好的。况且，我前面也说了，要持续在同一个领域写，才能更好地帮助我们在这个领域建立影响力、打造个人品牌，甚至聚集粉丝直至变现。

◎打造写作风格

写作风格就是对我们个人的辨识度，是专属于我们自己的品牌，只要别人一提起某种文章类型，能快速想到我们，这就是写作风格。比如，文笔犀利的人我们会立刻想到鲁迅、余华；文字悲伤的人，我们会想到路遥等。

每个作者的文字风格都是不一样的，那么我们如何找到自己的写作风格呢？

"书读百遍，其义自见"。我们应该先去读一下我们喜欢的文字风格，然后参考它们的这种风格，去模仿写自己的文章，然后从模仿中慢慢找到自己的风格，从而变成具有自我代表性的语言。

◎去固定平台更新

现在最好的 IP 打造方式，就是去网络平台写作。这样不仅积累了粉丝，还能够让自己在市场上占有一席之地，从而让更多的人看到我们的价值。当你不断地写、不断地更新，从而拥有一大批人追捧的时候，你的文字也就成功了。

具体有哪些平台，参考第四章我讲新媒体的那个小节，已经详细列出来很多了。

总之，作家不是一个遥不可及的职业，它其实一直都在我们的潜意识里，只等待着我们去挖掘。如果你的梦想和我一样，是成为一个作家，那么我建议你好好将自己的潜力打磨一下，坚持写作、坚持更新、坚持投稿、坚持让人知道你在写作，以此，去把我们的写作能力展现出来。

当然，我们一定要注意观察生活，因为灵感来源于生活，好的作品都是从生活的角落里发散出来的。让我们一起，朝着作家梦进发，让我们的作品被更多的人看到。

2. 灵感来源于日常的积累

灵感有时候就像彩虹，来不来全凭它的心情。你现在是处于等灵感的状态，还是主动找灵感的状态？如果你是后者，那么恭喜你，你明白了灵感的本质；如果你是前者，那么很可惜，你也许会被灵感拖累。

怎么才能有灵感？

我想这是让写作者很头疼的一件事。因为大部分人都对写作有一个误区，那就是一定要等灵感来了，才能开始写东西，否则写出来的就像狗屎，没有任何用处。

事实如此吗？

我们从灵感的定义入手。灵感指的是在创作中突然有了新的想法和思维，突然获得一个看待事物全新的角度，从而让写作效率大大提高。在这个过程中伴有一定的兴奋和喜悦。

比如费罗·法恩斯沃斯萌生制作电视之意，是在土豆田里劳作时产生；爱因斯坦则在坐火车时想到了相对论；阿基米德在沐浴时发现了浮力定律；鲁班看到叶子两边锋利的齿和虫子大板牙上的许多小齿发明了锯子；牛顿被苹果砸到头，发现了万有引力……

由此可见，灵感往往是推动我们成功的必要条件。可它的特点就是：突然。也就意味着，我们没办法规定它什么时候来，甚至主动邀请它都不一定会被理睬。

这就是灵感误区的来源。

我没有任何灵感，到底该如何获得它？

曾经有一个和我一起参加写作比赛的作者，叫 Summer，我们在比赛结束后一起相互交流，我问她："日常没有灵感，你是怎么写东西的呢？"她没有对我提出的问题感到疑惑或惊掉下巴，反而像是找到终于能懂她痛的挚友般，真诚地和我交谈了起来。

"你很懂我啊，之前好多人问我灵感是怎么来的，我其实都不太答得上来，因为我在没有灵感的时候也要写东西，所以灵感是什么时候来的，其实我也不清楚了。"

我很好奇地继续追问："那写的这些东西一般都是些什么呢？"

"这些就比较散乱随心了，有时候写一些生活中看到的场景，比如大人和小孩的对话呀，两个老人之间的对话呀，年轻人之间的对话呀，或者由他们的对话我产生的感悟之类的。但也不光只写这些东西。可以写的有很多，有时候写点儿生活中的景，有时候写点儿自己的想法，甚至回家路上遇到一只小猫也会写下它眼神是什么样。"

"就是万事皆可写，对吧！"

她点点头，我也会心一笑，表达我和她一样，都是如此看待这个问题，她很快跟我击掌结束了这次对话。

你看，其实很多时候灵感真的不是你挤海绵一样，或者像牛顿坐在树下一样来的，而是在你不经意间突然降临。

比如服装设计师的灵感可能是在看了一场走秀之后突然涌现；画家的灵感会在和某位艺术工作者交谈之后冒出来；音乐创作者或许仅仅听到一个美妙的声音就可以灵感爆发，创作出一首歌；写作者可能仅仅是观察到生活中某一现象，或是听了别人的故事就有灵感写出东西。

这一切的一切，是建立在我们继续着我们当下正在做的事情之后，在日常积累过程中突然展现的。换句话说，你想要获得灵感，得先学会日常去积累它。

◎ 随时记录

需要注意的是，随时记录更多强调的是"随时"。它有助于你写作习惯的养成，找到属于自己的写作状态。我们可以从以下几个方面记录：

①记录听到的故事。生活中我们时常会看到一群人在一起聊天讲述自己的故事或是身边人的故事,当我们听到这些故事的时候,觉得有趣或者奇特的,可以适当记录下来。

记录下的这些东西不一定要马上用它,或者马上加到我们正在写的东西里,我们要做的仅仅是把一个个故事积累起来,放在某个地方。

当我们真正开始写东西或创作小说的时候,就可以把平时积累到的故事进行整合,组成一个属于自己的素材。同时,加上一些自己的想法和一条条故事线索等,一部作品的大框架就出来了。

很多文学作品用的都是这个套路。比如,海明威的《老人与海》这部小说,就是以真人真事为创作灵感写出来的。

那时,海明威移居古巴,认识了一位老渔民,这位老渔民在一次暴风雨中让海明威搭乘了自己的船,从此他们结下了深厚的友谊,并且经常一起出海捕鱼。

有一次,这位老渔民出海到很远的地方捕到了一条大鱼,但由于这条鱼太大,没办法捕捞上来,导致他在海上停留了很长时间,归程中被鲨鱼袭击,结果回来时大鱼只剩一副骨架。海明威听到这个故事后,以此为素材,写下了《老人与海》。

不过,如果你来不及或记不住整个对话,那么记下关键词汇或短句,也是很有用的一招。只要你能够再次看到这个词汇和短句时,能迅速记起你当时的想法,也是还原灵感的一个妙招。并且,在回忆这个想法之后,你一定有新的想法出现。

这就是素材带灵感的体现。

②写日记并定期重读。除了记录生活中听到的故事,写日记并定期重新读也是积累灵感的好方法。有人可能会说:"写日记烦琐又麻烦,对我的创作丝毫没什么用,还耽误自己的时间。"其实当你真正提笔写日记并坚持下去的时候,不仅锻炼了文笔,还养成了写作的习惯,这个习惯对灵感的积累非常有帮助。

可以做一个简单的设想，当我们在生活中听到一些别人的故事，没有第一时间记下来，过几天有很大概率会被我们遗忘，当提笔要写新东西时，脑海中什么故事都没有了，再细想，呈现出来的东西就是普通且不新颖的，反而会让你的创作变成一件痛苦的事情。

因此，有这样一个记录日常生活的方式，让自己在创作时变得轻松一些，也会让你的灵感来得更快。

不过，在写日记的当下，你不会感受到日记本身的内容对你有所帮助，但是过一段时间回头再去看自己的日记时，会因为心境的不同，反而能以一个局外人的眼光看待当时的事，自然会产生不同的感悟。并且，你还能看出自己文笔上的不足，在这个事情的基础上去思考是否还有可以延伸出来的更多其他的事情，从而达到灵感的发散。

比如，当我现在回看中学时候的日记，就像是在漫漫的宇宙时空里，再次拎起这段时光，与那时候的自己再交流一次，我就会有很多想要对"她"说的话，然后灵感就来了。

③重温以前看过的东西。在写作积累阶段，我最喜欢做的一件事情，就是把我认为好看的书，好看的文章，好看的电影等都积累起来。包括打印单篇散文和用一个笔记本记下读书笔记。这样做的好处是，当我没有灵感的时候，就可以把这些翻出来读一读，然后我便能找到许多灵感。

因此，我们要善于从纷繁复杂的生活中发现有用信息，并把它们记下来，因为灵感涌现是没有规律且突然的，我们通过这种方式就可以抓住它。

◎读书

积累灵感的第二大办法，就是我常说的阅读。通过阅读大量的书籍，分析文学创作者在创作过程中的心境，来锻炼自己的创作。

要知道，大多数的文学创作者都有一颗细腻敏感的心，当我们在看完其他人作品之后，肯定会有一些自己的想法和感悟。而当我们记录下我们的这些感悟，等需要用的时候，就可以非常快速地来到你面前。

比如，现在让你举一个爱国英雄的例子，你的头脑里能快速显现出谁来？我相信，如果你看的作品多了，对于这种例子手到擒来，这就是积累的过程。

当然，这些不仅仅局限在文学作品里，还可以看相同题材的影视类作品。

比如，当你想创作一部以女性为题材的作品却遇到瓶颈时，就可以去看相同题材的作品。多看下他人的思维和表达方式，把很多想法积累在一起，说不定又会有一个新的想法自动呈现。

比如我小时候就喜欢边看电视剧边把一些觉得好的情节和台词用笔记下来，这些情节和故事在我脑海里迅速生长，后来我长大写小说的时候，用起来自然快很多。

◎ 旅行和思考

旅行可以让你在途中积累到很多写作素材，也是灵感的另一个来源之一。比如有些摄影师会选择去不同城市来获取灵感，一些作家也会换个城市生活几天，体验不同的生活方式从而积累自己的灵感。

在文学创作中也有这样的例子。著名散文家余秋雨的很多作品都是在旅行时创作欲被激发出来的。例如游中国创作了《文化苦旅》，游欧洲写出了《行者无疆》，游中东则诞生出《千年一叹》。

你看，一个新的地方或者换一个环境，可以很大程度上增强你的好奇心，激发你灵感上的新鲜度，同时会刺激你去深度思考。并且一个问题想明白了可能会随着下一个问题的出现，层层思考，最终会得到自己想要的答案。

不过，我提倡的不是让你有事无事就往远方走走，因为很多写作者都是兼职写作。如果你不是一个空闲时间很多的人，可以去附近的城市或者家附近转转，你也可以找一个安静的住所随便住一两天。只要是换了一个新的环境，你的想法自然会比现在多很多。

当然，在你开始写一个东西时，要有一个主题构思。比如，当你想写一个以小孩为题材的作品时，就可以去附近的幼儿园逛逛，找找符合你主题的点，进行观察和思考，积累灵感。

◎ 与人主动沟通交流

灵感的另一个激发点在我们和别人之间的沟通交流中。

试想一下，如果你和另一个朋友在一起八卦某本小说里的男女主，或者八卦娱乐圈里的一些小事情，在这样的交流过程中，你是否也积累了很多写作的素材？目前可能用不上，但万一哪天有相同原型的人物可以作为小说人物去撰写呢？

因此，学会与同行的人交流或者志同道合的小伙伴进行交流，是灵感的重要来源之一。

不过，我们要注意交流方式。不要抱着批判思维，或对一个事物一定要做出正确或者错误评价的想法去交流，而是应该抱着"看看别人怎么想，别人的想法和我有哪些不一样"为初衷与人交流。

在这里，我可以分享一个自己积累灵感的小方法——与孩子交流。

为什么我喜欢跟孩子交流？因为小孩的世界天马行空，很有想象力，在他们的世界里，万事万物都有生命，比如他们可以和桌子对话，把玩偶当成自己的好朋友，把一切大人眼里没有生命力的东西都变得有生命力。

我在写一个以"爱"为题材的东西时，就去问不同年龄的小孩什么是爱，得到的答案很惊艳。有小孩说，爱是在他没有铅笔的时候，姐姐把自己的铅笔给他用；有小孩说，爱是他过生日的时候，妈妈送他礼物还亲他一下；有小孩说，爱是第一个拥抱你的人等等。他们给出的结果总是与我们这些大人不一样。

当然和他们交流仅仅只是为了跟他们一样，进行天马行空的想象，从而获得灵感，而不是采用他们的观点。

当然还有一些小办法可以让你获取灵感，这主要取决于你自身怎么看待这件事。比如听音乐，散步，游泳等等，只要你能让自己沉浸在某件事中，并且达到放松的状态，大脑自然听到你的召唤，陪你一起天马行空地幻想。

总而言之，写作是一种状态，它存在于你当下所经历的每一分每一秒，存在于你生活中、你看过的书籍、听过的每一个故事、与人交谈的每一刻等。

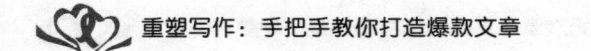

我们的阅历越多，我们写出来的东西才越深刻。因此，我更愿意把积累灵感比作挖宝藏。它是一种反复挖掘素材、坚持、卖力的一个过程。你永远不知道哪一刻宝藏会被挖出来，也不知道挖出来的宝藏长什么样，但只要坚持下去，就一定会找到这个宝藏。

你看，听起来也蛮好玩的，也很浪漫。现在开始，不要等待灵感光顾你，而是主动去积累灵感，就像小时候想要收集世界上所有的糖果纸一样——坚持且执着。

当你某天收集到足够多的糖果纸时，走在路上都会觉得自己在发光。而你的写作梦，也会在某个时刻终和你相遇。

3. 写作不是随波逐流或者特立独行

一个作者该用什么样的性格去面对自己的作品和大众的态度？是大众说什么是什么，还是无论别人说什么都不搭理？也许两者都不是。太过执拗和太过随波逐流，对于一个写作者来说，都是致命的。

写作是否应该随波逐流？

对于这个问题，作家莫言曾在《全球化时代作家的责任》的演讲中回答过："作家一定要有定力，而不是随波逐流。"

说出这样的话的他，曾经就因为随波逐流吃了很大的亏。

20世纪90年代初期，莫言正是一个默默靠写作赚钱为生的人。由于当时别人写电视剧一集三千元，他一万五千元，所以他没有禁住诱惑，就接了写一部电视剧剧本的工作。等到他写到第十集时，已经赚了十五万元稿费。这在当时可是一笔不菲的收入。

但没想到，在那个时候出现了"陕军东征"的文学现象。比如陈忠实写的《白鹿原》，贾平凹写的《废都》，都引发了整个社会阅读长篇小说的热潮。

那时，莫言戏言："当年所谓聪明的作家其实是愚蠢的，即便是从赚钱的角度，我写电视剧也只赚了十几万元，但人家陈忠实的《白鹿原》到今天为止都赚了几百万元了。"

你看，如果只是随大溜去做一件不符合自己写作方向的事情，未来的大利或许就被眼前的小利所掩盖。而如果你想成为一个真正的作家，就应该清楚自己的立场，不管市场喜不喜欢，都应该坚持自己写作的内容，因为写作本身就是不同而多彩的。

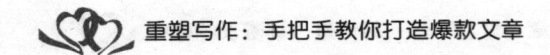

试想一下，如果人人都写相同的东西，那还有什么文学发展可言。尤其在当下新媒体盛行的时代，由于受流量的影响，让很多人都做起了当网红的梦，从而衍生出了更多喜欢走捷径的人。

特别是某个人突然写了什么爆火，那么跟在他身后写相同类型的人便蜂拥而至。就拿现在的小说来说，在过去，小说的品种千变万化，作品的内容多姿多彩，而如今，一年出一本别致的小说，竟成了一种小概率事件。

再比如，前几年穿越很火，打开网站几乎全是写穿越；后来修仙很火，又陆陆续续全去写修仙。如此的市场，真的能让这些人火起来吗？现实告诉我们，并不。

急功近利不是一件好事情。这种舍本逐末的做法，只会让我们永远跟在别人的后面，一旦做不好，更有一种挫败感。

那写作一定要特立独行吗？

千万不要被"我命由我不由天"的这种观点所迷惑了。一味想着成为一个特别的作者，或者想着通过一些冷门的选题来获得关注，最终得到的结果可能是适得其反。

比如，如今的网络文学里边，小说是占主流的。散文在网站已经找不到任何可以投稿的地方。

结果你为了特立独行，就去原本只收小说的网站更新散文，那么现实会告诉你，你的文章即使写得再好也没有任何人会去关注，并且还会被编辑拉入黑名单。哪怕你为了找这些选题花费了大量时间，你所付出的努力始终是白费的。

其实你只要仔细分析，就会发现，为什么大家都去写小说，而不是散文，是因为考虑到了市场的走向和读者的喜好才放弃的，并不是网站只收小说。

当然，如果我们只想给自己看，可以不考虑这些问题。可如果你想你的文章被读者看到，就必须考虑读者的需求。特别是一个时代有一个时代的文学，每个时代的读者他的需求是不一样的。就像古时候大家都喜欢写诗歌，但现代却小说居多，诗歌已经在大众的视线中渐行渐远了。

因此，不要一味地特立独行。要明白写作本身是什么。在我看来有五点：

（1）写作于作者是一次自我对话

写作的过程应该是我们与内心深处自我的一次对话，特别是一些不善言辞的人，他们更希望借助文字的形式向他人表达自己内心的想法。这种形式可以是小说、诗歌、散文、随笔、日记等，体裁没有任何限制，只要能有所表达。

（2）写作于读者是一次分享

不管我们是在讲述一个故事、阐述一个道理、传授一种经验还是在倾诉、抱怨等，于读者而言，都是一次分享、一次体验。由于个体知识层次、人生经历不同，一千个读者有一千个哈姆雷特，有人看鸡汤文，就有人关注时政评论文，有人喜欢言情小说，就有人喜欢纯干货。在这个追求多元化、个性化的时代，我们没必要满足所有读者的口味，只要抓住一部分读者的心，我们的文章就是有价值的。

（3）写作人人平等

无论我们身处何方，无论我们是专职还是业余，无论我们文凭如何，只要我们想写，就可以拿起笔来表达自己。写作是自由的，只要我们想写，就能写。唯一需要的，也许就是一颗热爱写作的心。

（4）我们需要发声

我们不是文人大家，也不靠写作谋生，更达不到像卡夫卡那样"一旦我失去了写作，便失去了一切"的忘我程度。我们现在所处的时代是经济飞速发展的时代，是物欲横流的时代，当然也是注重精神文明的时代，这个时代最大的特点就是——更加自由和开放。

我们可以通过文字去表达自己的思想，让更多的人认识我们，我们也可以将自己掌握的知识、经验等用文字的形式分享给更多人，就像鲁迅发出呐喊唤醒沉睡的国人一样。

所以，既然我们身处这样一个时代，就可以用笔在这个什么都有可能的

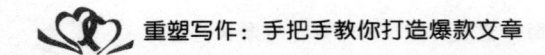

时代找到属于自己的位置，勇敢发声，勇敢书写。

（5）以写作达到更好的收入

这一点在前面的变现写作中，我也谈到过。如今的写作大部分都可以用来变现，并且如果你的笔墨可以，完全能够支撑你全职写作。因此，如果你热爱写作，又想有大量的时间来创作，也可以以写作变现来支撑自己的生活。

总之，关于写作，它的好处有很多。但我们都不应该随波逐流或者特立独行。如何去写？我建议从选题下手，去摸索一条平衡的道路。

◎结合热点时事而非热点文章

自从百度、头条、微博等各大软件横空出世后，无论是粉丝追偶像，还是网民追求新闻真相，都已经不再是难事，只要打开其中任意一个软件，就会收到扑面而来的各种信息。当然，面对各种各样的新闻舆情，我们首先要学会的就是如何从这么多信息中选择出最能博读者眼球的信息。

相信，很多人会说，反正每天有这么多爆款文章，只要跟着大家写准没错。这就犯了写作中的大忌——随波逐流。那如果撇开热点，去写一些冷门小众的文章呢？这确实不会和其他人雷同，可也犯了写作大忌——特立独行。

真正懂得选题材的人是会从随波逐流和特立独行中找到平衡点的，他们不会放过任何一个热点时事，但会巧妙地避开所有热点文章，重新寻找新的角度，再结合自己的知识和观点进行创作。

毕竟，不管是在传统媒体平台还是在新媒体平台里，读者和数据是对一篇文章最直接也是最好的反馈。比如我们对一篇爆款文章进行编辑重组，归根到底还是他人的文章，传递的是他人的思想和情感，而我们也只会被贴上"搬运工"的标签，到时候，无论我们再写什么样的文章，都不会获得读者的好感和信任。

相反，如果我们不是针对爆款文章而是结合热点时事写作，主动查资料，写一些爆款文章中所没有的内容，那么，不仅可以给读者带来全新的认知，更能直接传递出我们的深度和思想，引起更广泛的宣传。

例如：以当下疫情为话题，写一篇和疫情有关的文章。

那么，我们首先想到的不应该是疫情的传染源、传播方式和预防方式，而应该寻找更刁钻的角度，比如"古代疫情和现代疫情下的众生相"等。

太阳底下无新事，面对各种各样的热点，读者也会寻找对自己有价值的文章，如果想保持自己内容的深度，又保证数据，就要时刻紧贴大众，紧贴当下。记住，选热点话题并非蹭热点，迎合读者也并非没有底线。

◎写读者熟悉的人或事

如果我们想要写一个名人故事，那么就要考虑这个名人是否被大众所熟知，如果不是，那么就意味着这篇文章成为爆款的概率很低。当然，也并不是要我们放弃，而是寻找全新的角度，试着从观众的兴趣出发。

例如：我们打算写作家加缪的故事，但它不属于流量推荐词，那么我们就从当下疫情出发，由疫情关联到他的作品《鼠疫》，再从《鼠疫》写到他的人就好了。

◎写自己的故事

巧妙借力，用其他流量关键词写自己的故事，更容易引起读者的关注和阅读兴趣。

对于读者来说，什么样的内容是精彩的？

①对读者有用。我们读书是因为想要汲取对我们有用的知识，读者也一样，他们在挑选文章的时候，也会根据自己的需要选择是否愿意读我们的文章，这时，如果我们写的东西对他们有意义，有帮助，那么，他们自然对我们写的文章感兴趣，甚至还会把以前我们写的东西都找出来看一遍。有用、实用、用理论指导行动，永远是求知的首要目标。

②文章的公共性。如果我们写作的目的是给读者看，那么，最好的选题就是读者所关注的事，选题越受关注，越有读者愿意阅读。

但是一定要避免的一件事就是：抄袭。

例如：当下某个人物非常火，于是关于他的文章也随之涌现，但是通过阅读几篇后发现，所有文章的内容及写作方法都差不多，就连输入的观点也极其相似。

对于作者而言，写这样的文章，无疑就是多找几篇，然后进行数列组合，蹭个热点，获得流量而已。但这对刚开始写作的人而言并没有好处，不仅不会提高自己的写作水平，反而会因为这样的写作方式，逐渐丧失原本属于自己的写作能力。

对于读者而言，他们也更反感这样的文章内容，千篇一律，谁还愿意反复去读呢。

切记，千万不要因为别人做什么我们就跟风，毕竟每个人所擅长的领域不一样，目的也不一样。也许别人写作是为了提高文章的阅读量，得到更高的广告分成，而我们写作的目的在于价值输出，打造个人品牌，如果我们随波逐流，一是和我们的目的背道而驰，二是浪费我们的才能，反而得不偿失。

所以，我们在写作之前，一定要先想清楚自己现阶段的写作目的是什么，再去行动。当然，一旦确定了目的，就要实践，否则只会一直处于口头层面。

不过因为我们每个人所处的阶段不同，目的自然也会有所不同。刚开始，我们的写作能力很差，那么目的就是怎样能快速提升我们的写作水平。我们不用着急独立写完一篇文章，可以先以日记的形式记录生活，也可以反复欣赏喜欢的文章，学习他们的写作方法；训练一段时间后，我们开始尝试针对一个选题独立创作一篇文章，这时候，我们的目的就是给更多的人看，认真对待他们的反馈，找到自己的不足之处，继续修改，完善作品；写作水平飞速提升后，我们就把写作目标定位于赚取稿费，或者成为签约作者。

③内容价值的永恒性。不管是第一阶段的随便写还是正式创作，一定要让内容看起来有血有肉。比如写记叙文时，不能只做到叙述而忽略了环境的描写和人物心理的描写；写游记时，也不能只赞美景物的美而忽略了想要表达的真正价值。注意要虚实结合、动静适宜。

比如新海诚的《你的名字》上映时，受到了很多观众的喜爱。故事一开始，男孩和女孩互穿灵魂，相互体验了各自不同的生活。男孩为了了解真相去了女孩的家乡，但是到了那里才发现，那地方早就毁灭了，而让人不可思议的是，女孩这边明明还宁静地生活着。原来男孩和女孩生活在一个平行世界，时空相差了三年，这个小村庄早已在三年前就被千年一遇的彗星撞击所毁灭了。为了拯救村庄，男孩和女孩共同努力，但在成功解救了村庄的同时，互相遗忘了彼此，直到下一个相遇，才记起了"你的名字"。故事情节很吸引人，都市与乡村场景的交换，以及平行世界的存在，冲击着观众情感的同时，也让观众更珍惜眼前人。

但新海诚的另一部作品《秒速五厘米》却相反，虽然画面优美，但无端的忧愁根本无法打动观众，显然，和《你的名字》相比是失败的。

可见，要想创作一部被读者记住的作品，必须站在读者的角度去思考当下社会现状，只有结合读者的感官，才能让读者随着我们的喜怒哀乐而共情。

写作是一个缓慢的过程，尤其刚开始的时候，孤独艰辛一定多过欢乐，但只要度过了这个阶段，就会发现，原来写作也是一个自我疗愈的过程。

就像黎明前的黑暗，在抵达黎明之前，天色往往会迎来最黑暗的一段时间，只要挺过这段时间，更加美好的光明在等着我们。

别犹豫了，赶紧提笔写起来吧！

4. 越是瓶颈越要充实自己

当你的写作熟练度或者频率上升到一定水平之后，你的脑子就会进入瓶颈期。此时，你对于语言和词汇的贫瘠感受是最深的。你想要写一篇好的文章，但是却找不到一个好的角度，你想要写出一段好的句子，可是你找不到表达的词汇。这个时候你就需要停下来，为自己充电。

什么是写作瓶颈期？

这个问题对于那些以写作为生的作者体会是最深的。当他们频频输出作品，或者短时间内大量地去写作，就会出现词汇或者句子的贫瘠。

我把这种现象叫作"我们该充电了"。创作有时候就像是充电宝，当你高频率地去输出作品的时候，也就是你在大量地去输出你的电量。慢慢地，你的电量不足了，你就该进入充电阶段，以备下一次供电。

而写作瓶颈期就是我们在充电过程中的短暂死机。这个比喻很形象，其实字面意思一般是指在写作的过程中遇到的一些问题。这些问题可大可小，可容易可棘手。当你遇到十分棘手的写作问题，导致你无法继续写作时，你的创作会非常艰难。

一般遇到写作瓶颈期的人，大致可划分为两种。第一种，经过多次努力后仍无法突破瓶颈，从此意志消沉、萎靡不振，不断自我怀疑，从而导致之前所创作的东西变得一文不值。第二种，虽然多次努力，却仍无法突破瓶颈，但不放弃，并且多次尝试从不同的方向用不同的方式进行创作，最终皇天不负苦心人，凤凰涅槃，继而一篇惊世之作从此诞生。

曾经进入写作瓶颈期的作家不在少数。比如著名作家海明威一生写了许多著名作品，是公认的非常有才气的作家，但海明威的创作并非一气呵成，他也一样经常遇到毫无灵感或头绪的时刻。那么海明威都是怎样度过的呢？海明威的经验是，先强迫自己写下去，咬牙开始。时间长了，灵感自然就来了。

海明威对自己特别严苛。他每天都会把自己的预期写作进度记录在一张表格上，以防止自欺欺人。同时，他还给自己规定了严格的创作时间，从早上 6 点到中午 12 点之间的这段时间是他的写作时间，如果写到 12 点，他的头脑中还有灵感，他也会停下笔，等到第二天再写。

你看，博览群书的著名作家都会遇到写作瓶颈期，那么作为普通写作者的我们，更可能常常会遇到。

那我们应该如何去应对这种情况呢？首先我们要从为什么会遇到瓶颈期讲起。

为什么会遇上写作瓶颈期？

如果你体会过瓶颈期，你就会知道，在这个时间里，你是十分绝望的，你不仅陷入了一种写作的困顿，并且你无论怎么写，都不能写出令自己满意的文章。

其实并不是你写得不好，只是你对自己的要求太高或者说同种类型的写得太多，你当下没有办法在短时间内去突破自我，上升到新的高度，从而产生一种心理上的负担。

这种负担越多，写作者就越容易在写作中迷失自我，心情也就越阴郁，像是被下了魔咒一样，困在里面迟迟走不出来。

宋代青原惟信禅师说过一段很有名的话："老僧三十年前未参禅时，见山是山，见水是水；及至后来，亲见知识，有个入处，见山不是山，见水不是水；而今得个休歇处，依前见山只是山，见水只是水。"宋禅师虽然说的是自己内心的三重境界，但同样适用于写作。

比如最初开始写作时，人是处于第一重境界的。他们只是单纯按照书上的写作教学出色地完成第一篇文章。如果坚持一段时间后，他们就会不自觉地进入第二重境界，即开始反思写作的意义，甚至还会因为没有成果而开始对写作产生焦虑。

从第一重境界进入第二种境界的人很多，但也仅限于第二重境界。因为大多数人在没有找到原因甚至是答案后就放弃了。只有少数人尊崇内心，继续坚持，直到突破障碍，直接进入第三重境界，不仅收获了成功，还能在写作的道路上触类旁通、自由创作，这样的人也就是我们经常说的"大神"。

由此可见，除了少部分天赋异禀的人以外，我们大多数写作者在写作时，都会从充满激情与梦想开始，再到进入瓶颈期时产生自我怀疑：写作这条路是不是不适合自己？

正如我前面所说，遭遇写作瓶颈期其实是一件再正常不过的事情了，只是看你有没有勇气和能力去突破。下面这几种方法推荐给你：

第一：坚持走出去。

瓶颈期很大程度上是因为我们的思维被困住了，此刻如果你可以改变环境，带动灵魂，将会打开更多的思绪，从而找到写作的意义。

例如十八世纪英国最伟大的小说家之一劳伦斯·斯特恩就是这样做的。他在遇到写作瓶颈期时，会迅速刮掉自己的胡子，换上新衬衫和外套，并且让人拿来一顶"更好的假发"，再戴上自己的黄金宝石戒指，让自己变一种人设。

这其实就是改变了当下你所处的环境，才能让一种新鲜感快速侵入你的生活，从而为你打开灵魂的束缚。

著名作家是通过变换自己的装束等来让自己获得改变，当下的我们其实有更多的方式可以去做。

①旅行。我们在写作时，往往半真半假，也就是一半靠写实一半靠想象，如果我们坚持将自己固定在一个地方，那么无论是写实还是想象，都会被固有的思维固定住。这时候，不跳脱出来，还坚持写作的话，无论怎么写，都不会写出令自己满意的作品。

旅行就是这么一个让你可以跳出来的好方式。它的意义在于将自己置身于陌生的地方，以全新的方式去观察当地的人文风情。你不仅可以在旅途中收获心情，还可以找到很多可以写的人和物。

因此，我们在写作的时候，如果遇到了瓶颈，最好的解决方法就是背上背包去旅行，因为你会发现，沿途的风景，当地的人文，街道的趣闻都会成为我们的素材。

日本作家妹尾河童就经常在旅行中领悟到一些深刻的道理，比如他在《边走边啃腌萝卜》一书中就曾写到过这样一件小事：以探寻不同种类的腌萝卜为线索而周游日本的他，听闻北海道网走监狱的腌萝卜非常出名，便慕名而来。在这个过程中，他发现监狱给每个受刑人的餐饭中都会准备一份腌萝卜，为了避免分配不公，每个犯人的腌萝卜的重量、大小几乎相同，而且每人只有一份，即使有犯人不爱吃腌萝卜，也不能将自己的那份赠与其他犯人，更不能向他人索要，就是为了以防受刑人之间形成权力的关系。

听闻此事后，妹尾河童便开始思考起关于自由的意义，并创作了《边走边啃腌萝卜》这部作品。

②散步。查尔斯·狄更斯是一位喜欢用散步来寻求灵感的作家，如果没有意外情况，写作期间他会每天下午散步，他构思的享誉全世界的《大卫·科波菲尔》就是他走了14英里后创作出来的。

面对信息技术发达的今天，大部分人都成了手机控，只要有时间就会被各种资讯支配着，即便写作，也无法坚持下来，长此以往，灵感自然就会被挤走。那么为了能够进行创作，就必须丢掉手机，尝试着自己独处，享受一个人的时光。只有这样，我们才能在创作时不被外来原因打扰。

我们可以这样做：去公园或者居住地附近散步、去咖啡厅看书或者发呆、睡觉前和自己对话。

第二：坚持阅读。

阅读一本好书比查资料更有效。

三毛说："读书多了，容颜自然改变，许多时候，自己可能以为许多看过的书籍都成过眼烟云，不复记忆，其实它们仍是潜在气质里、在谈吐上、在胸襟的无涯，当然也可能显露在生活和文字中。"

可见阅读的重要性，而对于我们写作的人来说，读书也是提高写作的一种方式。因为写作是很难做到一蹴而就的，它应该是一个长期积累的过程，只有积累到了一定的程度，我们再写作的时候才能在笔记本上纵横驰骋。我国著名的女作家冰心也在《忆读书》中写道："读书好，多读书，读好书。"可见，读书和写作是密不可分的。

当然，也并非所有的书籍都对我们的写作有好处，优秀的书籍可以带我们体会当时作家的创作历程和写作技巧，而不好的书籍只会对我们的思想进行荼毒，我们可以称之为"无效阅读"。

关于读书，我们应该读什么？

①读经典书。经典书之所以被称为经典，是因为在经历了历史的野蛮浩劫后，世世代代的人民仍不愿意舍弃它，因此被留存了下来，并且给予了经常读它们的人一种非常宝贵的经验。况且，每个故事也都有它自己的模式和意义，这些故事一般又都是从那些经典的作品开始的。这些经典的作品，因为内容好，再经过时间的沉淀后，开始被现在的作家进行二次创作，或以文学创作的方式、或以影视作品的方式进行借鉴和改编。如果我们熟读了这样的经典文学，对于我们的写作来说，也一定会事半功倍。

只是对于如今快速发展的时代来说，经典书只能作为作家或者喜欢文学的人所需要，而对年轻人而言，往往没有耐心、时间和人生经验，所以更需要读一些"快消书籍"来打发时间。值得注意的是，这些"快消书籍"是没有价值的，对我们的写作经验和技巧不仅提供不了任何帮助，甚至还会影响我们的写作心态，那么这类书籍我们就一定要避免。

经典书籍参考：《荷马史诗》《史记》《莎士比亚戏剧》《堂吉诃德》《约翰·克里斯多夫》《战争与和平》《百年孤独》《红楼梦》。

②厚书读薄，薄书读厚。把厚书读薄，是指我们在读书的时候，要学会概括故事的主要内容，善于抓住精髓；把薄书读厚，是指我们在读书的时候要善于读出故事内容的言外之意，揣摩作者的意图，并把自己的理解加进去，毕竟一千个读者眼里就有一千个哈姆雷特。

第三：坚持交流。

和他人交流比自己闭门造车更有用。

写作就是作者利用纸和笔和他人交流的一种方式，只不过有些交流是在完成创作后，有些交流是在写作的过程中。俗话说，三个臭皮匠赛过诸葛亮，尤其是在我们遇到瓶颈期时，更应该发挥群体的力量。其中，这些人可以是读者、可以是作家，也可以是身边的朋友、家人等。总之，他们会站在自己的角度给我们提供不同的角度和想法，这样的方式很利于我们对作品的创作。即便他们的观点不可用，至少他们鼓励我们的语言也会让我们慢慢走出瓶颈期，进入一个全新的创作期。

以上三点便是我们在遇到瓶颈期时可以做的。

坚持走出去	坚持阅读	坚持交流
旅行	读经典书	和朋友交流
散步	厚书读薄，薄书读厚	和读者、作家交流

不要惧怕写作瓶颈期，也不要因为自己走进了瓶颈期就觉得自己没有创意或者不适合这一条道路了。要知道，当我们要进入下一个境界之前，写作瓶颈期才会到来，这是一件好事。

当思想上认识到了，我们才能不气馁，勇敢去突破它。

你可以什么也不做，只是发呆放空，又或者只是吃饭、喝酒、游山玩水。把这个时期当成人生的一种阅历、一种关于素材的积累，最后再应用到写作中去，你会发现，我们离我们的梦想又近了一步。

5. 没人欣赏，自己第一个鼓掌

好的文学作品其实一开始争议是很大的，有的甚至被当成狗屎，直到它们被优秀者发现后，才被广泛关注，从此成了名著。因此，如果你的作品没有人欣赏你就觉得是垃圾，这种心态需要及时改变。

在文学圈中或多或少存在着所谓的"写作正确"的说法，它的意思是说：如果你写的东西刚好是读者喜欢的，且符合当下文学的流行趋势，那么就是好的作品，反之亦然。

正是由于这种约定俗成的规矩，让闻名世界的《哈利·波特》小说的作者J.K.罗琳在推特上晒出了自己曾收到的两封退稿信。

当时她是以"罗伯特·加尔布雷斯"的笔名向出版社寄出了《布谷鸟的呼唤》一书，然而却意外地遭到了出版社的退稿。随后，J.K.罗琳又换了个笔名，继续向其他出版社投稿，但还是被出版社退稿。

很多人可能会不理解，既然J.K.罗琳能够写出《哈利·波特》这样著名的作品，文笔可想而知，那么不管她换什么样的笔名，作品的质量一定是有保证的，出版社为什么还会做出"错把珍珠当鱼目"的蠢事呢？答案是J.K.罗琳用的是"罗伯特·加尔布雷斯"的笔名，而这个笔名在出版社编辑眼里，就是一个无名小卒。所以他们给J.K.罗琳的退稿理由也并不是从专业的角度对作品提出建议，而是认为"没有名声就没有读者愿意购买"。

好在《布谷鸟的呼唤》后来被某一个出版社看重出版了，可是销量只有500本，远远没有达到出版社的预期，直到J.K.罗琳无意间暴露了自己的身份，这本书才渐渐成了爆款。

你看，如此著名的作家都遭遇了退稿的事情，当下的我们稿子不被人待见，也是十分正常的。

再举一个我国著名作家路遥的例子。

1986年，路遥将刚创作完成的《平凡的世界》手稿寄给了《当代》杂志，希望能够发表。当时杂志社的编辑以"故事没有悬念"为由退稿了，随后另一位来自作家出版社的编辑给出了"这部作品不适应时代潮流，没有创意，不够新颖"的退稿意见。

直到后来《平凡的世界》被读者发掘，这些编辑才发现自己错过的竟是这么好的作品。

也许你要说，那编辑一点儿水平都没有，好作品都被埋没了。其实编辑推崇的是市场和读者的喜好，他们负责的是挑选这类适合当下出版的文学作品，因此，哪怕你的稿子非常好，也许在他们的眼里不适合市场，从而退了稿。

总之，退稿不等于你的作品不好，不要因此而丧气，从此再不从事文学创作。

咱们先来看一下著名作家们收到的五花八门的退稿理由：

菲茨杰拉德《了不起的盖茨比》的退稿信："没有盖茨比这个角色，这本书倒是不错。"

约瑟夫·海勒《第二十二条军规》的退稿信："你到底要说什么！简直有辱智商。"

诺曼·梅勒《鹿苑》的退稿信："这会让出版倒退25年。"

福楼拜《包法利夫人》的退稿信："你用一堆琐碎的细节遮掩着你的小说，以至于它失去了原貌，那些细节写得很好，只不过太肤浅了。"

事实证明，退稿不等于你的稿子就是垃圾，也许只是不符合市场和读者喜好而已。而我们则需要调整心态，哪怕没有人欣赏自己的稿子，我们也要做自己的第一个忠实读者，给自己鼓掌，告诉自己要有恒心，将来一定会收获一大批读懂我们内心的读者。

在此之前，我们首先要做的，就是重新欣赏自己的作品。

你是否欣赏自己的作品？

一个写作者，其实永远都不满足于自己当下的任何一部作品，因为他们总会告诉自己，下一个作品才是最好的。

例如卡夫卡对自己大部分的作品都不满意，以至于在去世前还叮嘱好友一定要烧掉他的作品，幸好他的好友始终坚信他是个文学天才，为他的作品到处奔走，最后才让那些影响了无数作家的著作得以问世。

事实上，承认欣赏自己的作品并不是一件简单的事，哪怕这些作家已经成名成腕，身后有一大批读者追随，他们也永远觉得自己的下一部作品才是最好的。

我们普通人，当没有读者或者粉丝来欣赏自己的文章的时候，也许更加不自信，从而打了退堂鼓。

例如我写完这本书，我本能地在心里告诉自己，这次有很多没有发挥好的地方，我相信下一次会写得更好。这样想之后，我对自己的整本作品就产生了一个怀疑：这样交上去，我的读者会喜欢吗？他们能读懂我整本书的意思吗？编辑会认为我讲解到位了吗？

当自己不断怀疑自己作品的时候，我就又有了想把写的稿子撕了重来的冲动。那什么时候才能交稿呢？

很显然，这是一个极度负面的情绪，它会影响我们当下的这部作品，甚至影响往后我们写作的动力。

作家余华就是一个很好的例子。

他高考落榜后，在父亲的安排下，先做了一名牙医。但是没多久他就厌倦了这份工作，想要去文化馆写作，因为这样一来，他就有大把的时间进行创作了。

只是这条路并没有他想象的那样顺利，他连续写了五年的稿子，全部被退回了。这逐渐瓦解了他的自信心，于是他带着自我怀疑的情绪再进行创作时，文章风格大大改变了。

余华在后来接受采访时说："在接下来的几年里，小说成了我的情绪出口,那段日子里,我写过的8篇小说中有29个人被写死了。"

后来,余华做了一场梦,才察觉到自己的状态似乎不太对。那一天他梦到自己被绑到了处决台上。在梦里,还有一个人一直在说余华的罪状。恰逢此时,余华听到了一首歌《老黑奴》,这首歌的背景深深打动了余华。他认为老黑奴的一生很可悲,却始终对生活报以热情。这在一定程度上也弥补了余华内心对写作所缺失的那份温情。随后余华决定,他要以老黑奴的精神写一部小说。就这样,《活着》诞生了。

可见,坏情绪不管是对作品还是作者本身,所产生的影响都是非常可怕的。

莎士比亚曾说:"一千个读者眼中就会有一千个哈姆雷特。"意思是说每个人都有自己的立场和喜好,不可能让所有人都喜欢我们的文章。当你没有一部绝世著作的时候,没有人欣赏是一件太正常不过的事情了,不要因此气馁,先学会自己做自己的第一个读者,增加自己写作的自信。

你可以时时翻阅自己曾经撰写过的稿子,以欣赏的眼光夸夸自己的某些词句;你也可以把自己写得好的词句摘抄在你的读书笔记里,让它也成为你收藏的一部分;你还可以将它打印下来,假装你投稿已过,让它成为你的代表作品。

总之,学会第一个欣赏自己很重要。但是我们也不能闭门造车,一边欣赏自己,一边就自认为自己的稿子天下第一了。

因此,当你学会欣赏自己之后,你还要这样:

◎ **和过去的自己比较**

美国作家海明威在他的散文《真实的高贵》里这样写道:"悔恨自己的错误,而且力求不再重蹈覆辙,这才是真正的悔悟。优于别人,并不高贵,真正的高贵应该是优于过去的自己。"

其实和过去的自己比较并非说不认同或者否定过去的自己,而是总结过去的经验,再写作的时候不至于犯过去的错误。

比如我们以前写东西的时候,很喜欢用定语和修饰词,本来很简单易懂的故事，我们非要写得晦涩难懂，有种为赋新词强说愁的感觉，那是和我们的年龄相对而言，也许已经是那个年龄段写出来的最好的文章。

但随着我们年龄的增长，我们看待事物的角度也发生了变化，写作自然也不同过往。这时候，我们需要做的就是多翻看自己过去的作品，看看自己有哪些不足的地方，及时改正。

这就是自己要做自己第一个读者，同样，自己也要做自己第一个编辑。

◎ **人生需要被奖励**

斯蒂芬·金曾说："写作不是为了赚钱和出名。"虽然他的这句话的确让人难以置信，毕竟他的所有作品均为全球畅销书，他还得过"美国国家图书基金会杰出贡献奖""世界奇幻文学奖终身成就奖"和"美国推理作家协会爱伦坡奖的大师奖"等。

但他说这句话，并非出自自身的优越感，而是真诚地告诉大家，写作只是为了让作者和读者的生活更加精彩，而不是在面对没有灵感或者没有读者看的时候沮丧，失去了写作的信心。

为了在写作中得到更好的滋养，我们不妨试着给自己设置一个标准值，比如我写作时长达到多少小时，再比如这次写的比上一次有进步了，就给自己一些相应的奖励。有了这些阶段性目标，我们也就有动力写下去，最后达到我们心中最理想的那个值。

目标	奖励
连续写作3个小时	一顿大餐
比上次有进步	一件新衣服
被5名读者关注	一杯奶茶
被推荐赞赏	给自己放一天假

不过，当我们欣赏自己后，还是得继续想办法让自己拥有更多的读者。因为读者才真正是你创作的底气。

试想一下，一个粉丝百万的作者和一个粉丝都没有的作者，谁的品牌价值高？

因此，下一步我们还是要学会提升自己作品的知名度。

在这一点上，有很多作家和写作者是没做好的。这类人大多秉承着"酒香不怕巷子深"这句话，认为只要自己的作品足够出彩，就一定能得到读者的青睐。

前面我也提到过，全民写作时代，人人都在写作，你的巷子可能比想象中深。你以为只要你等待，就会有人在杂志上看到你的文章，从而变成绝世佳作。事实上，现在的大众对于实体图书都不怎么感冒，又怎么会去购买杂志。

哪怕是《红高粱》这么闻名的作品，如果它没有经过电影、媒体的形式传播，可能它至今都还不能被大众记住；哪怕是莫言这么厉害的中国作家，如果没有获得诺贝尔文学奖的加持，可能他至今都还没有被大众所熟知。

而麦家的《解密》之所以能迅速蹿红海外，也与出版公司及相关媒体报道等各方面有关。由此可见，再优秀的作品、再优秀的作家，在如今这个时代，如果没有得到推广，成功出圈是很难的。

那么应该如何提升作品的知名度呢？

◎ **自我营销**

自我营销这个概念也是近几年才兴起来的，但是很快就得到了关注。简单来说，自我营销是会给团体和个人带来附加价值的。它是以个体为出发点，在个人成长发展过程中，迅速完成自我定位、为自己设计发展规划、建立竞争优势等的过程。

当下自我营销的方式也是多种多样，比如各大社交网站，如贴吧、今日头条、微博、朋友圈、公众号等；比如各大媒体，如报纸、网络新闻等；比如活动，如公益、签售会等。

当我们把我们的作品曝光在大家的面前，才有机会获得曝光度。

◎ **自我介绍**

这里的自我介绍并不是说见到人就要告诉别人我是谁，而是在你的个人备注或者是参加活动的时候，主动去和别人介绍自己是谁，写了什么东西。

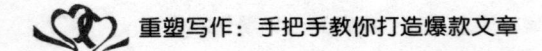

让别人知道有你这样的人存在，才是我们提高知名度的第一步。

写作是一个长久且漫长的过程，它的价值感不在于我们非要一气呵成，写尽万里河山，也不在于一定要超过其他人的文笔，而是当某天再次回看我们的过往，能明显感知自己文字里表达出来的波澜壮阔，和当初那颗喜欢写作的滚烫之心。

因此，不要害怕当下我们的文字没有任何人欣赏，也不要就此放弃写作。当你写出来了，你就已经比大多数人好了。给自己一个掌声，做自己的第一个读者，在写作路上继续追梦！

6. 技巧比天赋更重要

写作不必相信所谓的天赋论，认为成功的作家都是因为天赋异禀。事实上，大部分作家都是在自我的修炼和成长的过程中才慢慢找到了适合自己的写作风格，从而创作出了绝世佳作。

成为作家是不是天赋决定的？

我可以明确地回答你：不是。正如那句话所说："天才是百分之一的灵感加上百分之九十九的汗水。"用到写作上，也就是没有百分之百的天赋，而是靠你的修炼和努力。

听我的一个作者朋友说，她一次出去吃饭的时候偶遇了她们写作圈的一个朋友，因为很长时间没有见面了，于是多聊了几句，无非是现在做什么工作，还有没有写作，毕竟她们当时就是因为爱好写作才成为朋友的。但是当她朋友得知她至今还在写作时，突然用诧异的语气说："我记得你当时说自己没有天赋，写出的东西根本没有读者看，我还以为你放弃了呢！"

作者朋友笑了笑，说："我的确想过放弃，但是当看到身边的朋友写出了好作品后，又觉得不甘心，所以就想坚持一下。"

作者朋友说得没错，她曾经的确想要放弃，也经常和我抱怨自己没有写作天赋之类的。但是后来有一段时间她不再抱怨了，我也以为她放弃了，可是当她把自己刚写完的作品发给我看后，才知道她不仅没有放弃，反而比以前写得更好了。原来，在她消失的那段时间，她并没有放弃，而是学习了各种写作技巧，甚至还专门向文学圈里的大神讨教，然后再反复练习，终于完成了让自己也让大家满意的作品。

写作的确靠天赋，但毕竟仅靠天赋就能创作作品的作家是少数，大多还是靠日常一点一点积累，那么这时候，如果掌握一些写作技巧的话，写作会更加顺利。

什么是写作技巧？

写作技巧一般是在写作的过程中最常运用的表现方法，是作者为抒情达意而采取的有效艺术手段。写作技巧普遍先于作者的世界观、艺术观，同时又作用于写作实践，为写作活动而服务。

一定要注意的是，文章的构思应该是曲折有趣而又浑然天成的。

著名的散文家李广田曾经把小说比作"一座建筑"，认为在这座建筑里，就应该有千门万户，深宅大院，也应该有无数的人事陈设，就连一座花园、一条小路都必须有它存在的道理；他还把诗歌比作"完整的珍珠"，认为诗歌特别像一条河流，既顺了壑谷又避开了丘陵，不管起点在哪里，最终都要归入大海。

可见名家写作也靠技术，没有技术，单凭天赋是无法完成一篇文章的，所以奉劝那些不学习技术却只为自己没有"天赋"找借口的朋友，先脚踏实地从学习技巧开始。

著名作家严歌苓年轻的时候凭借着自己在文学方面的功底发表了三部小说，美国大使馆新闻处的一位官员非常欣赏她，马上联系了严歌苓，邀请她访问美国，并让她看一看美国的作家培训班。

当时的严歌苓并不知道写作还能像职业技术一样培训，于是她就带着这样的疑问去了美国。到了美国之后，她大开眼界，因为所谓的写作培训中心并非就是单纯的机械式的写作，而是会经常邀请年轻的作家参与座谈研讨，他们会非常严肃地互相探讨和批评彼此的作品。

而这样训练出来的作家，不仅可以挥洒自如地写作，还能够对文学有非常独到和专业的见解，也利于自己写作水平的提高。其实在美国，这样的培训机构已经很成熟，并且有了一整套自己的规范流程。

没多久，严歌苓就通过努力考到了一所私立学校的文学写作系，并且接受了科学的写作技巧训练。比如，课堂上，老师给出一个名词，学生们就要依次想出和这个名词有关的动词，再通过描述，让一个个冰冷的词语鲜活起来；再比如，老师描述出一个物体，同学们就要试着调动自己的六大感官去描述，让这个物体更有质感。

严歌苓在接受培训的三年中，获得了许多写作技巧，包括从名词的描述、动作的起承转合以及人物心理的活动变化等。所以，我们再来看严歌苓的所有作品，不管是对场景的描述，还是小人物心理的描写，都刻画得很真实，仿佛生活在那个时代一样。

严歌苓说她去美国之前，一直认为写作是70%的天赋加上30%的坚持；接受培训后，她说写作是50%的天赋加上30%的坚持，再加上20%的技巧训练。

的确，没有接受过技巧训练的人，如果凭借自己的天赋和努力，即便能写出脍炙人口的好文章也只是一时的，如果想要做一个高效且质量稳定的创作者，就必须经过后天的技巧训练。训练后，即便在没有灵感的情况下，也不至于让自己陷入无法创作的艰难境地。如何训练自己的技巧？我们首先从写作的基本知识出发。

◎ 写作基本知识

（1）技巧分类

①语言技巧：修辞、句式、意蕴、用词、作者风格。

②表现手法：悬念、照应、联想、想象、抑扬结合、点面结合、动静结合、叙议结合、情景交融、首尾呼应、衬托对比、伏笔、白描细描、铺垫、正面侧面比喻象征、借古讽今、卒章显志、承上启下、开门见山、烘托、渲染、动静相衬、虚实相生、实写与虚写、托物寓意、咏物抒情。

③表达方式：叙述、描写、抒情、议论和说明。

④构思方法：片段组合法、虚实相映法、信息提取法、对比反衬法、彩线串珠法、尺水兴波法。

（2）写作手法

①第一人称叙事法。第一人称叙事法是最常见的叙事方式，由"我"来

传递给读者，表示文章内容都是叙述人的所言所闻，或者叙述人的亲身经历，使读者得到一种真实的感觉。注意：由于文章采用第一人称，那么，所有叙述的人和事只能是"我"活动范围内的人物和事件，活动范围以外的人物和事情千万不要写进去。

②第三人称叙事法。第三人称叙事方法是叙述技巧之一，即文章中的"他"。这种方法使叙述人既不受空间、时间的限制，也不受生理和心理的限制，可以直接把文章中的人和事展现在读者面前，还可以根据整体构思的需要，将生活的画面、人物的活动及人物之间的冲突等同时发展，同时进行，这种叙事方法更加自由、客观。

③顺叙法。顺叙法是按时间的先后顺序对事情进行叙述，运用顺叙法时，切记注意剪裁得当，重点突出；否则，容易出现罗列的现象，犯平铺直叙的毛病，变成流水账式的写作方法，使人读了索然无味。

④倒叙法。倒叙法是根据表达的需要，把事件的结局或某个最重要、最突出的片段提到文章的前边，然后再从事件的开头按事情先后发展顺序叙述。这种叙事方法在电影及小说创作中最常见到。

采用倒叙法的情况一般有三种：一是为了表现文章中心思想的需要，把最能表现中心思想的部分提到前面加以突出；二是为了使文章结构富于变化，避免平铺直叙；三是为了表现效果的需要，使文章曲折有致，造成悬念，引人入胜。

⑤插叙法。插叙法是为了表达文章中心的需要。运用这种方法，一是为了帮助读者了解故事情节的追叙；二是对出场人物的情节做注释、说明，从而使文章更加紧凑。

使用插叙法一定要服从表达中心思想的需要，做到不节外生枝，不喧宾夺主。

⑥详叙法。详叙法一般用在对每件事发展变化过程的具体叙写。运用这种方法时，一定要抓住人物的特征或事情的细节进行详尽、细致的描叙。

⑦略叙法。略叙法的作用，在于交代事件发生发展中不可缺少又不必详

叙的内容。它与详叙相结合，使整个叙述有详有略，疏密相间，形成叙述的起伏。这种方法一般用于故事的开头和结尾，与中心思想关系不大的部分以及大家都知道的部分。

⑧抒情法。抒情法分为直接抒情和间接抒情。直接抒情以第一人称"我"为抒情主体，直接表现作者的思想感情，也叫直抒胸臆，可以使感情表达的朴实真切，震撼人心。直接抒情一般适用于抒发强烈而紧张的感情，它的特点是，叙述时要感情强烈、节奏快、情感直露。

间接抒情与直接抒情法相对，根据作者抒情时所借用的对象，分为借景抒情、借物抒情、借事抒情三大类。它的特点是：要依靠媒介，具有依附性；含蓄委婉，耐人咀嚼，引人联想，是叙事性、议论性文章表情达意的主要方式和重要方法。

运用这种方法时，可以加上自己的主观感情色彩，根据感情的流动来叙述，使读者在叙述的过程中感受作者的思想感情。

⑨先叙后议法。先叙后议法是将先前的叙述为后面的议论做铺垫，起到总结上文，点明中心的作用。议论时，要对事件的主要内容、事件的主要人物、主要事物进行议论，这样才能做到叙事和议论的统一。

⑩先议后叙法。先议后叙法和先叙后议法正好相反，主要采用开门见山地记叙要点和中心的方法进行描写，使全文所记事件的意义，通过议论之后，显得更清楚明白。在叙事时，切记要根据议论的中心，抓住重点进行。

⑪线索法。线索法是指事情的头绪或发展脉络。它分为以物为线索法、以人为线索法、以思想变化为线索法和以中心事件为线索。其中，以物为线索法，是指在叙事的过程中，让某一物品在事件的各个阶段重复出现，并通过各种手段加强它的形象的方法。这种物件往往起过渡作用或象征和点明中心思想的作用。和以物为线索法相反的写作方法是以人为线索叙事，一定要注意不同时间、不同环境下人物性格的统一，还要注意人物的年龄、特征、外貌、动作、生活习惯等方面的统一，否则极容易造成混乱。以思想变化为线索法，主要是指思想发展的主线要分明，思想变化的各个阶段要连贯自然，

对照工整清楚。以中心事件为线索，是指主要事件记叙突出，次要事件交代清楚，主次搭配合理，叙述井然有序。这种写法，哪怕事件再复杂，也可做到繁而不乱。

◎ **写作形式**

写作形式指的是作品的表现方式以及作者的写作风格。

举个例子，作文课上，老师让同学们以"感谢"为主题给父母写一篇文章，这时候，就会有同学以"信件"的方式感谢父母，也有同学以抒情的方式感谢父母，还有同学以通俗白话的方式和父母唠家常……这些方式统称为写作形式。正因为写作形式的多样性，作者在抒发感情时才能越发自由。

写作形式一般可以分为以下几种：

①古代文体。大致可以分为韵文、骈文、散文，包括史传文。其中，韵文，即讲究押韵的文体，包括诗、词、赋、铭；散文，包括史传文、议论文、杂记文、应用文、游记文等；骈文是介于诗和散文之间的一种文体。

游记文是我们最常用的一种写作形式，游记的取材范围极广，既可以描绘祖国名山大川的秀丽瑰奇，也可以记录市井乡间的风土人情。文笔轻松优美，描写生动有趣，又给读者增长趣闻见识，又可以表达出自己的情感。

②现代文体。现代文体主要指小说、诗歌、散文、戏剧、报告文学、儿童文学、民间文学、杂文等。此外还有实用文，包括记叙文、说明文、议论文、应用文等。

小说是以塑造人物形象为中心，通过完整的故事情节和具体的环境描写来展示出故事人物的思想感情和性格特征，并借此反映现实社会，从而表达作者诉求的一种文学体裁。小说三要素：人物、情节、环境。

常见的塑造人物形象的方法有：肖像描写、心理描写、行动描写、语言描写、环境描写及正面描写和侧面描写等。

小说情节起着展示人物性格、表现作品主题的作用，一般包括：开端、发展、高潮、结局等四部分。

◎如何写出受读者欢迎的文章

①推陈出新，老调新唱。推陈出新，老调新唱指的是能够用陈旧的标题写出全新的内容。很多作者在写作的时候不太注重标题，甚至在拟定标题的时候也很随意，认为读者感兴趣的是文章内容。事实上，每一个读者在阅读文章之前，都是被标题吸引过来的，然后再根据文章的内容决定要不要读下去；反之，如果读者没有被标题吸引的话，又怎么可能心甘情愿地奔着内容去呢。

②语言简洁，逻辑严谨。大多数作者只是关注自己如何表达，全然忘记了自己写的文章是要给读者看的，以至于忽略了语言和结构。常常是想到哪儿就写到哪儿，根本不管语言是否简洁，逻辑是否严谨。例如，写一篇纪实故事，却将故事中的四季颠倒，人物关系错乱等，这些都属于逻辑不严谨，自己读起来都错乱，更何况读者呢。

③篇幅适当，心中有数。有些作者在下笔之前并不提前构思好，所以每一篇的章节字数都不一样，认为一篇文章之所以能吸引人，全然是因为文章内容，没有读者会在意篇幅的多少。其实不尽然，篇幅多少的确不是影响读者阅读下去的原因，但如果一章只有几百字，到了下一章又变成好几千字的话，就会给读者造成一定的视觉压力，阅读起来十分吃力，从而影响读者对我们作品的评价。

④关注读者，按需写作。一个好的作者是完全能够根据读者的喜好程度，写出不同的文章的。注意，这里我针对的是希望得到市场肯定的作者，而根据读者的喜好程度，也并非是迎合，而是顺应当下的文学市场。

总之，想要写好一篇文章，最重要的是遵从内心最真实的感受，再用准确的语句去表达从而感染读者，让读者跟着我们的故事时而开怀不已，时而热泪盈眶。当然，刚开始的确很难，但只要下定决心，好好学习写作技巧，把写作当成每天必不可少的习惯，那么，我们离成功也就不远了。

从今天开始，开启我们的写作之旅吧！